华文教育与中华语言文化传播

张建成 ◎ 主编

中国社会科学出版社

图书在版编目(CIP)数据

华文教育与中华语言文化传播 / 张建成主编 . —北京:中国社会科学出版社,2016.9

ISBN 978 – 7 – 5161 – 9221 – 4

Ⅰ. ①华… Ⅱ. ①张… Ⅲ. ①华文教育 – 研究②汉语 – 传播学 – 研究 Ⅳ. ①G749②H1

中国版本图书馆 CIP 数据核字(2016)第 258464 号

出 版 人	赵剑英
责任编辑	任 明
特约编辑	李晓丽
责任校对	周 昊
责任印制	何 艳

出 版	中国社会科学出版社
社 址	北京鼓楼西大街甲 158 号
邮 编	100720
网 址	http://www.csspw.cn
发 行 部	010 – 84083685
门 市 部	010 – 84029450
经 销	新华书店及其他书店

印刷装订	北京市兴怀印刷厂
版 次	2016 年 9 月第 1 版
印 次	2016 年 9 月第 1 次印刷

开 本	710×1000 1/16
印 张	18
插 页	2
字 数	295 千字
定 价	58.00 元

序　言

华文教育是一项艰苦而又崇高的事情，华文教育是一件既充满坎坷又功德无量的事业。

从有文字记载的第一所正规的华文学校，即1690年的印尼明诚书院创办至今，华文教育已有300多年的历史。而这个历史阶段正是中国历史巨变、国际环境动荡，内忧外患并在、文化传承艰难的时期。华人华侨为坚持中国文化所经历的艰辛可想而知，华文教育与主流教育的接轨也一波三折。华文教育的不平凡路程折射出了那个时代的悲情，也见证了中国的崛起与复兴。

我们常说，有海水的地方就有华人，有华人的地方就有华文教育。中华民族历来具有浓厚的恋乡重土观念，中华民族认祖归宗的文化品格，使华文教育得以为华人华侨打造并坚守住了中华文化这一精神家园，才使华人华侨社会能够守望相助，根脉绵延。一代一代的华文教师和华文教育工作者的前赴后继，不计名利，执着坚守，默默耕耘，才使中华文化之光普照广大华裔青少年的心田，才使中华民族的血脉在海外永嗣绵延。华文教育才成了中华文化在海外的"希望工程"，中华民族在海外的"留根工程"。进入新时期后，党和政府的关心和支持，特别是国务院侨办的智慧谋略以及广大海内外华文教育工作者的辛勤努力，使得华文教育这棵大树枝繁叶茂，茁壮成长。

党的十八大以来，中国政府和华人社会更加重视华文教育，华文教育发展的动力更加强劲，华文教育迎来了历史上最好的发展时期。但是，放眼海内外华文教育界，我们也清醒地看到，华文教育工作依然存在许多"老问题"和"新烦恼"。华文教育在新形势、新机遇、新挑战、新要求面前，已经到了必须改革创新，必须转型升级的关键节点，推动华文教育向标准化、正规化、专业化方向发展，已经成为海内外华文教育工作者的共识和历史责任。

我们陕西师范大学是国务院侨办在西北地区设立的第一个华文教育基地，是国家华文教育的重要窗口，自然也是新时期华文教育"转型升级"的排头兵。自从基地落脚在古城西安的陕西师范大学国际汉学院后，学校的领导和学院的老师，在培养国内外汉语国际教育人才的同时，十分重视华文教育的各项工作。依托陕西师大雄厚的学科基础和师资力量，突出地域特色，融会多元文化，卓有成效地开展了一系列华文教育的工作。先后编写了《海外华文教师培训教程系列教材》《中国寻根之旅夏（冬）令营系列教材》《国际汉学集刊》，多次承办了国务院侨办海外华裔青少年夏（冬）令营、中华文化大赛。特别是依托古丝绸之路起点的地域优势，承办了多届东干族华侨华人子女汉语学习班的培训任务，承办了卓越华文教师培训班和华文教师资格证书培训班。我院的老师也多次参加了国侨办组织的"走出去"培训活动，如参加海外讲学团师资培训、"三位一体"证书培训、中华文化大乐园等活动。我们基地也最早提出"丝绸之路沿线国家汉语推广计划"，学院也多次召开"丝绸之路经济带与汉语国际推广研讨会""新时期华文教育转型升级研讨会"，申报了省部共建智库项目"中国文化体验暨资源研发中心"，鼓励师生积极申报国家和省市校的相关科研项目。在 2015 年国际汉学院成立十周年之际，学校专门成立了陕西师范大学华文教育研究中心并挂靠我院，表明了作为国侨办基地院校与时俱进发展华文教育的责任担当和雄心壮志。

面对华文教育"转型升级"神圣事业的召唤，我们一直在努力，我们一直在探索。收入本论文集的文章就是我们的老师在这个园地里耕耘的收获，也有校外同人们的反思与体会，还有一些我们的研究生海外支教服务的心得，更有来自海外华文学校老师们的独特视角。这些教学习得、教材研究和学科研究，虽然创新性还需提高，提出的问题还需进一步深入研究。但是所有的文章里透出的理性和感情、辨析和展望，无一不是广大海内外华文教育者的殷殷心声，无一不是滋润华文教育的涓涓春水。我们应该为他们点赞，更为华文教育的辉煌未来点赞！

目　录

华文教育在"民心相通"建设中的作用

张建成

【摘　要】习近平主席代表中国政府提出的"一带一路"战略如何实施，主要体现在如何实现"五通"建设目标，其中最主要的是实现"民心相通"。因为"一带一路"建设是个长期的、系统的宏伟工程，要受到国际风云变幻的影响，会受到不同舆论的干扰，更会遭到国际上各种政治力量的怀疑，势必影响到这一战略在世界的认同度和实施进展。唯有通过"民心相通"建设，以文化共融与人文交流为基础，才能搭建其他"四通"的桥梁。在"民心相通"建设中，华文教育以其独特的地位，将会发挥不可或缺的作用。

【关键词】一带一路；民心相通；华文教育；文化共识

目前正在世界引起极大关注和反响的"一带一路"战略，是习近平主席在 2013 年 9 月访问哈萨克斯坦和 10 月访问印尼期间提出的倡议。两年以来，这一举世瞩目的战略构想，在中国及沿线沿途国家正由构想到理论、由点到片被不同层面地向前推进。但是，"一带一路"战略不是一个实体和机制，而是共同合作发展的理念、蓝图和倡议。对此欢呼者有之、质疑者有之，特别是"一带一路"倡议所存在的地缘政治风险、战略安全风险以及文明冲突风险，国际环境的复杂性及沿线沿途国家的特殊性，会使这一战略在具体实施的过程中面临一系列的困境，如何面对并克服这些直接的和潜在的问题和困境，是"一带一路"战略理论成为现实之路必须思考和着力解决的问题。

一 "民心相通"是实现"五通"目标的前提和保障

习近平主席为建构"一带一路"战略提出了"五通"原则和目

标——"政策沟通、道路联通、贸易畅通、货币流通、民心相通"。其中"民心相通"虽然不像前"四通"那样是显性的、眼前的，实际效果和经济效能一目了然，但其意义却是长远的和根本的，是实现其他目标的文化和心理基础，是实现"一带一路"战略的前提和保障。

从汉代开始的古丝绸之路是中国和中亚西亚各国的商贸经济之路，同时也是文化交流之路。伴随着各种物质的流动，不同文化之间的交流互鉴，成为丝绸之路得以畅通的精神动力，文化与经贸的反哺互动丰富和繁荣了丝绸之路的辉煌。在这个过程中，西方的宗教文化传入中国，并与中国儒家思想相结合，形成了本土的思想文化。东西方思想的交流、传播和碰撞过程中，中国以其深厚的中华文明底蕴及宽容、博爱的儒家思想，深深吸引了其他文明对中华文明的向往和认同。在文化交流的互动作用下，共识得以建立，民心得到了沟通，谱写了一首首古代中外交流的佳话。今天，"一带一路"建设是对古代丝绸之路概念的继承和发展，理应在文化建设上弘扬丝绸之路的文化内涵，挖掘民心相通的文化元素，作为新时期民心相通建设的基础，创新民心相通的形式和内容，构建民心相通的主体精神。

从这一战略实现的难易程度看，"五通"之中"民心相通"最不易建设，而且进展缓慢，并且有可能成为"一带一路"建设中的瓶颈。从国内大环境来看，从中央到地方，都十分重视以文化为内核的文化共融及人文交流。2015年3月28日，国家发改委和外交部联合发布了《推进共建丝绸之路和21世纪海上丝绸之路的愿景和行动》，涉及了以文化交流促民心相通的内容，但远不及对前"四通"的规划详细，更多地需要各地方去创新。从中央各部委到各省市区县，围绕着"文化先行"，确实在很短的时间内兴办了以旅游、影视、体育、艺术、学术为载体的文化活动，力求以文化共通来开辟民心相通。借用古丝绸之路的历史符号，唤起人们在观念、习俗、命运及价值观层面之上的共通性，但效果如何，短时期内难以评价，且在操作层面上是形式大于内容，时尚功利左右了历史价值。从国际大环境观察，美国对"一带一路"战略存有疑虑，一定会在相关问题上向中国发难，亚洲基础设施投资银行建设就是一个明显的案例，美国的反对和对同盟国加入的阻挠，一度引发了世界舆论的担心。中亚长期以来在价值观、语言文化、民族认同方面与俄罗斯有着高度一致性，中亚地区对俄罗斯有一种归属感和认同感，这使我们如何处理与俄罗斯关系将成为一个不容忽视的问题。还有在西亚、南亚、东南亚等"一带一路"沿线沿途地区，出于国家利益考虑，许多国家对"一带一路"的认识质疑很多，真正推动起来还远不到火候。

"一带一路"战略与他们提出的相似构想框架的有效对接，还存在许多观念上、技术上、利益上的障碍。长期以来，中国对西方世界的了解大大超过了对世界其他地方的了解，甚至在一定程度上把西方国家误以为是整个世界，对亚非拉等广大国家和"一带一路"沿线国家的历史、社会、文化、宗教等基本情况所知甚少。建立在这种文化层面不健全的基础上，靠什么进行文化共识？靠什么去取得文化共通？"民心相通"又建立在什么基础之上？很多地方政府和企业对"一带一路"建设的积极性，主要锁定在基础设施建设项目、跨国贸易和资金流通以及相关政策流通上，民心相通相对滞后，推进速度明显弱于其他"四通"。在没有对沿线国家有深入了解的情况下，在文化共识还存在较大误解的情况下，其他项目的推进无疑会受到制约。甚至会出现政策判断失误，或是遭受经济和政治上的重大损失。

二　华文教育在"民心相通"建设中的独特作用

华文教育是对广大海外华人华侨，尤其是广大华裔青少年开展的中华民族语言学习和文化传承的工作。从有文字记载的第一所正规的华文学校，即1690年的印尼明诚书院创办至今，华文教育至少有300年的历史，虽然经历了众多的坎坷与磨难，但侨胞们始终坚持不懈，努力奋战，推动形成了现今各类华文学校2万多所、在职华文教师数十万人、在校学生数百万人的颇具规模和巨大影响的海外华文教育格局。这一庞大的特殊群体，不仅维系着华人华侨的民族特性与祖（籍）国的情感联系，而且辐射到各国主流社会，是覆盖最广、相对正规、长期开展的海外中华语言文化教育形式。它们对提升中华文化影响力、增强国家软实力具有重要作用，它们是中华文化的"留根"工程，是海外的"希望工程"。

华文教育在海外的兴衰起伏，与中国的不断发展壮大，国际地位的不断提升密切相关。"一带一路"战略是新时期中国政府站在历史高度、朝着"两个一百年"奋斗目标，实现中华民族伟大复兴的"中国梦"的世纪战略。广大海外侨胞对此战略的意义和影响无不高度评价和热烈响应，纷纷表示要为这一战略做出努力和贡献。因此，以华文教育为依托，推动"民心共通"就是一个带有前瞻性的切实可行的重要工作。

"一带一路"战略涉及国家和地区覆盖人口约46亿，经济总量21万亿美元，分别占全球的63%、29%，多为发展中国家。主要地缘分布在中亚、西亚、南亚、东亚、东南亚，又与早先中国主导建设的"上海合作组织""中缅孟印经济走廊""中巴经济走廊"等战略构想连为一体，而这一区域恰恰是华人华侨分布较多的地区，也是华文教育开展最早、成就最大、基础最好的地区，尤其是"21世纪海上丝绸之路"沿线聚集着4000多万华人华侨。以上合组织为例，6个成员国，5个观察员，3个对话伙伴，都在丝绸之路经济带沿线之上。因此，华文教育繁荣之地与"一带一路"战略覆盖空间在地缘上就有了重合交叉。"一带一路"战略构想能否实现，从根本上是由中国与世界的关系所决定的。中国现已成为世界第二大经济体、第一大贸易国和外汇储备国，中国的综合国力和国际地位今非昔比。在此形势下，中国需要了解世界，世界也需要进一步了解中国，而语言和文化正是打开不同国家和民族沟通交流之门的"金钥匙"。作为世界第二大国际通用语言的汉语，必将成为各国人民学习外语的重要选项。华文学校长期扎根海外，为数众多，分布广泛，基础牢固，一直深受华人和汉族人民的欢迎和好评，华文教育在教授汉语，传播中华文化方面具有得天独厚的优势，华人社会及华文教育界自然对"一带一路"战略带给自身的优势紧抓不放，对"一带一路"对华文教育的促进作用格外重视，"一带一路"所涉及的"四通"也必然会影响更多的人对中国感兴趣，对中国文化感兴趣，对汉语感兴趣。出于对祖国的深厚感情，出于对华文教育坎坷多难历史的敬重，华文教育的发展迎来了难得的历史机遇，为"民心相通"提供了现实性的助推动力。

华文教育可以避免孔子学院的一些办学困难和挑战，更易赢得民心和舆论。孔子学院是中国政府为适应"中国热"和"汉语热"，在国外合作兴办的中国语言及中国文化专门教育的教育机构，至今全球已有580多所孔子学院和近1000个孔子课堂，"向世界宣传中国的文化文字和儒家思想，并以其博大精深的文化内涵成功吸引了数以万计的学生……在世界各地青少年心中树立了良好的国际形象"。与此同时，孔子学院在海外传播过程中不时遭受误读，国外部分媒体歪曲丑化孔子学院的工作与运转，也使孔子学院遭受到"文化入侵说"的挑战，而在海外存在了300年的华文学校，却没有被冠以"文化入侵"的污名，实为华文教育的历史丰碑无可撼动。试想如果一个国家或团体组织在政治及意识形态层面阻碍中国语言及文化传播，对于顺利开展的工作就有了戒备和防范之心，最终会影响"一带一路"建设以及主要战略任务的完成。在如此复杂的文化竞争之中，华文学校和孔子学院可以相互融合，相互促进，华文学校接地气、有人缘、基础牢的特点，无疑可以弥补孔子学院受到的某些制约，发挥其独特作用。

三　华文教育如何开展"民心相通"工作

（一）增加华文教育的文化价值内涵

华文教育本来的宗旨就是进行中华民族语言学习和文化传承，随着中国经济发展和国际地位的提升，在进行中华语言学习的同时，要加大文化的传播和教授。文化具有多种形式，无所不包，表现多元，价值多维。特别是作为观念形态的文化，是为社会创造意义的一系列价值观和实践的总和。中国在建设"一带一路"的过程中，必然会遇到不同的价值观和民族信仰，中国为此应始终秉承兼容并蓄、平等交流的外交原则，不仅仅是为了促进经济发展，最终目的是实现丝绸之路的终极目的，得到沿线国家人民的认同和接受。为了世界人民的美好生活，各国人民是命运共同体关系。充分发挥华文学校的作用，利用丝绸之路扩大汉语的影响，在提高各国教育水平的同时，宣传中国先进而古老的文明。在民心相通建设过程中，以文化为载体的中华文明的优秀传统与价值都涵盖其中，我国对所有成员不分贫富贵贱、种族、肤色、地位等，均把他们看作共同构建丝绸之路的合作伙伴。对于丝绸之路沿线不同的民族、宗教、信仰等问题，则发挥了中华民族包容与平等的理念，允许差异性存在，形成你中有我、我中有你的命运共同体。用"亲、诚、惠、容"的周边外交理念展示中国的大国风范，着眼于共同发展，目标是追求共同繁荣。这些文化价值与理念，势必对华文教育中的"民心相通"注入新的活力。

（二）丰富华社的工作重点

"一带一路"沿线国家居住和生活着大量的华人华侨，华文学校则主要由华侨及有识之士举办，华文教育与华人华侨社会相生相伴，相依相傀。华文学校大多由华人社团参与创办，华文学校的负责人一般也是当地社会特别是华人社会的名流。从中国政府角度讲，对上述人员以各种途径宣传"一带一路"的内容与意义。目前华文教育升级换代的相关活动，可以增加对华文学校及骨干教师的专题培训，让他们了解祖（籍）国正在发生的一切，激发他们对此的热情，使这些领袖人物在制订教学计划、与政府打交道、寻求整个社会的支持方面，为"一带一路"战略在该国该地的实施打下良好的社会基础。

（三）培养"一带一路"的后备军人才

华文教育的主要教育对象是华人华侨子女，虽然他们和中国有着千丝万缕的联系，但他们成长的环境和所受到的主导教育与他们的长辈不一样，他们对中国的现状和政策不一定了解或不感兴趣。语言及文化的断层在他们身上表现很明显，对中国语言和文化的学习并不是出于本身需求，或多或少有家长的理想和寄托。"一带一路"既然是个长期工程，也就需要培养一大批国内国际人才。华人华侨子女对"一带一路"战略的态度，关乎着这一战略的可持续支持力量。争取他们的认同就是争取对中国的认同。争取他们的文化认同，就是争取"民心相通"的实践者。从一定意义上讲，"一带一路"是新时期中国与沿线国家共同的国际公共产品。本着共商、共建、共享的原则，积极挖掘沿线国家的人力资源，特别是华人华侨的人力资源，在人力资源和人文交流上互联之道。从思想上、观念上、政策理论上、知识储备上，培养当今或未来一个时期，理解"一带一路"，赞同"一代一路"，积极参与"一带一路"的人才或后备军人才，吸引他们回国或是在所居住国，发挥文化使者的主力军作用，培养可持续的支撑力量。

（四）培养非华裔青少年的中国情结

目前，各国的华文学校办学环境越来越好，受到所在国政府的理解和支持程度正在加大，多数学校较成功地融入当地社会，很多非华裔子女也加入华校学习，使得华文学校不仅是学习中文的场所，还成为华人与非华裔交流的场所。华文教育不仅传授中国语言，而且成为传播中国文化的新型阵地。因此，这既是一个宣传中国政府倡导的"一带一路"的大课堂，也是团结及影响非华裔人士知华、友华的多民族文化熔炉。主动开创进取，改革教学模式，丰富教学接"地气"文化交流互鉴，民心沟通共融就会尽在其中。

（五）加大华文学校"请进来""走出去"力度

华文学校"请进来"的社区关系建设十分重要，利用主要节假日和文化活动，尤其是"中国文化节""春节联欢晚会"等机会，邀请当地政府官员、当地社会各界名流及中外学生家长参加，丰富社区文化，优化社区人文环境，当前，应增加以"丝绸之路"为主题的文化节日，宣传中国"一带一路"战略，增加以与会者对此的了解和理解，进而靠他们及当地舆论，来影响该国政府及企业对"一带一路"战略的支持。华文学校"走出去"的社区关系建设，主要指华文学校积极走向社区展示自己，与社区内相关组织一道开展丰富多彩的各种活动，并且可以借这个机会，宣传中国改革开放成就，加大人文交流力度宣传"一带一路"战略，使中国文化及表现形式同当地文化活动有机结合，在多元化教育娱乐中增进"民心相通"的融会力量。

（六）用新媒体扩大"朋友圈"

在"互联网＋"的时代华文教育也存在与时俱进并与新媒体相结合的挑战。当前现代科学技术使人类文化产生了前所未有的重大影响。"一带一路"建设也要积极反映科学性质的文化精神，丰富文化传播的文化品质。因此，华文学校要加强多媒体建设，利用互联网及微信朋友圈等形式，作为华文教育的课题延伸和汉语操练平台，丰富华文教育的教学手段。并借助互联网加强和国内合作学校的沟通互助，进行远程教学和本土教师培训，提高华文学校的办学水平。在这个过程中，在广阔的、多元的或是私密度、参与度较多的情境和心态下，增加感情，消除误解，纠正偏见，改变舆论，在增加个体朋友圈的基础上，增加中国的朋友圈。并由精英人士引领把握朋友圈的导向和主流价值，唯有如此，中国理念、中国举措、中国表达，才会受到华人社会的极大拥护，得到其他族群的充分理解，"国之交，在于民相通"的古训一定会焕发更加夺目的时代光芒。

参考文献

1. 习近平：《习近平谈治国理政》，外文出版社 2014 年版。

2. 严晓鹏：《孔子学院与华文学校发展比较研究》，浙江大学出版社2014 年版。

3. 裴援平在第三届世界华文教育大会上的主题报告，北京，2014 年。

4. 丁学良：《中国软实力与周边国家》，《中央民族大学学报》2013年第 1 期。

5. 李铁范：《海外华文教育现状趋势和对策思考》，《中国高等教育》2006 年第 5 期。

张建成：陕西师范大学国际汉学院院长、教授。

国学、汉学与华学

陈学超

【摘　要】在"国学热""汉学热"的浪潮中，又一个汇通古今中外中华文明研究的学问体系"华学"被提到了学术前沿。本文拟厘清"国学"（Traditional Chinese）、"汉学"（Sinology）和"华学"（China Learn）的基本范畴和特点，考察其产生背景和相互关系。探讨以"华学"搭建海内外中国文化教学研究的共同话语平台的可能。进而对基于"华学"的"大华文教育"的新理念给予诠释。

【关键词】国学；汉学；华学；大华文教育

在"国学热""汉学热"的浪潮中，又一个汇通古今中外中华文明研究的学问体系"华学"被提到了学术前沿。近代特定的历史文化背景下产生的"国学"（Traditional Chinese）、"汉学"（Sinology）范畴，有其特定的内涵和意义，在当代学科建设和研究中运用，就显现出局限和歧义。近年饶宗颐等学者提出的"华学"（China Learn）的基本范畴，则是一个可以汇通古今中外研究中华文明的新概念，可能搭建当代海内外中华文明教学研究的共同话语平台。基于"华学"的"大华文教育"，也是一个值得重视的新课题。

一　与海外华人华文密切联系的国学和汉学

国学和汉学，是近代以来世界中华文化研究中频繁使用的概念。其边界虽相对模糊，研究方法也各有千秋，然而其内核却大体清晰。这就是关于中国人和中国文化研究的学问。而且这两个概念的产生，都和海外华人和海外中华文明研究有关。

国学（Traditional Chinese），表面上看似乎是一个纯粹的中国国内中国古典的传统的学问体系。其实，真正现代意义的"国学"，诞生于西学东渐、文化转型、华人自省的清末时期，和旅居海外的华人也有着密切的联系。虽然《周礼》中也有"乐师掌国学之政，以教国子小舞"的词句，这里的"国学"所指，只是学校、教育机构之谓，与近代以来我们通常所说的"国学"完全不同。1903年，旅居日本横滨的梁启超创办了中文版的《新民丛报》，并发表了《游学生与国学》一文，提出学理范畴的"国学"，将此前张之洞所言"中学""旧学"① 予以引申，又为此后邓实、黄节引进日本的"国粹"之说，标举"研究国学，保存国粹"②，为国学大师章太炎1906年在日本东京发起的"国学讲习会""国学振起社"所推动。再后来，1910年章太炎在日本出版《国故论衡》一书，提出"国故"一语，引发出"国故学"的称谓③。胡适1923年发表的《〈国学季刊〉发刊宣言》诠释说："'国学'在我们的心眼里，只是'国故学'的缩写，中国的一切过去的文化历史，都是我们的'国故'；研究这一切过去的历史文化的学问，就是'国故学'，省称为'国学'。"用"国故"这一中性词，将国学中的精华（国粹）和糟粕（国渣）区分开来，从而使"国学"成为公认的学术载体，百年来广泛应用，蔚为大观。当代研究界，也有人直接认定"国学一词的近代意义，转借自日本"④，国学一词"始于17、18世纪的日本'国学运动'"。⑤ 还有待于考证。总之，国学并不完全是一个本土的、原生的中国话语系统，而是在西学的刺激下，以敏感的海外华人为前驱，以再造中华文明为目标而倡导的学术范畴。

再说汉学（Sinology）。它基本是一个海外学者研究中国经典、中国文化的约定俗成的学科代码。虽然清代雍正、乾隆年间一些问学之士也提过汉学之名，那是为了笃守训诂章句之学、拒斥唐宋群儒"乱经"，以别于"宋学"的复古流派。最早的真正的现代意义上的汉学研究，是19世纪初域外的传教士开创的。为首者是法国汉学家沙畹（Edouard Chavannes）。

---

① 张之洞：《劝学篇》，1898年。

② 1905年，邓实、黄节创立"国学保存会"，提出"研究国学，保存国粹"的口号。

③ 1919年，毛子水撰写《国故和科学的精神》一文指出："古人的学术思想，是国故；我们现在研究古人的学术思想……这是学问，应该叫做'国故学'。"

④ 桑兵：《晚清时期的国学研究与西学》，1996年，《历史研究》。

⑤ 薛涌：《中国文化的边界》，刊于《南方周末》。

此后国际汉学研究的中坚，就有巴黎学派的雷慕萨（Abel Remusat），瑞典学派的高本汉（Bernhard Karlgren）、苏俄学派的阿列克（V. M. Alexeif）、德国学派的尼博尔（B. C. Nibuhr）、美国学派的费正清（John King Fairbank）、日本学派的狩野直喜，等等。海外汉学研究，已有六七百年的历史。历经利玛窦为代表的游记性汉学、法国教会学者为代表的传教士汉学、法兰西学院为代表的学院派汉学、美国"二战"后的中国现实问题研究的"中国学"（Chinese Studies）几个阶段。现代以来活跃的外国汉学家高罗佩、傅吾康、宇文所安、易社强、马悦然、葛浩文、竹内实、史景迁、林培瑞、顾彬、柯蔚南等上百人。因为他们对中华文明的钟爱和研究，大都谙熟中文，有地道的中国名字，且一大部分娶了华人妻子，使他们与中华文化的连接殊为紧密。特别是，一批旅居海外的华裔汉学家，更是学贯中西、出类拔萃，如赵元任、李方桂、钱存训、夏志清、高友工、梅祖麟、杜维明、黄仁宇、余英时、许倬云、郑锦全、李欧梵、王德威等。海外汉学家阅读译介中国经典文献，把中华文明作为与印度、埃及、希腊罗马文明并驾齐驱的世界文明之一悉心比较研究。面对浩瀚的中国文化典籍和复杂的中国社会现实，皓首穷经，著书立说，对中国传统的语言文化的阐释、比较、探索、交流，做出了极大的贡献。海外汉学家的工作促进了中华文化的海外传播，带动了中外文化的交流和融合，甚至一定时空下改写了世界文明的进程。比如，欧洲"启蒙运动"受到来华传教士介绍的儒学的启迪；中国五四新文化运动受到海外汉学中西文化比较、融通的影响；1972年美国总统尼克松访华前夕阅读美国汉学家费正清的《美国与中国》；等等，这些历史细节都不可小觑。

　　20世纪初叶，随着中国改革开放深入，国学热方兴未艾，汉学热也随之升温。当国内国学研究深入探索"我们眼中之我"的时候，也更急切地希望了解"他人眼中之我"，渴望找到反观自身的镜子，希望借鉴海外汉学研究的视野、方法，开拓出国学传统的新价值。海外汉学家研究的异质性、新鲜性，构成了国内外中华文化研究的取长补短，共同发展。海外汉学家也开始逐渐从以往各自封闭研究的隔离状态，转向与中国现实的文化语境沟通，吸收国学研究者的新成果。然而，这时有人偏偏要把国内和海外、国学和汉学对立起来，否定海外话语和西方文化的借鉴意义，否定海外汉学研究的价值观念和学术范式。这无疑是给自己披上传统文化儒雅的外衣，重新走入文化封闭的国粹派的老路，与近代因西学刺激、为再造中华文明而提出国学理念的先贤们是背道而驰的。所以，我们坚持国学研究应该与海外汉学研究内外融合，互为表里，相得益彰，坚持文明对话。国学只有向世界汉学开放，向国际学术开放，才能成为对人类命运共同体建设有益的精神事业。至于目前的国学热中，有的地方仅仅停留在让幼儿园读《弟子规》、小学生行孔礼、中学生穿汉服的表面形式上，在大学则成立面向富豪的所谓"国学班"攫取金钱等诸种误区，相信都会不断被文化现代化的潮流所淘汰。

为了适应当代研究教学的需要，近期不断有人提出"新国学""新汉学"的概念，体现了中国学术希望改变自身在世界文化生态中的地位的强烈冲动。当然这些标"新"的概念还未有人给出全面明晰的定义。汉学作为一门学问，由来已久，历来有因时而变的不断更新，未必一定要以"新"炫人。欧洲汉学从考察游记的探访阶段，再到学科建制的学院派阶段，每个时期都有新的内容和方法；美国汉学在冷战以后成为"地域研究"的一个分支；东亚汉学从传统儒学经典研究，转入"儒学的现代化复兴"研究。从而使之保持多元化、交叉化、应用化，以及国际化延伸、传递、开放的特质。

二　用"华学"搭建中华文化研究共同的话语新平台

近年来随着国内"国学热"和"汉学热"的不断升温，随着海外华裔汉学家队伍的壮大，国内学术交流的不断深入，特别是国际华文教育的发展，海内外、港澳台"国学""汉学"研究越来越融合起来，原有的"国学""汉学"概念的局限、褊狭、歧义、误读也越来越显现出来了。

其一，"国学"一提出就是针对"西学"命名的，有抗衡西学的初衷，具有先天的封闭性。导致当代国内国学教学研究常常对多元文化多所戒备、拒斥。

其二，"国学"基本属于"中国古典学术体系"，以经史为核心，以儒学为主要研究对象，国学热中不少人还打出"弘扬国学，复兴儒学"的旗号，不利于全面继承中国传统文化，不仅厚古薄今，而且连古代佛家、道家等其他思想文化也忽略了。

其三，"国学"比较容易被理解为"中国之学"。而对于散居海外的华人，对于东洋、西洋人来说，"国学"又容易被理解为其所在国之学。

非要他们接受"国学"即"中国之学"的特指，而不指他们所在国的文化，又有文化优越、文化强制之嫌。

其四，"国学"容易被误读为"国家之学"。似乎弘扬国学，就是在强调中国传统文化中的国家学说、政治和意识形态学说。大家知道，中国传统文化中的政治和意识形态学说，不是别的，主要是皇权主义和宗法制度，这恰恰是中国传统文化的软肋，不宜弘扬和推销。

其五，"国学""国故"究竟是现代社会弘扬的对象，还是批判的对象；是历史记忆的一种留存，还是现实的一种指导思想；如何去伪存真、去粗取精，见仁见智，历来争议颇大。

其六，"国学"作为一个综合的古典的学术系统，很难与现代高等教育的学科体系融合。大学"国学专业"的招生，一直没有与国家学位系统融合，未能进入一级或二级学科目录。

其七，"汉学"Sinology，本来专指中国古代经典学说研究。现在许多地方，已经将其领域扩展到中国现代政治、经济、文化综合研究，就显得勉强。因而美国就将它改为"中国学"（Chinese Studies）。

其八，"汉学"主要是外国人及海外华人汉学家的称谓，也涉及海归人士、比较文化研究者。但是把它扩展到国内中国文化研究或者对外华文教育，就显得勉强。

其九，"汉学"一词，会被涂上大汉民族色彩，使 56 个民族共同创造的中华文化产生歧义。

当国内外专家会聚一起，深入讨论中华文化研究的共同课题的过程中，这些问题和局限就越来越凸显出来了。

于是，就产生了一个新的学习研究范畴——"华学"。

"华学"，与"汉学""国学"近义，都是研究华人和中华文明的学问。但其内涵和外延却不尽相同。它最初是由加拿大华义期刊《义化中国》的作者们议论提及的。其后被香港著名学者饶宗颐教授正式提出。2011 年 11 月 12 日在华侨大学举办的"饶宗颐与华学国际学术讨论会"上，饶宗颐教授书面致辞中写道："……昔吾国学术界有'国学'与'汉学'之说，然'国学'一词非吾邦独有，'汉学'又易与汉宋学之争蒙混。职是之故，宗颐乃有'华学'之提倡，'华学'者，吾中华民族文化之研究也。无论中西、无分古今，举凡一切涉及与吾中华民族文化有关之研究论述，均可纳入'华学'。"

果然是大师，一语惊四座。化用《红楼梦》句式："好一个华字了得。""华学"，诚可汇通"国学"、"汉学"、古代经典、现代文明所有的涵盖，而且补充修正了它们遗漏忽略的部分。"华学"——"中华之学"，淡化了文化的国家属性、地域属性、民族属性、时代属性，强化了全球化格局中中华文明的精神实质和内容风格，有利于国际交流、认同和共享。国内国外的中国人都被称为"华人"，语言文字称为"华语""华文"，其文化学问总称为"华学"顺理成章。正如著名文化学者肖云儒所指出："由于'华人'习惯指称那些生存于世界格局中的中国人，'华学'的内涵也就较'国学'更为丰富，除了本土的历史文化，也包含世世代代海外华人、华侨在新的生存环境中更世界化、更现代化的一部分。它处于中华文明和人类文明的衔接地带，对于促进世界了解中国、中国走向世界，促进中外文化在和谐的交融中共生共进，具有非常关键的作用。"[①]近年来国家大力从国外引进各种高端人才，也说明了这一点。确实，我们不能把中华文化的研究视野和关注点，只局限在中国大陆本身，必须涵盖大陆、港澳台，涵盖海外华人世界，必须借鉴外国汉学家的研究成果，共同继承和创造中华文明。其实，从海外华人世界和外国汉学研究机构，也可以找到中华文化某些完整的延续和承传，中华文化的外向传播也已经成为中国文化的新命题。"华学"的概念，应当是海内海外、海峡两岸、国学汉学、古代现代研究中华文明的最大公约数。清华大学出版的《华学》辑刊，已经成为团结国内外华学专家、深入"华学"研究的重要平台；海内外华学研讨会已经在新加坡、中国香港和厦门举办过多次；华学范畴逐步被倡导认可，并可能逐步取代当代国学和汉学教学研究的指代。

一代有一代的文化，一代有一代的学术理念和符号系统。如果说"国学""汉学"，在过往的一个世纪中，曾经发挥了应有的历史作用，那么"华学"在吸纳它们已有的学术积累的基础上，将创造出一个新的"华学"学习研究平台，开辟中华文明研究的一个新纪元。

三　基于"华学"的"大华文教育"格局的建构

"华学"既然是一门汇通古今中外中华文化的大学问，自然包含海内

---

① 肖云儒：《称"国学"为"华学"是否更好》，2007年10月15日《西安晚报》。

外华文教育。华侨大学在这个基础上提出"大华文教育"理念，我以为具有开创意义。

目前我还没有看到系统论述"大华文教育"的材料，人们也许一时还没有清晰地说明它"是什么"，但是我们现在至少可以说出它"不是什么"。与传统的华文教育比较，至少应该有以下区别：1. 不仅仅是华语文教育，还包括综合人文教育、中华传统文明教育；2. 不仅仅是一般的华文教育，还要扩展到用华语讲授的其他专业的课程教育；3. 不仅仅是面对华侨生，也包括国内外对外汉语学习生、各民族汉语学习生；4. 不仅仅是基本知识、理论、能力教育，还包括德、智、体、美全面教育和发展；5. 不仅仅是传统华校的教育，还要和普通高校中文系课程结合起来；6. 不仅仅是单纯的教学，还要把华文教学与华学研究结合起来，使之成为当代华学研究重要的组成部分。

以前的"华文教育"的称谓，一是海外华侨学校，二是国内侨办系统学校的华文教学，三是港澳台的对外华文教育。其教学内容，主要的华侨子弟的华语继承语教育，以及作为第二语言的华语教育。作为一项海外华侨华人留根工程，华语母语教学当然是首要的，但还不够。要真正使下一代成为知华派，使下一代仍然能够用华语工作，中华文化的学习认同、跨文化交际和比较文化的能力，更是需要学习培养的。特别是一部分华人子弟，还希望通过华文（或者借助第二语言的华文），学习掌握某个专业的技能或研究能力，学习中华文化传统以及现代独特的思想和技艺，都需要以华文为基础的这种专业教育。另外，大华文教育，也会涉及未来海内外中文系（Department of Chinese Language and Literature）、中国学研究中心（Center for Chinese Studies）的改革。现在海外和中国香港的大学中文系，大多包容中国文、史、哲各科，不仅是语言文学，而且教学、研究并重；国内大学分科过细，特别是中文系以古典文学为中心的课程结构，也越来越不适应社会的需求。期待大华文教育改革，与时俱进，创新出一种崭新的教育模式。

在大华文教育的体系下，可以吸收中国传统的教学话语体系和教材教法（比如书院式教学等），也可以吸收外国当代前沿的教学理念和做法，比如 Immersion Courses（沉浸式课程）、Faction Research in Classroom（行动研究等）。广泛借鉴，多元共享。过去传统的"国学""汉学"之间，在华文教育中常常有文化上的偏颇和摇摆，有的畸恋传统文化，有的膜拜西方文化，陷入没完没了的中、西之争。基于"华学"在海内外的流布和深入研究，大华文教育将海纳百川，融合华洋，形成一种全新的教学研究气象。至于大华文教育具体的课程建构、教材、教师、教法等，还有待专业人士进一步探讨、实验、完善。

陈学超，男。陕西师范大学国际汉学院教授，国际汉学研究所所长，国务院侨办华文教育专家委员会委员。

浅析海外华文教育的发展策略

林为华

【摘　要】近年来，随着西中两国经济贸易与文化往来愈加频繁，在西班牙的华文教育也呈现出异军突起的繁盛景象。除了官方的孔子学院外，民间的华文教育与文化推广更为壮观，名目繁多的中文学校遍布整个西班牙。然而，在这繁盛景象的背后，由于种种原因，华文教育由原来带有公益性质的办学模式渐变成眼下竞争激烈的商业行为，由于移民的民间办学缺乏政府应有的监管机制，从而引发诸多偏离教育规律与健康发展等系列问题与乱象。本文试图以西班牙华人聚居城市巴塞罗那的华文教育为例，通过对中文学校的发展轨迹、办学模式、存在问题的浅析，并提出若干华文教育的设想，以及华夏文化推广的前景展望。

【关键词】海外华文；教育现状；存在模式；发展策略

自中国政府确定向全球华人及国际友人推广华文教育总战略以来，国内外推广华文的教育机构似雨后春笋，突异而出，遍布全球。其中国内华文教育基地以公私立大学下设的汉学院为主，海外以国家扶持的孔子学院和以协会名义申办的中文学校为主。它们为华文教育的发展做出了一定的贡献。然而在推广传播过程中，因地域条件、创办人的理念差异，给推广传播华文教育这项公益性强、涉及面广、意义深远的大事业打了折扣，逐步偏离公益性事业的轨道，蒙上浓厚的商业色彩。因而海外华文教育在一片繁荣景象的背景下，也滋生了一些乱象、怪象。现就本人移居地——西班牙巴塞罗那市华文教育的普遍状况，通过观察、了解、调查作以小结供参考。

一 巴塞罗那华文教育的阶段划分及模式

（一）起始阶段

80 年代以前，那时移民海外的中国公民还比较少，一般为两极现象：要么就是文化层次较高，以外出进修而移居的；要么就是在国内收入极低的农民，为生活出路而移居，甚至偷渡移居。这一阶段的华文教育几乎没有概念，仅有家庭式的说教和言传身教模式。

（二）初步形成阶段

80 年代初至 90 年代末，随着国内改革开放政策的实施，移民海外的中国公民有了质的变化。除了标准的农民外，还出现了知识分子、前政府官员出国"镀金"经商。这一阶段的华文教育开始逐步萌芽，由家庭式说教模式，出现了经济条件好的家庭请家教模式，因此出现了从事华文教育的家庭教师，为华文教育的初步形成奠定了基础。

到了 90 年代末期，随着移民潮的涌起，特别是西班牙移民政策的开放性和包容性，出现很多通过家庭团聚移民到西班牙的中国公民，因而有了大量华人适龄儿童。于是移民中的侨领们商量筹办华文学校，1995 年巴塞罗那第一所华文教育学校——中国学校成立了，办学模式是大家集资办学，体现的全是公益性，并非营利教育。这样，华文教育就初步形成一种集中办学的教育模式。

（三）正式形成和发展阶段

21 世纪初至今，是巴塞罗那华文教育正式形成和蓬勃发展时期。这一时期也有几个小阶段。21 世纪初，部分有经济实力的华侨以集资模式租借教育场所，开始出现多所中文学校。随后部分所谓"智者"嗅到商机，由集股式而分裂，出现多家办学。由初期的一所中国学校，发展到仅市中心和华人聚集地就有官方的孔子学院，民间的中国学校、孔子学校、中国文化学校、中加友好学校、中国风学校等。目前发展到现在的中加友好学校五校联办，孔子学校的四校联办，中国文化学校多校联办，中国学校、敦宾学校、杜甫学校、孔林学校、双龙学校以及周边地区的兄弟中文学校，可谓是星罗棋布；再加上原始的家教模式，还有个别西班牙公私立学校的中文课堂，将巴塞罗那的华文教育事业推向高潮。

二 巴塞罗那华文教育现状与问题

（一）多种形式并存

就当前本市华文教育来看，正如雨后春笋，突异而出。以集中周末办学为主，且地域分布也偏向集中，以市中心和巴达罗那仓库区为主：有孔子学院协办的中文教育——以西班牙人为主，且年龄覆盖较全；有民间自主经营创办的网络课堂；有周末借用全日制西班牙学校的分散式办学；还有西班牙全日制学校的中文课；以及家庭式分批次集中教学（没有办学许可）和原始的家教模式。多种形式并存，且竞争激烈，说不定某天某地又冒出了一所中文学校，杂乱无章，没有统一规划和安排。比如同一所西班牙学校左右两块校区同时开办两所中文学校。

（二）教学设施普遍落后

校舍来源主要是租借西班牙学校，他们容纳 25 人的标准教室，挤进 50 多人在上课，还没有活动场地。再加上由于租借校方限制，多媒体教学难以实施，教学方式停留在基本的说教方式上。

（三）师资力量严重短缺

在华文教育蓬勃发展时期，师资力量严重短缺。就目前现状来看，在巴塞罗那近 200 位教师中，有国内教师经历、正式师范类毕业的从教教师仅有 20% 左右。其余师资力量绝大部分来源于留学生，或者国内高中毕业团聚移居的年轻人，缺少教学经验。

此外，就国内举办的各类师资培训而言，这边的办学老板很少给老师机会，且相互排斥，垄断资源，各自为政。再如去年海外资深、优秀华文教师考察培训，巴塞罗那近 200 名教师，一位优秀和资深的都没有？仅本人勉强参加了，也是一波三折，可谓奇葩。

（四）学生中文基础薄弱

在整体有意愿学习中文的学员中，以华人后裔为主，兼有西班牙友人，包括成年人和适龄学童；就以所有华人后裔来说也存在很大差异，有会说母语和不会说之别，还有年龄上的差别，有的四五岁就接受华文教育了，有的十几岁还没接触中文，甚至不会说中文。更不用说西班牙学中文的友人了。

（五）教学时间奇少

从表象上看中文学校遍布整个城市，入学人数也在与日俱增。但学生用来学习中文的时间少得可怜，一周仅有四五个小时的集中教学时间。作业完成情况视家长对孩子学习中文的态度决定。有的学校有两天场地使用权，但考虑的还是扩大招生，一味追求数量。根本没考虑增加学生学习中文的时间。

（六）学校管理缺少监督

在学校管理上，没有统一的衡量标准。自主经营，自行广告，常常夸大其词，由此导致广告失实，误导侨民，坑害侨民。比如在巴塞罗那市没有一所是国侨办首批海外华文教育示范学校（西班牙仅马德里有一所），而在报刊上广告时，全以"首批"见报，忽悠侨民，有悖广告的真实性原则。

（七）收费乱象普遍蔓延

推广华文教育，国家战略规划，应当体现教育公益，实现教育公平的原则。然而在实际办学过程中，被一些商业投机分子利用，逐步由公益性华文教育向趋利性华文教育演变，且变本加厉。请看如下对照表：

表1　　　　　　　　经济危机时期学生收费与教师待遇对比

经济危机前（初期）			经济危机后（至今）		
学生收费（月）	教师待遇（月）	课本（套）	学生收费（月）	教师待遇（月）	课本（套）
25—30 欧	400 欧	免费	45—50 欧	280—360 欧	15 欧

（八）教学质量普遍失控

质量是学校的生命线，只有质量稳定、提高，才能巩固生源。由于海外华文教育没有固定的质量目标，对质量要求的监控不到位，因此出现只有数量，没有质量的现象。比如一些孩子进中文学校学了十多年，总共还不识几个字，一篇课文都读不下来，更不要说写了！

（九）家长（侨民）认识不到位

绝大部分侨民家长对孩子学习中文的认识不到位。普遍认为去学校就是让学校在周末照顾孩子一天，从不过问孩子作业；还有些蛮不讲理的家长更可笑，认为我花钱把孩子送学校了，学校就必须将孩子的中文教好，与己无关，学校万能论。直接导致华文教育有量无质。还有家长甚至认为学中文没用，根本就不让小孩学习中文。

（十）给排华势力以借口

华文教育过于集中，华人适龄儿童数量惊人，在集中办学过分集中的现状下利弊均等。利是可以充分利用租借到的场所，推广华文教育，也增加了办学者的效益。弊是由于华人生存方式和居住方式以商机为准，分散居住，遍布西班牙大小城镇，所以一旦集中办学，入学中文学生过分集中之时，任何一个再开放、包容的国家也会惊觉，特别是对中华文明没有深入了解的前提下，会给一股排华势力以借口，不利于华人更好地融入社会。

三　海外华文教育策略与前景

在向国际社会全面推广华文教育的大前提下，为了让中华传统文明扎根国际社会，利国更利侨民，国际承担华文教育的传播者应当注重策略。

（一）建全组织，加强管理

在华文教育全面推广，步入发展高潮之际，应当健全海外华文教育管理机制。在各国（或地区）成立以使领馆为最高华文教育领导机构的相应组织，接受中国政府多部门（外交部、国侨办、教育部）的多重领导和协调，确定相应主管分管教育机制，协调各国（或地区）的华文教育事业，将推广华文教育提升到一定高度，纳入使领馆工作日程。杜绝华文教育演变成一些商业投机者赢利的手段，逐步丧失公益性事业的标准。

（二）建全学校评估考查和教学质量监控机制

为了确保华文教育事业在海外健康、有序、持久地发展，深入各国侨民之心，渗透国际社会，在各国（或地区）使领馆的领导下，牵头成立以国家扶持的孔子学院为主导的学校管理和质量监控领导机构，充分发挥孔子学院的教育职能，提高孔子学院的国际威望和信任度。在没有孔子学院的国家（或地区）由使领馆授权指定能统领当地且有公益事业心的协会组织，代为行使学校管理和质量监控职能。比如东南亚有些国家和地区已经做得比较好了，可以借鉴。

对教育质量的考核应当采取双重标准：国际友人学员和华侨后裔（一般还是二代、三代）分别对待，后者要有略高的标准。杜绝海外华文教育的一些怪象或乱象，例如，国家扶持的孔子学院仅面对部分国际友人，从而失去大部分侨民子弟的华文教育市场，有失国家扶持的初衷，也是国家教育资源的浪费。

（三）规范广告、收费、服务相配套，凸显华文教育的公益性

在海外华文教育蓬勃发展的同时，更要体现华文教育国家扶持，惠及全体侨民的公益性原则。因此各民间主持办学的侨团、侨领应本着教育资源共享、互相协作、诚实广告、合理收费、老少无欺、让利全体侨民的原则。特别是国侨办免费送达各国码头的课本不应收费，各国使领馆也应当适当管控、监督，不能放任，鱼肉侨民。否则，与变相腐败何异？

（四）建立稳定的师资队伍，确保师资待遇

推广华文教育，提高华文教育质量，关键在老师。师资队伍素质的提高和队伍的稳定，是海外华文教育发展的根本保证。因此加强师资队伍建设迫在眉睫。首先，应倡议华文教育资源信息公开，让所有从事华文教育的工作者都有机会参与国家侨办举办的各类培训或学习。其次，国侨办和各使领馆应当授权组织当地教师培训机构，举办师资教育培训，提高当地教师素质。同时，倡议办学者适当保障提高师资待遇，如将教师工作纳入所在国社会劳动保险，确保教师工作的合法性，以及回国培训旅费补助和工资、奖金，等等。

（五）鼓励侨领自主办学，回报社会，造福人类

为了更好地普及华文教育在海外的实施，国家鼓励和扶持侨领们在移居地自主办学，创办以推广中华传统文明精粹——仁爱、谦和、友善、合作为宗旨的全日制华人学校，招收所在国人民子女，配备双语教师。比如在巴塞罗那，有其他欧洲国家在本市开办的全日制学校。让更多的国际友人理解、宣传我们的办学理念，消除反华势力的顾虑，消除排华势力的障碍。让华文教育在海外落地、开花、结果。

（六）加强研究、编撰更加适合各国（或地区）的多语种的双语教材

为了发挥中华传统文明的优势，让中华传统文明的精髓为国际社会所了解；各国华文教育传播者要充分吸收和了解所在国的文化，同时加强研究中华传统文化与所在国传统文化的交汇点，摸索编纂适合侨民后裔和国际友人快速学习、容易掌握的教材，为加快华文教育的发展奠定基础。

（七）创办国际中文教育网络平台

在全球化进程不断深入的背景下，政府应大力支持创办面向国际的中文教育学习平台，将优秀的中文教育教学资源集中起来，免费向全球的中文教师及学生开放。让中文教育真正面向世界，让更多的人接触和感受到中华文化的魅力。

总之，推广华文教育，功在当代，利在千秋。随着国家综合国力的增强，华人移居海外的数量不断增加，在生活方式、习俗和国际间的文化差异上，常常出现各种不协调的现象。为了让中华传统文化之精粹——仁爱、谦和、友善、合作，被国际社会所认同和接受，迫切需要从事华文传播的实践者、研究者、决策者不断改革创新华文传播的内容、方式、策略。让中华传统文明精粹能像西方所谓的"自由、民主、人权"一样在国际社会落地、生根、开花、结果，以至超越。

作者：林为华（1963—　），男，浙江青田人，西班牙巴塞罗那孔林学府创办人，校长。

关于海外华文教育的再思考

麻卓民

海外华文教育的意义毋庸置疑，现在除了国侨办，许多国家部门、民主党派和各级政府都更加重视和支持海外华文教育的发展。对于这一点，所有从事海外华文教育的人都有深切感受。遇上这样的时代，是海外华裔青少年的幸运，也是华文教育工作者的幸运。海外华文教育也是一项崭新的事业，在发展的过程中也存在着许多问题，值得我们关注和研究。

笔者在海外从事华文教育有二十多年，其间写了不少关于华文教育的文章，也提出了许多思考，但每次写完之后都有"言犹未尽"的感觉。如今，我们国家更加关注海外侨胞，海外华文教育也迎来了最好的发展时机，所以我感到有必要就海外华文教育、华文学校以及与之相关的一些问题，谈点自己的看法。这是"再思考"标题的由来。

"再思考"的有些观点，可能不太符合领导和专家的"战略决策"，但这些都是笔者最想说的话。

一 关于海外华侨华人的那个数字

1996 年，笔者在瓦伦西亚遇到金光奎老先生。他是 1927 年旅居西班牙的青田华侨，时年 86 岁，娶葡萄牙女为妻。他对笔者说，"我的根已经断了"。笔者理解他的叹息，老人家虽有四代人了，但没有一个懂中文。金老先生的担心不无道理，在老人家去世后，这个西班牙华人社会的第一家族便在华人的视线中彻底消失了。有一年，笔者在西班牙南部小城碰到一个老乡，他是 80 年代初旅居西班牙，三个孩子在西班牙长大，全部大学毕业，但没有一个会说中国话。朋友说，最让他们夫妻操心的是孩子，"他们除了一副中国面孔，已经一点儿也没有中国人的味道了……"他的话，笔者一直没有忘记。笔者也经常想着这样一个问题，那些在海外出生长大、一点也不会中文的孩子，还算是中国人吗？

笔者常常想起领导和专家们"述说"的华侨华人数字，有说"5000万""6000万"，也有说"7000万"……笔者不知道这些数字的来历，也不知道这些数字包括不包括那些一点也不懂中文的孩子。说实话，笔者一直怀疑这些个数字的可靠性。笔者想，如果这个数字不包括他们，有点不合情理，按照遗传学的定义，他们当然是华裔。但如果包括了他们，也有问题，因为他们已经完全不像"中国人"了，最关键的还是他们自己认不认为自己是"中国人"？按照法律，他们完全有选择的权利。"橘生淮南则为橘，生于淮北则为枳"，千百年以来的民族大迁移，血液交融，很多后人早已不记得自己的祖先了。

笔者也不知道这个"统计"数字是否包括菲律宾总统阿基诺。记得有一年他来中国"寻根访祖"，说了许多让人感动的话，可是转眼间他又成了反华的急先锋，中华民族有这样的后代吗？笔者曾看过一篇关于"抗美援朝战争"的回忆文章（文章作者和题目已经无法记起），文章讲述了一个长着"中国面孔"的美国兵让志愿军战士遭受了巨大牺牲的悲痛故事。在一场激烈的战斗中，一个长着"中国面孔"的敌人来到志愿军阵地上，志愿军战士以为他是"自己人"，没有开枪打死他，结果全部的战士反被他打死了……

笔者说这些，是想说明一个问题，是不是华侨、华人、华裔，不应该只看面孔，也不能只看他的"遗传基因"，而是应该看他们的"心"。"心"看不到，但可以感受到。看他们有没有"中国心"，首先就是看他们身上还有没有中华民族文化的痕迹。如果连祖先最基本的标识都没有了，笔者想，不把他们看作中国人也罢！我们必须明白，华侨华人数量并不是中华民族的荣耀。如果一个人已经不认亲时，我们仍然硬要把他当成亲人，那是极其可悲的。

"文化是民族的血脉"，汉字是中华民族最重要的标识。如果离开了中华民族文化传承，海外华侨华人很难维系自己的血脉亲情。笔者想，这就是我们海外华文教育的最大意义所在。

二　关于海外中华文化的传播和传承

随着 21 世纪中国的崛起和国力的增强，海外华文教育事业也有了极其快速的发展，海外华文学校确如"雨后春笋"般诞生，华侨华人学习中文已形成高潮，还有许多国家出现了"汉语热"，这是值得我们感到欣慰的。

在很长的岁月里，海外"少"有华文教育。在东南亚一些国家，汉语曾是被严令禁止的，在欧美国家，虽没有禁令，但也少有华文学校。其原因：一是祖国不够强大，海外华人没有地位。在一个没有华人尊严的国家，不可能有华文教育；二是华人谋生的艰难，连自身生存都困难的情况下，自然很难顾及孩子学习祖国文化……海外"汉语热"的兴起，根本的原因还在于祖国的强大。"穷在闹市无人问，富在深山有远亲"，国与家，有很多方面是相通的。这个世界还很现实，国家强大了，就能赢得别人的尊重。赢得别人尊重了，就一定会有人要学习你的文化。

现在在海外从事华文教育的主要有两种力量：一是华侨华人民间的华文学校，二是中国官方的孔子学院。还有就是各国大学的"中语系"，因为人数少，它们对华文教育影响不大。前两者承担着不同的历史使命，民间机构承担的是中华文化"传承"的使命，官方机构承担的是中华文化"传播"的使命。"传承"和"传播"虽然只是一字之别，但内涵和意义差别很大。传承是对自己的后代；传播是对"别人"家的孩子。传承是纵向的，是自然的延续，属于血脉流淌；传播是横向的，是对外的开拓，属于友谊"馈赠"……

在写这篇文章的时候，笔者总是会想起"郑和下西洋"的故事。1405年始，明三宝太监率200多艘巨船，27800余人的庞大队伍，浩浩荡荡，奉命七下西洋，得到的结果是什么呢？笔者也总是想起60年代，我们国家在极其困难的情况下勒紧裤带，宁可让自己的人民饿肚子，也要无偿支援"巴尔干半岛社会主义明灯"和"唇齿相依的越南兄弟"的故事。可是，除了得到恶毒的谩骂和无情的战争，我们又得到了什么呢？

这些年来，对外汉语传播和推广工作取得了重要成果。我们在中央电视台的大舞台上，经常可以看到外国人唱中国歌，说中国话……这些节目极大地满足了国人的自豪感。但笔者想说的是，千万不要把"歌词"当真，唱歌是娱乐，他们是为了谋生。"友谊"当然是需要的，但亲情才是最重要的。在海外，真正从骨子里热爱中华文化的只有华侨华人。无论祖国碰到什么困难，只有他们对祖国的感情永远不会改变。

我们经常可以读到这样一些似是而非的文字，"我们如何将汉语的教育转化为中华文化的传播？如何弘扬中华文化？使其成为世界文化中的一枝奇葩而发挥它应有的光彩！"写这种文字的人，他们对祖国的文化很不了解，对中华文化缺乏最起码的自信。其实，中华文化本来就是"世界文化中的一枝奇葩！"从来没有人怀疑过中华文化的伟大。

"桃李不言，下自成蹊。"花儿开满山坡，靠的是自身的魅力，"蜂迷蝶恋"，是因为它的芳香。其实，每一种文化都像是一种花，传播是一个自然而然的过程。在当今的世界，几乎所有的民族都在努力发掘、传承和弘扬自己的文化。因为在各民族人民的心里，"自己的文化才是最美丽的"。

花不可以断根，文化不可以"断"代。断了根的花会枯萎，断了代的文化则很难重生。对于祖国而言，没有什么比让海外漂泊者的孩子继承中华文化更加重要。

三　关于海外华文学校的华文教育

进入 21 世纪之后，海外华文教育迎来了历史上最好的发展时期。十多年以来，我们国家投入了巨大的财力、物力和人力，在海外"传播"中华文化，成绩斐然；海外华侨华人的华文学校依靠祖国和侨胞的支持，发展也极为迅速，他们"传承"中华文化的成绩也是令人瞩目。

作为一个海外华文学校的华文教育工作者，笔者更关注的是海外华文学校的华文教育态势。华侨华人的后代永远是海外华文教育的主流。因此，就当前海外华文学校的华文教育问题，笔者想谈一点自己的看法。和大家共同讨论。

（一）关于海外华文学校的现状

海外有多少华文学校？根据 2011 年中国华侨大学和社会科学文献出版社的《华侨华人蓝皮书》介绍，海外华文学校总数"超过 5000 所"。在祖国经济快速发展的带动下，海外华文学校有了极其快速的发展。十多年来，海外华文教育得到了持续的蓬勃发展。2014 年 12 月，国侨办裘援平主任在第三届世界华文教育大会主题报告中说，海外各类华文学校已经有 2 万所，在校学生数百万人。

各国国情不同，华人历史不同，华人族群人数和构成也很不相同。因此，各国华文教育的状况自然很不相同。根据 2011 年《华侨华人蓝皮书》，"亚洲有华文学校 3000 多所"，占全球华文学校总数的 60%，"美国就有华文学校 500 多所"，占 10%。根据 2015 年《华侨华人蓝皮书》，全球华侨华人总数 6000 万，东南亚地区有 2000 多万，美国有 400 多万，欧洲有 250 余万。海外华文教育与华侨华人分布有关，与华侨华人的年龄结构有关，也与华侨华人安居乐业的状况有关。根据综合指标，除东南亚地区和美国之外，欧洲应该是华文教育发展最快的地区。2000 年前，西班牙只有 9 所华文学校，2011 年前，西班牙华文学校总数约 30 所，如今，西班牙大大小小的华文学校总数约 80 所。

海外最早的华文学校已经有数百年历史。在东南亚，一些华文学校也已经有上百年历史，它们不仅有自己独立的校区，有完整的小学、中学，甚至还有大学。而更多国家的华文教育起始则比较晚，大多只有几十年的时间，西班牙最早的华文学校是在 1984 年。至今，绝大多数华文学校没有自己的校舍，仍然"寄人篱下"，并且都是周末班……周末班从严格意义上说，不算是学校，它只是一种"语言补习班"。学校只是华人的一种习惯说法。

海外华文教育都源于华人自发的行为，因为各国华人的状况不一样，因此差异性很大。90 年代中期，本人曾参加过在荷兰举办的欧洲华文教育研讨会，当时欧洲华文学校有不少是教繁体字和注音字母的，也有一些学校是教粤语的。直到 90 年代后期，这种状况才有所改观。由于各国华侨华人历史不同，各国华人学生情况也很不一样。有一个台湾同胞自 2006 年至 2010 年，对德国、奥地利和法国等国家的华文教育状况做过考察，他对学生的听、说、读、写四方面能力做过评估，合格百分比：听 90%—95%；说 70%—80%；读 < 5%；写 < 2%。而在西班牙，华人社会比较年轻，绝大部分华人都是第一代和第二代华人，因此孩子的语言环境（指家庭）比较好。华人学生入学时，"听"与"说"基本没有大问题，学生只要读完小学六年，"读"与"写"也都已经达到相当水平。

海外华文学校根据其性质，主要分为两类：一是华人社团性质学校；二是华人私立性质学校，私立学校包括侨胞个人和侨胞合作的学校。在西班牙，90% 以上华文学校都属于华人私立性质的学校。国内关于华文学校的调查，比较在意学校性质，这可能是受国内教育体制影响，以为国家学校要胜于私立学校。欧洲的教育状况恰恰相反，私立学校的教学质量要远胜于国家大学，海外华文学校状况基本也是如此。海外华文学校的规模只跟学校的教学质量有关，跟学校性质无关。

华文学校因为是周末的语言补习班，因此，正式申报和获得批准认可的学校极为少数。笔者对欧洲其他国家的华文教育状况缺乏调查，具体情况不了解，估计与西班牙海外华文学校的情况不会差别很大。

海外华文学校之间的差异主要表现在办学规模上，即使在同一个国家，华文学校的情况也很不相同。规模大的有数百人甚至上千人（巴塞罗那孔子文化学校学生已逾2000人），小的只有几十人，属于家庭式的学校，类似于古代的"私塾"。在某种程度上，规模也是教学质量，没有规模也就没有质量（特殊的小班制专业教学例外）。还有因为教材和师资力量不尽相同，因此，教学质量很不一样。

（二）海外华文学校存在的主要问题

2014年12月，国侨办主任裘援平先生在第三届世界华文教育大会有一个重要讲话，她在说到华文学校"转型升级"时，强调了海外华文教育"标准化、正规化、专业化"的问题。裘主任的讲话高屋建瓴，高瞻远瞩，切中要害，点出了海外华文教育存在的"根本"问题。

任何一种东西，只要是"热"，就一定有问题。人的身体如此，"汉语热"也是如此。海外华文教育应该融入主流社会，成为一种常态才是正常的。而要想成为常态，就必须要做到"标准化、正规化、专业化"。但是，海外华文教育要做到"三化"，非常不易。它是一个目标，是海外华文教育工作者奋斗的方向。海外华文学校的"转型升级"，其实也是一场教育变革。

中国教育如果从夏开始算起，已经有数千年历史。古代的教育对于中国农耕社会的文明进步起到了重要的推动作用。随着工业革命的兴起，传统的教育开始面临严重的挑战。自"五四"之后，教育改革的呼声就从来没有停止过。一代又一代的教育专家、学者为中国的教育改革付出了巨大努力。但到今天为止，似乎仍然没有探索出一条成功的路子。海外华文教育的历史短暂，自然需要做出更大的努力。

要实现"三化"目标，首先需要有自己的校舍。西班牙有英国学校、德国学校、法国学校，还有日本学校，但没有中国学校。从现行的语言补习学校到正式的学校，还有很长的路要走。其次是师资问题和教材问题。

也许在欧洲，师资是华文学校普遍存在的难题，华文学校的老师大多不具备任教资格。即使是中国师范大学毕业生也一样，都没有当地教育部门认可的教师资格，包括"孔院"。西班牙华文学校老师主要来源有两个方面，一是华侨华人，一是留学生。留学生老师的最大问题是不稳定，她们到学校任教都只是"权宜之计"。来的时候，她们都还不是合格老师，可是，几年下来，培养好了人也走了。教师资格是华文学校规范化、专业化的一大障碍。

海外华文学校使用的教材大多是暨南大学的《中文》课本和《汉语》课本，基本没有可以挑选的余地。华裔青少年在当地长大，西方是拼音文字，他们学习起来比较容易。华文是表意文字，学习难度要大很多。另外，传承中华文化的责任决定了海外华文学校不仅仅只是教授汉字，还要传授中华民族的优良传统。华文教育需要增加中华文化的知识性和趣味性。知识性、趣味性容易调动学生的学习兴趣，推动华文教育的发展。因此，华文教材如何更加适合海外学生，确实是值得研究的。

四　一点体会和建议

海外华文教育可以说是一门新兴的教育，它需要更多的华文教育工作者参与研究。前些时候，受国内一家华文教育研究机构委托，对西班牙的华文学校做一个调查。尽管调查提纲的一些问题不是太难，但做起来不容易。因为被调查者总是心怀戒备，不太有人愿意说真话。这些年来看过一些关于海外华文教育的学术文字，总的感觉是许多调查不具广泛性、代表性，一些研究不具科学性、前瞻性，结论如出一辙，大多是"人云亦云""泛泛而谈"……

笔者曾参加过一些高规格的座谈会，也听过一些经过精心安排、认真准备的华文教育汇报。一些汇报让不知情者"感动"，让知情者"汗颜"。多年以前，曾有"官员"这样劝过笔者，"不要太认真，领导出来就是过过场子……"笔者想，如果调查只是听取空乏的"汇报"，或"走马观花"，确实是很难获得真实的情况的。

前些年，笔者对西班牙华文教育状况做过一些调查，有的学校让人感到唏嘘，一些事情听来就像是故事。在西班牙某华文报纸上，几乎每期都有对某华文学校的报道，有一回笔者碰到那位校长，她对笔者大吐苦水，说学校没有多少学生，处境十分艰难……笔者说报纸不是说你们学校办得很成功吗？她对笔者说了真话，给了一年广告费，每期都要有宣传我们学校的文章。但也有的学校的办学经历确实让人感动。笔者曾经访问过一家华文学校，创办人的精神让笔者十分敬佩。创办人是个女同胞，年逾六十。20年前，她想办华文学校，但没有任何人愿意伸出援手。后来她凭一己之力，开始创办华文学校，走过了一段极其艰难的道路。如今的两所华文学校的学生有六七百人，但她的学校依然不被关注。她是一个执着办学的人，她学校的教材是自己掏钱买的……海外华文教育事业正处于快速发展的时期，笔者想，也许正是因为有那么多人执着于这项伟大的事业，海外华文学校才有今天蓬勃发展的局面。

海外华文教育的发展，当然离不开祖国对海外华文教育的支持和帮助。对海外华文教育影响最大的是海外华文学校学生"中国寻根之旅暑假夏令营"和海外"中华文化大乐园"，还有"全球华裔青少年中华文化知识大赛""节庆文化走进巴塞罗那"，这些活动极大地增进了华裔青少年对祖国的感情，增进了他们学习祖国文化的兴趣。

如何进一步促进海外华文教育的健康发展，笔者根据自己的体会，现提出几点意见。

（一）大力加强海外华文教育研究，切实找出解决海外华文教育存在问题的办法

海外各国的国情不同，各国华文教育发展的历史和现状也很不相同，但有许多问题都是共同的。我们需要认真解读裘主任提出的海外华文教育"标准化、正规化、专业化"的问题，需要明确什么是标准化？什么是正规化？什么是专业化？应该怎样支持、帮助海外华文学校实现"三化"目标。

我们需要真正意义上的"海外华文教育研讨会"。笔者认为，许多关于海外华文教育的研讨都缺乏深度。我们需要明确"海外华文教育研讨会"和"海外华文教学研讨会"的区别。"海外华文教育研讨"是关于华文教育长远发展和解决当前重大问题的讨论；"海外华文教学研讨"是关于华文教学问题的讨论。关于"字词句"的研讨和教学方法的研讨虽然需要，但绝不是当务之急。

（二）关于海外华文教材问题

现有的《中文》和《汉语》课本对海外华文教育的发展确实起到了十分重要的作用。20 世纪 80 年代—90 年代初期，海外华文学校教材十分缺乏，有的选用台湾版的教材，有的是自己编写的教材，正是因为有了《汉语》和《中文》教材后，海外华文学校的教学活动才开始趋于规范。

经过 20 多年的发展，华文教材如何适应海外华文教育的发展，确实是值得探讨的。因为现今海外华人社会与 20 多年之前的华人社会已经发生了很大变化，新一代华侨华人基本都是当地出生的孩子，我们的教材应该考虑方便他们的学习。2015 年，巴塞罗那孔子文化学校编辑正式出版了"幼儿汉语双语华文教材"（三册），在当地出版发行，并参加了在巴塞罗那举办的西班牙教育展，受到了广泛的认可，双语汉语教材的最大好处在于容易让孩子们学习。我们的华文教材需要"本土化"，"本土化"教材有利于华文教育发展。

除了正式课本外，我们建议国内编辑出版一些针对海外华文教育的辅助华文教材，比如《古诗词选编》和"三常知识"简本。巴塞罗那孔子文化学校已编辑完成"中华古诗词选编 100 首"，编辑的思路是把经典古诗词按照学生年龄编排。幼儿要求朗朗上口、适宜背诵；小学和中学按照由浅入深顺序编排。所有被选的古诗词，一是经典；二是具有爱国主义情怀；三是具有典型的民族文化特色，比如节气文化。辅助课本对于弘扬中华民族精神具有十分重要的作用。

（三）关于海外华文教师问题

在海外华文教育中，其实师资问题是至关重要的问题。师资问题不仅是关系教学质量的问题，而且是关系海外华文教育"标准化、正规化、专业化"的大问题。

现在海外华文老师的结构，各国情况不同。在西班牙（根据巴塞罗那孔子文化学校 80 多位老师情况分析），华人老师约 30%，留学生约 70%。在华人老师中，师范学校毕业、在国内从事过教育工作的不到 30%。留学生具有极大的不稳定性，这是华文学校教学质量得不到保证的重要原因。

这些年来，国侨办每年都派出优秀教师团到海外举办师资培训班。虽然这种培训对提高老师教学水平起到了一些作用，但不解决根本问题。相对来说，华侨大学与暨南大学设置的"华文教育本科专业"比较有效。专业招收海外有志于从事华文教育事业的华裔高中毕业生，前提条件是培训合格后必须在海外华文学校工作若干年。这种定向培训的模式，比留学生要相对稳定。华大与暨大还面向在职华文教师，开办了硕士学位班。

如果华大和暨大的模式能够施行，估计5—10年之后，海外华文教师队伍的状况一定会大不一样。但是要真正解决海外华文学校教师队伍的问题，还必须要寻求与主流教育机构的合作，通过和当地大学合作办学的办法，让我们的老师获得当地的教师资格。与主流社会教育机构的合作是解决海外华文教师问题的根本解决之道。和主流教育机构合作，需要海外华文学校的努力，更需要国内政府的支持。

当然，海外华文教育、华文学校和华文教学还有许许多多的问题值得我们去探究，限于篇幅，不一一详述。

五　结语

华侨—华人—华裔；华文—华校—华教，海外华文教育在本质上是一项"留根工程"。无论在什么时候，华裔青少年永远是海外华文教育的主体。当狂热渐渐退去，一切归于平和，这一条脉络一定会更加清晰。

海外华文教育欣欣向荣的局面前所未有，但它依然是一项充满阳光的事业。在西班牙，华文学校学生约2万，占华裔青少年总数的30%左右。全球华文学校200万华裔学生，占全球华裔青少年的比例更少。海外华文教育仍然"任重而道远"。

海外华文教育由于发展快速，华文学校存在这样或那样的问题都在所难免。记得2015年春裘援平主任来巴塞罗那考察华文教育状况，有学者批评一些华校不太规范时，裘主任严肃地讲了这样一段话，"无论是什么学校，只要是在教我们的孩子学习祖国文化，让他们说中国话，认识中国字，能让他们知道自己的祖先就是好的，就应该鼓励和支持"（大意）。

海外华文教育在发展，海外华文学校虽然存在着许多困难和问题，但是有强大的祖国做后盾，笔者相信，海外华文教育的局面一定会越来越好！

麻卓民，男，从事华文教育二十年，现任巴塞罗那孔子文化学校董事长。

海外华文教育的特点、问题与对策研究

李云霞

【摘　要】随着汉语国际教育的发展和旅居海外的新一代侨民的不断增加，海外华文教育出现了一些新的发展趋势，因为教育对象的不同，其培养目标和问题的呈现方式也与针对外国学生的汉语国际教育有明显不同。本文从世界各国华侨的分布、侨民的类别以及他们学习华文的动机入手总结海外华文教育的特点和发展趋势，探讨华文教育在发展过程中呈现的问题，并针对这些问题提出改进的策略，希望能够对华文教育质量的提升有所帮助。

【关键词】华文教育；本土化；问题与对策

一　引言

据史料记载，华人在海外的生活已经有 2000 多年的历史。一般来说，把华人使用的语言文字称为"华文"。而"华文教育是指华人在入籍国对华人华侨子女施以中华民族传统文化的教育"。随着国际汉语教育的发展和旅居海外的新一代侨民的不断增加，海外华文教育出现了一些新的发展趋势和特点。研究这些趋势和特点，有助于我们把握华文教育的新动向，制定新的政策，不断促进华文教育质量的提升。

二　海外华文教育的特点

华人的范围非常广，既包括大陆人及其后裔，也包括香港人、台湾人及其后裔，又因为政治历史和中国不断发展的原因，华文在海外的教育也呈现出与以前不同的特点。这些特点可以在与国际汉语教育的比较中发现。

对于华文教育和汉语国际教育的关系，专家和学者的观点不尽相同。有的人认为华文教育包括汉语国际教育，持这种观点的人认为华文就是华人使用的语言，汉语国际教育所教授的也是华人使用的语言，因此，华文教育应该包含汉语国际教育；而另外一些人则把这两者截然分开，他们认为，华文教育和汉语国际教育的对象不同，华文教育的对象是华人及其子女后裔，汉语国际教育的教育对象是汉语为第二语言的学习者。本文从教育对象、教育目标等方面考虑，认为华文教育和汉语教育国际有着不同的特点，区分这两个概念，有助于明确华文教育的目标、确认教学方式和方法，从而使其有更好的发展。二者的不同主要表现在以下几个方面。

（一）教育对象不同

华文教育的教育对象是华侨及其子女后裔（以下统称为华侨）。汉语国际教育的教育对象是汉语作为第二语言的学习者（以下统称为二语学习者）。在语言上，华文一般是华侨的母语，在日常生活中，他们使用这一语言，常常是听和说的能力已经发展得很好。二语学习者没有任何语言基础，他们要从头学习和他们母语不同的一种新的语言。在文化背景上，华侨虽然在海外生活，但是在生活中还或多或少地保留了自己的传统文化，这使得他们在对中华文化的理解上和二语学习者有着明显的不同。对于中华传统文化，他们了解、知道甚至是实践，而二语学习者则是观察和了解的比较多。另外，二者对中国文化的情感和学习动机也不同，大部分华侨学习华文，有很强的寻根意识渗透在里面，而二语学习者的学习动机可能有很多，唯独没有寻根的特性。

（二）教育目的和教育形式不同

华文教育的目标是不但要教会学生语言，更要教会学生文化，并期望学生在一定程度上保留这种文化思维，践行这种文化习俗和规范。汉语国际教育的教育目标是以语言为媒介，促进中国与各文化之间沟通和理解，在文化上，以学生能够理解中华文化为基本目标。因为教育目标不同，二者的教育形式也完全不同。华文教育中学校教育只是教育的一个组成部分，参与华文教育的还有家庭教育和一部分的社团教育，但是学校教育是显性的教育，而家庭教育和社团教育是隐性的，尤其是在文化传承功能这一部分，家庭中家长的意识和在华人社团活动发挥了非常重要的作用。汉语国际教育中，学校教育几乎就是整个教育的全部，学校和国家对语言的相关规定和对文化多元的态度对受教育者影响很大。

（三）推动其教育发展的机构不同

华文教育的办学基金大多数是侨民的捐赠，当地政府一般不给予资金支持。在大陆和台湾都有相关的侨务机构，可以从祖籍国的角度给它们一些支持，但是这些资金也都是侨民的捐赠款。在办学形式上，华文学校多是由华侨所在国的华社组织，存在学后班、周末班、半日班和全日制班等多种形式。汉语国际教育的发展以2004年第一家孔子学院在韩国成立为界大体分为两个时期，在此之前，汉语国际教育主要是在国外主流大学设立的与中文和中国文化研究相关的专业中得以体现，办学主体是各国大学；2004年之后，汉语国际教育又增加了一种办学方式，就是在国家汉办的组织和支持下，由国家汉办、国内学校和国外学校合作一起办孔子学院，汉语国际教育逐渐由大学扩展到中小学。

（四）对学校教育的要求不同

华文教育和汉语国际教育对学校教育的要求不同在教学内容、对教师的要求和对教材的要求三个方面体现得比较明显。

在教学内容上，汉语国际教育以语言教学为主，尤其是零起点的学生。作为设置在本土学校教学体制内的一门课程，有比较规范的教学计划。在教学内容、教学方式和教学评估等方面接受本土教育体制的管理，是本土教育体制的一部分。另有一部分课后班、兴趣班等办学形式，比较自由零散。但是在教学性质上，他们都是第二语言教学。华文教育的教学内容相对来说比较多，语言和文化的需求都有。不过随着时间的推移，华文教育的教学内容也发生了一些变化，即"由最初的民族语言文化教育，逐步增加民族文化教育，与经济相关的教学内容，以提升华文的实用价值"。另外，学习者的语言背景和文化背景很不相同，各国华文教育都有自己的特点，即使在同一国家内，每一所华文学校的教学内容、目标和评估手段也不尽相同，没有统一的标准。在教师方面，已经融入本土教育体制内的汉语国际教育对教师学历、资格和学术水平都有要求，同时希望教师能够融入本土教育体制之内进行教学和学生管理。华文教育对教师本土意识的要求没有那么高，但是很需要具有深厚中国文化功底且懂得教学的教师。在教材方面，汉语国际教育更多的是需要语言教材，而华文教育则需要能够承载更多文化内容的教材，在很大程度上，具有国内母语语文教育的特点。

三　海外华文教育的问题

一般来说，各国的华文教育都经历了发展期、低潮期和繁荣期三个阶段。这主要是因为华文教育受政治因素影响比较大，各国与中国的关系、对中国的态度在不同程度上影响着海外华文教育的发展。不过，就整个世界华文教育发展的历史来看，当前良好的发展趋势是前所未有的。尽管如此，当前华文教育还是存在很多问题。

（一）华文教育缺少相对一致的评价标准

华人遍布世界各地，但是对于华文教育的认识却有不同，没有一致的评价标准。这主要是三个方面的原因造成的。一是世界各地的华文教育发展不均衡。"海外华文教育与祖籍国、住在国以及国际形势联系密切……生活在不同国家、不同地区的华人华侨对华文教育的需求和选择存在着明显的差异。"相对来说，亚洲华文教育开展得早，侨民保留中华传统文化的意识强，华人社会内部团结办学意识也强。这和早期华侨的流向主要在中国周边国家有关，也和他们集体性的迁移有关，比如因为战乱、劳务输出或者家族式迁移。他们需要用自己的力量保留和传承自己的文化。其他各大洲的华文教育开展得稍晚一些，规模和入学人数也没有亚洲那么多。二是各华人社团对中华文化的理解不一致。在主观上，华人都想保留中华文化。但是海外华人是一个非常复杂的群体，侨居海外的台湾人、香港人、大陆人及其后代子女由于历史政治或者家庭、民族等原因，对中国文化内涵的认同有很多不一致的地方。以语言为例，在汉字使用上，来自中国台湾、香港的侨民更习惯使用繁体字，来自中国大陆的侨民更愿意使用简体字。在日常口语交际中，除了侨民自身的方言以外，来自中国大陆的侨民使用普通话，来自中国台湾的侨民说"国语"，而大多数来自中国香港的侨民说粤语。三是中华文化本身的复杂性。中国文化历史悠久，在发展过程中又受到其他文化的影响，所以文化具有丰富的内涵，又因为中国地域广阔，每个地域都有自己独特的地域文化，有的时候即使是同一件事情，看法和做法也不一样。结婚、过春节这样的民俗习俗各地各民族就不尽相同。另外，由于意识形态和教育理念的差异，来自各地的侨民对历史的态度和对教育的理念也有不同观点，这使得在华文教育合作方面存在很多问题。

没有统一的标准，使得华文教育的质量监管成了最大的问题。各地的华人华侨很多，从事华文教育的人和接受华文教育的人也很多，可是教育的最终结果却没有办法衡量。接受华文教育的学生只能参加由国家汉办举办的 HSK（汉语水平考试）、HSKK（汉语水平口语考试）、YCT（中小学汉语考试）和台湾华语测验推动委员会举办的 TOCEL（华语文能力测验）。但这几种测试偏重汉语作为第二语言能力的测试，而缺少深层的文化考量。

（二）缺少合格的教师

因为华文教育相对于华人居住国的教育系统来说，有较大的自主权，在师资聘用等方面较少受所在国对教师资质的要求的影响，又由于历史上，大多数华文学校是依附于侨社，义务性质的教师也比较多。这些原因在客观上造成了华文教育合格教师相对较少。当前在各国从事华文教育的教师中年纪较大的教师多数是老侨民，他们多数不懂教育和教学，只是因为各种原因，做了华文教师的工作，长时间的教学积累了一些经验，但是在教学理念和方法上还是比较保守，专业性不强。年轻的教师中新一代的大陆侨民比较多，因为刚到一个新的国家，难以找到合适的工作，于是趁着华文教育拓展新领域的机会做了华文教师，这些年轻教师缺少经验，也缺少对居住国教育体制的了解和认识，但是他们思维活动，是可以培养的师资。不过最近也有新的倾向，即中国政府为了推广汉语，于 2007 年审批通过了在全国 24 所大学开设汉语国际教育硕士专业的文件，之后，又在一些大学陆续开设了汉语国际教育硕士专业，随着这些学生的毕业，他们开始流向国外从事和汉语教学和华文教育相关的工作，相对来说，这些师资为各国华文教育补充了新的血液。

（三）华文教育的推动机构缺少统筹规划，资源配置不合理

华文教育的推动机构主要是中国大陆的侨办、台湾的侨务委员会，当

然，最近十几年也可以看到中国国家汉办的影子，但是从华文的祖籍国的角度来看，这三家机构在各个方面都缺少合作，大到语言文字的政策规划、小到项目支助的安排，各个机构都是各行其是。这样就无法将有限的人员、资金等各个方面充分利用，造成有的地方缺少人力物力资源，而另一些地方又享受过多资源。

在教学材料的使用方面，中国大陆的侨办、台湾的侨务委员会都开发了一些供华文教育使用的课本和教学辅助材料。最近十年，中国国家汉办也着力推进了一些中文课本和教学材料的编写。但是总的来说这些教学材料都存在针对性不够的问题。这种针对性不够表现在对华文教育对象的需求、年龄、认知的关注不够，也表现在趣味性、实用性不足等多个方面。

总之，华文教育由于受其创办条件的限制和推进华文教育工作的机构缺少沟通和合作等原因，没有从教育的角度、在教育目标上确立一个非常明确的方向，也没有从教学上认真仔细地研究教学模式、课程设置等问题，因而未能形成专业化的发展模式。

四　海外华文教育的对策

从以上分析我们可以看出，华文教育在教育对象、教育目标和教育形式以及推进其教育发展的机构和对学校教育的要求等几个方面都有自己的特点。关注这些特点，才能满足其需求。从华文教育的特点和基本需求出发解决华文教育的问题应该是比较可行的办法。

第一，建立大华文教育的概念，逐步形成相对一致的评价标准。

随着大陆世界影响力的上升，汉语对世界的影响越来越大。中国国家汉办通过孔子学院逐渐拓展汉语作为第二语言教学领域的局面，使华文教育也受益匪浅。两岸统一合作的经济基础和政治基础也都逐渐奠定。这些给建立"大华文教育"提供了很好的社会基础。所谓大华文教育就是希望能够建立一个适用于整个世界华文教育的相对一致的标准。大华文教育的评价标准可以借鉴《欧洲语言共同参考框架：学习、教学、评估》的方式，由各地华社，中国大陆、台湾等华文教育的推进机构共同合作，求同存异，通过确立不同等级的汉语和必修课程的标准使整个世界的华文教育形成一个统一体。这在世界人口的流动性和交流的广泛性日益增强的地球村社会是十分必要的，它可以让在一个国家接受了华文教育的人到另外一个国家可以直接被接受和认可。也就是说如果有了华文教育的等级标准，一个在新加坡接受了华文教育的人到了北美，拿着自己的教育文凭，就很容易地能够说清楚自己的华文水平到底在哪个阶段，学习过哪些课程。

第二，加大对本土华文教师的培养和培训。

搞好教育，教师是关键。华文教育要发展，需要有一批高素质的愿意投身到这一教育领域的本土教师。近十年，华文教育的发展很快，各国都有新的华文学校建立，华文教师除了本土教师外，还有国家汉办选派的志愿者教师，但解决师资问题的关键还是培养高素质的本土教师。这主要从两个方面来做，一是对职前教师的培养，比如通过和所在国的教育部门呼吁在该国的高等教育内设立华文教育教师专业，培养熟悉所在国家教育体制，同时又精通中华文化的高水平的本土教师；或者通过和中国大陆、台湾等相关机构申请华文教师的项目，选送一些优秀的学生到祖籍国学习相关专业。二是对现有在职教师进行培训，这种职后培训现在侨办、汉办最近都在做，但是应该总结经验和不足，针对每个国家的在职教师的特点进行有针对性的培训。这种培训在形式和内容上需要精心设计和思考，真正解决在职教师的问题。

第三，有意识地统整各地教育资源。

资源统整既包括华文教育机构的资源合理调配，也包括各个国家现有教育资源的共享。这需要和华文教育相关的各个部门、学校有很好的沟通合作意识。每个国家的华文教育都有自己的特点，但是也有一些共同点，可以互相借鉴。在互联网普及的今天，做到资源共享是比较容易的，重要的是要有意识。目前已经有学者对海峡两岸如何携手共同促进华文教育发展做了深入的研究，提出了一些有建设性的建议。周伶利也曾提到利用海外华人社区优势推进华文教育。

在教学材料的编写和使用方面，华文教育需要的是有较强针对性的教材。从年龄和认知特点来说要考虑是儿童、青少年还是成年人；从水平来说，要考虑是初级、中级还是高级，不同水平语言和文化的体现是不同的；从学习方式上来说，要考虑是自学为主还是课堂讲授为主，是利用网络媒体还是纸质书籍，等等。另外还要考虑国别，以及大量用字、用词以及对时事政治的态度问题。

第四，对各个国家的华文教育做研究，使华文教育向专业化方向发展。

华文教育已经有了比较长的历史，但是针对各个国家华文教育的历史发展的研究还不太多，对于各个国家华文教育的特点、现状的分析的研究也只是在最近一些年才逐渐出现，也需要有专业人士从教学的角度对教育目标、教学模式和教学设计、评估以及课程要求等方面的问题进行研究，以便有针对性地提出合理建议和改进办法。只有这样华文教育才能走向专业化的发展道路。

刘权在其文章中认为："海外华文教育的发展有利于中国树立良好的世界形象，有利于促进海外华人与当地族群之间的文化交流，并有利于海外华人内部的团结与整合。"因此，学界需要对华文教育给予更多的关注，多研究，多想办法，以推动华文教育的发展。

参考文献

1. 徐朝辉：《华文教育面临的新情况及对策研究》，《新疆教育学院学报》2015 年第 9 期。

2. 耿红卫：《海外华人教育发展研究》，《海峡教育研究》2013 年第 1 期。

3. 刘芳彬：《当前海外华文教育发展之处境与对策分析》，《八桂侨刊》2015 年第 2 期。

4. 郑通涛、陈荣岚、方环海：《两岸华文教育与文化传播协同创新的建构机制与运作模式研究报告之一》《两岸华文教育与文化传播协同创新的建构机制与运作模式研究报告之二》《两岸华文教育与文化传播协同创新的建构机制与运作模式研究报告之三》，《海外华文教育》2015 年第 1 期、第 2 期、第 3 期。

5. 周伶利：《如何利用海外华人社区优势推进华文教育》，《语文学刊》2016 年第 1 期。

6. 刘权：《海外华文教育述论》，《学术探索》2014 年第 12 期。

李云霞，女，吉林省长春市人。东北师范大学文学院副教授，研究方向为汉语作为第二语言教学理论与方法、汉语国际传播等。

Email：Lyunxia@ hotmail. com

从海外华语夏令营的规划探讨华语课程发展与设计的相关议题

胡文菊

【摘　要】本文的主要目的在于探讨华语教学领域里较少被讨论的课程（curriculum）概念。课程发展（curriculum development）在教育学中是个专门的领域与技术。在华语教学领域，许多文献也谈到了课程或课程设计，但若细看其中的内涵，我们会发现这些文献中的"课程"所指涉的常常是英文的 course、syllabus，或是教材的设计。这样的用词不能说是错误，因为中文的相关词汇并不像英文般如此细分，但在中文里，"课程"两字一词多义的用法可能会造成混淆，或是学术讨论上的难以聚焦，因此确实有必要加以厘清。此外，教育学中丰富的课程发展理论与知识甚少被带入华语教学的研究与讨论之中，笔者认为甚为可惜，此也代表着它是一个尚待开发的研究领域。

"课程"（curriculum）是以一个整体宏观的角度来审视与规划教与学的各项目标、内容与学习经验。本文首先爬梳"课程"在华语教学中的不同意涵与定位。接着阐述课程领域的代表性学者泰勒（Ralph W. Tyler）的课程发展理论，并进一步将此理论套用在一个海外华语夏令营的实际规划与执行之中，详述此夏令营的课程发展历程，包括需求分析、情境分析、课程宗旨与目标订定、教学内容与学习经验规划、课程执行与课程评鉴等。最后从课程评鉴的结果探讨课程计划与实务落差之原因，以及其他华语课程发展的相关问题，在此基础上提出研究与实务上的建议，以供未来对此议题有兴趣的研究者与教师参考。

【关键词】课程设计；泰勒模式；华语教学；夏令营

一　课程的定义

有人说，华语教学的研究不外乎是讨论此领域的"三教"问题，亦即教师、教材与教法。虽然这是一种清楚明了的归纳，但不可否认，这是一种过度简化的说法，因为许多与华语教学相关并且值得研究的项目并未包含在"三教"里，例如：学生，以及本文所要讨论的课程。"课程"一般指的是英文的 curriculum 一词，这个字的拉丁文原意是指赛马的"跑道"，后来用在教育上可解释为学习的进程或路径。因此课程指的是学生在学校里会学到的所有科目，它不单牵涉学生学什么，还包括他们怎么学、老师如何教、使用何种教材、如何评量以及在何种设备与环境学习等问题。然而这样的定义仍是一个模糊的概念，事实上我们可发现，在学术论述里课程可能被指涉为一个行动计划或书面文件、学生学习的全程的经验，一个处理人和过程的系统，一个研究领域、科目或教材。

在华语教学的实务领域，我们可看到大部分的研究着眼于教学法或教学设计，虽然也有一些研究是以"课程"为标题，但我们发现这些作者所指的常常是一套教材或是一门课（course）。虽然课程即科目或教材的定义在实务中经常出现也并不算错误，但在课程学者的眼里总认为这样的课程定义过于狭隘。如果这类的"课程"研究不算，真正的华语课程相关研究真的是少之又少了。课程发展与设计在教育学中是一个专业的领域，在国外的语言教学界，已有不少学者把关注的焦点从教学大纲设计（syllabus design）扩大到课程发展（curriculum development）。然而目前尚未有太多的人尝试将教育界课程研究的丰硕成果应用在华语教学之中，对此学者们也深感惋惜。在本文中，课程发展是指对学生的整体学习内容与经验作全面性以及系统性的探讨与设计，我们认为华语教师需要具备如此宏观的课程概念才不会在教学中失去了方向感，也更能确保学生的学习成果能符合课程的宗旨，达到课程最终的理想。因此借由本文，我们尝试探讨华语教学的课程发展与设计，希望能抛砖引玉，影响更多人投入广义的华语课程相关研究。

二　泰勒的目标模式课程设计

课程发展与设计依据不同的教育哲学观已发展出许多不同的模式，学者将这些模式大致归类为技术—科学取向与非技术—科学取向。虽然后者为近代课程研究带来了许多启发性的观点，但在课程发展的实务上大部分的设计者还是采技术—科学取向居多。在发展此取向的众多学者里尤其以泰勒（Tyler）的影响最为深远，在课程界简称为泰勒模式。学界对此模式虽多有批评，但因为此模式较具体可行，因此目前大部分的课程发展还是以泰勒模式为指导原则。

关于课程与教学，泰勒认为开发者或设计者需致力于回答下列四个根本问题：第一，学校想达成哪些教育目标？第二，若想达成这些目标，我们需要提供何种教育经验？第三，这些教育经验应该如何有效地组织？第四，我们如何知道这些目标是否被达成？

泰勒的第一个问题是关于课程目标的选择，一个课程必须有明确的目的宗旨陈述作为导引，而这些目标的来源可透过多方的研究、调查与专家意见征询而来。第二个问题牵涉教育的内容，也就是要教什么、包括哪些学科的类型与范围等。第三个问题关系到学习内容以及学习经验如何组织，依据哪些原则来建立此课程的架构。第四个问题要问的是课程如何评鉴，因此必须规划评鉴的方法，从评鉴的结果我们才能知道最初设立的课程目标是否达成。简言之，泰勒所提出的四个问题可转化为简单的课程发展模式，亦即确定教学目标、选择学习经验、组织学习经验、评价学习结果。泰勒模式以目标的订定为起始，最后以目标的检验为终结，课程执行的最根本目的就是在于达成最初所设定的目标，因此又被称为目标模式。

泰勒所建立的简单课程发展模式被后期的学者大量采用与引申，因此现今的所看到的大部分课程发展模式皆比泰勒模式多了一些步骤，例如塔巴的课程设计包含以下七个步骤：需求的诊断、目标陈述、内容的选择、内容的组织、学习经验的选择、学习活动的组织、评鉴与评鉴方法。

三　华语课程设计研究

与其他学术领域相较，华语教学算是一门新兴的学科，因此在理论方面的建构尚未十分健全，因此常常需要参考或借用其他领域的知识与经验，特别是英语教学领域。在课程发展方面的论述也一样，英语教学界已经有较多的出版物供我们参考。例如布朗认为一个语言课程应包含需求分析、目标、测验、教材、教学与评鉴六大要素。葛雷夫写了一本《语言课程设计》。在此书中课程的定义为一门课（course）。他认为课程设计的工作包含界定环境、表达信念、概念化学习内容、制定目标和目的、评估学习者需求、组织课程架构、发展教材、设计评量计划等步骤。李察则认为，语言课程发展应包含以下步骤：需求分析、情境分析、学习目标与成效规划、课程组织、选择与准备教材、提供有效教学以及评鉴。

　　如前所述，在华语教学界讨论课程设计的文献一直很贫乏，但大陆一些对外汉语教学的前辈学者所发展出来的理论其实很近似于教育学中所指的课程设计，只是他们所使用的常是自己所发展出来的名词，而非教育学文献中世界通用的术语，例如吕必松的"总体设计"，以及崔永华的汉语教学"项目设计"等。而在2015年郭睿所出版的《汉语课程设计导论》可算是目前仅见结合课程理论语华语教学最完整的论述。在书中他清楚地厘清了汉语课程设计的三个层次，亦即宏观层次、中观层次以及微观层次的课程设计。从他的论述里可推断出这三个层次分别代表着教育学上用的Curriculum design、course design 和 instructional design 三个专有名词。郭睿从泰勒模式出发，并参考英语作为第二语言的课程设计文献，提出了一个汉语课程设计的"目标模式"。此模式包含以下六个步骤：汉语课程观的陈述；确定汉语课程目标；选择汉语课程内容；组织汉语课程内容；实施汉语课程；评价汉语课程。

　　郭睿的汉语课程设计目标模式的精神以及用语可说十分符合一般课程研究的理论框架，在此书中作者也十分详尽地说明每一个步骤的具体内涵，因此是一个极具参考价值的模式。然而，笔者认为些许的修改也许能更符合课程发展与设计的实际需求。课程观的讨论在课程的理论领域是一个很重要的主题，但是在课程发展的实务中，却鲜少有学者将其列为必要的步骤，在大部分的课程文件里也不一定有这一个项目。基于上述理由，我尝试将郭睿所提出的汉语课程设计模式删减为五个步骤：课程目标订定、选择课程内容与经验、组织课程内容与经验、课程实施、课程评鉴。随后我将以此架构为基础，在下一节中说明本研究的华语夏令营课程发展与设计范例。

四　铭传大学密歇根分校夏令营课程发展与设计

　　位于铭传大学密歇根分校的台湾教育中心在每年的7月会举办为期大

约一周的华语夏令营。基于推广华语的宗旨，此夏令营所招收的学员在往年并无年龄上的限制，因此来报名的学员包含老、中、青（幼）三代，因此每个班都有不同程度的混龄现象。2015 年基于课堂管理的考虑以及报名人数的踊跃，特别制定了最小六岁以上的年龄限制，但此规定并不改变它高度混龄的本质。笔者这一年担任此夏令营的指导老师，在规划夏令营的课程时尝试遵循一般课程发展与设计的步骤进行规划。以下简单分享本范例的课程发展模式与结果。

（一）课程目标订定

泰勒认为课程目的的来源有三：对学生的研究、对当代社会生活的研究以及学科专家的建议。参考了许多课程理论，郭睿建议汉语课程目标的设计可透过以下步骤：需求分析、任务分析、起点确定、环境因素分析、目标撰写等。在我们设计此一夏令营课程的过程中，需求分析有执行上的困难，因为我们不知道谁会来报名，也没办法事先对他们做需求调查。在环境方面也因为从未去过分校，在做环境因素分析上也有诸多限制。我们克服的方法是，向去年参与过夏令营的老师及同学们询问相关信息。运用有限的信息加上一些学术专业上的判断，我们制定了此华语夏令营的课程目标：

1. 认知方面的目标：
（1）认识汉语拼音
（2）具备基础华语知识
（3）理解一般教室用语
（4）了解一些中华文化
（5）认识台湾
2. 技能方面的目标：
（1）能看着汉语拼音发出正确的音
（2）能使用华语作简单的自我介绍
（3）能听懂教师的指令
3. 情感与态度方面的目标：
（1）喜爱学习华语
（2）对中华文化感兴趣
（3）享受整个夏令营的学习经验

（二）选择课程内容与经验

由于此为夏令营性质的课程，有许多学员属于低年龄层，而且学习的时间大约一个月，因此我们不计划纳入过多的知识内容。我们为此夏令营编辑了初级与中级华语两本教材。当然因为学员的差异性大，可能有不同的学习需求，教师可以在课程的内容外加入额外的学习材料。我们的教材内容如表1所示。

表1　　　　　　　　2015 年铭传大学密歇根分校华语夏令营教材内容

初级华语	中级华语
第一课　汉语拼音	第一课　暑假
第二课　我的家庭	第二课　机场
第三课　数字	第三课　台湾
第四课　认识颜色和水果	第四课　夜市
第五课　问路	第五课　问路
第六课　台湾景点	第六课　便利商店

除了华语学习内容之外，此夏令营还有文化学习的部分。这次我们把主题放在手工艺，希望学员们学习结束之后可以带着作品回家。我们规划了三种手工艺教学：中国结、折纸、纸扇绘制。

（三）组织课程内容与经验

课程内容的组织如表1所示，组织的方法尽量符合课程的顺序性、连续性、统整性、衔接性与均衡性。在学习活动的安排上，我们希望具有一些结构性的模式，因此在每日两小时的课程中，前一小时会以认知方面的学习为主，而后一小时则安排比较有动态性的学习活动，当然，任课老师可依课程的实际状况进行随机性的调整。至于文化手工艺的课程则固定安排在星期四。

（四）课程实施

夏令营的时间是周一到周五下午两点半到四点半。依学生的程度与年龄分成三个班：儿童初级班、成人初级班、中级班。学生在夏令营开始之前必须先参加我们的编班测验，测验的内容包括笔试与口试。每个班级分配有两位到三位的授课教师以及六七位教学助理进行教学。每周四手工艺课的部分则以循环教学的方式进行。

(五) 课程评鉴

在学习成果评量的部分，要求每一个班级必须在夏令营的结业式上表演一个节目，作为夏令营学习成果的验收。在课程总体评鉴部分，我们设计了满意度问卷给成人学员们填答，每位教师以及教学助理也在夏令营结束后撰写了教学反思心得作为我们课程评鉴的一部分。受限于篇幅，在此不呈现教学反思的分析结果。至于学员满意度的部分，因为当时问卷发放的时间不太恰当，因此只回收了五份有效问卷，下次若有机会再作一次评鉴的话应该找寻更适合发放问卷的时间。调查的结果整理如表2所示。从问卷调查的结果，我们发现学员们对此夏令营课程的整体规划与执行满意度极高。

表2　　　　　　　　　学员满意度问卷结果（英译中）

叙述	非常同意	同意	无意见	不同意	非常不同意
1. 我觉得这个夏令营的组织安排很好	80%	20%	0%	0%	0%
2. 我觉得此夏令营的学习内容符合我的期望	80%	20%	0%	0%	0%
3. 我觉得老师们有很好的教学技巧	80%	20%	0%	0%	0%
4. 我觉得老师们很关心学生也很有帮助	100%	0%	0%	0%	0%
5. 我觉得助教们很关心学生也很有帮助	100%	0%	0%	0%	0%
6. 我觉得教材编得很好	80%	20%	0%	0%	0%
7. 我觉得教材是很有帮助的	80%	20%	0%	0%	0%
8. 我有兴趣参加明年的华语夏令营	80%	20%	0%	0%	0%
9. 我会介绍朋友来参加明年的夏令营	80%	20%	0%	0%	0%

五　结语

在本文中，我们讨论了课程的定义，介绍了泰勒的课程发展目标模式，并回顾了华语课程设计的相关文献。之后我们以铭传大学密歇根分校的华语夏令营为范例，介述了华语课程发展与设计的模式与项目。华语课程有许多不同的类型，夏令营虽然不是常设性的华语课程，但是却是华语中心、华语补习班、中文学校经常在组织的课程，也是华语老师很可能会接触到的课程形式。虽然它不是一种严肃的学习课程，但是还是可以用一般课程设计的原理来进行设计。华语教师常常会碰到开设新课程的机会，此时所有的课程内容、教材、设备、时间、人力等要素可能都要靠老师自己来计划，因此我们认为华语教师的宏观课程设计能力十分重要。此篇论文尚有许多的不完美与待改进之处，但仍希望借此拙著能吸引更多的学者参与华语课程设计的相关研究，达到抛砖引玉之效。

参考文献

1. Rodgers，T.，"Syllabus design，curriculum development and policy determination"，*The Second Language Curriculum*，1989，Cited in Jack C. Richard，*Curriculum Development in Language Teaching*，Cambridge：Cambridge University Press，2001，p. 39.

2. ［美］欧斯坦、韩金：《课程基础理论》，方德隆译，培生教育出版社 2004 年版。

3. 王文科、王智弘：《课程发展与教学设计论》，五南出版社 2010 年版。

4. Jack C. Richards，*Curriculum Development in Language Teaching*，Cambridge：Cambridge University Press，2001.

5. 赵金铭：《对外汉语教学概论》，商务印书馆 2008 年版。

6. 郭睿：《汉语课程设计导论》，北京语言大学出版社 2015 年版。

7. Ralph W. Tyler，"Basic Principles of Curriculum and Instruction"，1949，Cited in Jack C. Richard，*Curriculum Development in Language Teaching*，Cambridge：Cambridge University Press，2001.

8. Brown，J. D.，*The Elements of Language Curriculum：A Systematic Approach to Program Development*，Boston：Heinle & Heinle，1995.

9. Graves，K.，*Designing Language Courses：A Guide for Teachers*，Boston：Heinle，2000.

10. 崔永华：《对外汉语教学设计论》，北京语言大学出版社 2008 年版。

胡文菊，伦敦大学学院教育学博士，目前于铭传大学华语文教学学系担任助理教授。研究领域为教育科技、学习理论、课程与教学设计。

汉语游学项目中文课教学设计

——以"汉语桥"南非学生夏令营中文课为例

闫芳莹

【摘 要】一些外国人选择"游学"的方式学习汉语知识、体验中国文化，这种项目与专业的汉语学习项目有所差别，所以这一类型的中文课有其特殊的方面。本文以"汉语桥"南非学生夏令营中文课为例，以教案的方式展示，对这次汉语课的全部课程设计进行了系统介绍。通过对授课经历的反思和总结，本文认为汉语游学项目的中文课还有很大的发展空间，主要是：1. 选择或者编写合适的游学汉语课本或汉语手册，为学生提供系统全面的学习材料；2. 注重相关人才的培养，使游学项目更为专业化；3. 将"游"与"学"结合，不应该"各自为政"；4. 借鉴成熟的游学项目的经验。

【关键词】游学项目；中文课；教学设计；总结

一 引言

随着中国影响力的不断提高，越来越多的外国人想要接触、了解中国。但限于某些因素，很多人没有机会长时且深入地来到中国学习、生活，因此为了满足这一部分人的需求，"游学"的形式逐渐发展起来。这种形式不同于学生来到中国进行的系统的语言、文化学习，更多的是一种多样化的体验，目的是增进学生对中国国情和汉语等方面的了解。项目多由国内外大中小学校承办，利用学生假期或较长的空闲时间进行，形式以冬令营、夏令营等为主。

限于游学项目时间短、课程设置分散、授课教师不固定等原因，目前国内游学项目中的汉语课程研究并不是很多，并没有形成较为系统的理论和方法。笔者在 2015 年暑假担任了两次汉语游学团的中文老师，在不断改进和反思中体会到此类项目的中文课程有许多独特的方面，与专业汉语言课程有一定的差别。因此，笔者希望通过系统地介绍一次游学项目中文课的课程设计，更好地探究此类教学形式的特点，也为未来在此方面开展的研究提供一些粗浅的借鉴。

二 课程简介

笔者以 2015 年南非中学生"汉语桥"夏令营的中文课为例。2015 年 7 月 1 日至 9 日，来自南非某地的 20 多名中学生（另有 3 名随团来的研究生）来到我校进行为期一周的游学体验。在紧凑的日程中，接待方安排了 10 个小时左右的中文课程，以满足学生对汉语学习的热切需求。为了配合其他文化游览活动和文化体验课的日程安排，每节汉语课的时间设置较长，多是用一上午或一下午的时间上完，远长于一般的高中课堂，内容则由老师自行设定。如何将近乎"空白"的课程设计得既丰富又有吸引力，对担任课程的老师来说是个不小的挑战。

我方按照学生刚到中国进行的考试的成绩高低，将其分成两个班。笔者承担的班级共 12 人，均为 16—18 岁的中学生。根据考试结果和前期的接触，可以发现他们的汉语水平基本处于零基础阶段，虽然曾在国内"恶补"了 6 个课时的汉语，但知识既不扎实也不系统。不过他们仍然对汉语抱有极大的热情，学习动机强烈，对中国生活充满好奇和期待。

笔者与另一位同学通过申请的方式获得担任此次中文课老师的机会，新手上阵面临了诸如学生无教材、教室无黑板、课时过长等问题，但通过积极讨论交流，设计出许多具有可行性的教学方法和课堂活动，进而保证了汉语课程课顺利完成。

三 课程设计

此次汉语课共分为四堂大课。在正式上课前，笔者向带队老师了解了学生学习情况和学习需求，并查阅了一些教材和相关论文，之后对课程作了整体设计（见表 1）。

表1	"汉语桥"南非学生夏令营汉语课整体设计
教学目标	知识目标：主要掌握国家汉办编制的"新中小学生汉语考试YCT（一级）（以下简称YCT-1级）大纲"给出的词汇、语法、短语内容 能力目标：能够用汉语表述一些家庭成员、水果、动物、数字、时间词语；能够用简单对话进行寒暄；能够介绍自己；能够较熟练拼读拼音；通过YCT-1级考试 情感目标：通过学习加深对汉语和中国文化的了解，增强对中国语言和文化的兴趣
教学原则	结构与功能相结合，按功能设置教学内容扩大输入，同时兼顾结构 精讲多练，注重反复操练 以学生为中心，经常与学生互动交流，并能够通过观察学生在学习时的反应来灵活调整教学策略 注重学生口语，鼓励每个学生开口说汉语 分清游学项目的汉语课与专业汉语课程的区别，强调学习的趣味性，寓教于乐 利用不同活动保证学生在课堂上就能够完成语言知识的记忆和掌握
教学方法	适当使用学生母语，同时多次重复目的语强化语言点 以拼音教学为主，在注音的同时标注汉字，但不要求学生识记。拼音纠错贯穿教学始终 兼顾每一个学生，强调参与的公平性和均衡性，同时发挥理解较快的学生的长处，帮助老师解释较难的语言知识 将语言点融入各种活动、游戏当中，使学生不会因长时间学习而感到厌倦
教学内容	教学内容的设置主要参考YCT-1级大纲，同时讲解一些简单的语法点： 拼音：声母、韵母、声调 词语：狗、猫、鱼、鸟、爸爸、妈妈、哥哥、姐姐、我、手、嘴、口、眼睛、耳朵、鼻子、这、上、下、左、右、大、小、长、短、高、矮、一、二、三、四…… 语法：××是××；××的××；×点、×岁等数量结构 对话：—你好！—你好！ —谢谢！—不客气。 —我叫×××。我××岁。 —这是什么？—这是…… —这是谁？—这是…… —你去哪儿？—我去…… —今天几日？—今天×月×号（日）。 ……
教学活动	歌谣：《声母歌》《声调歌》《小猫喵喵叫》《这是我的手》 绕口令：《四十四，十是十》《红凤凰，粉凤凰》 游戏：比大小，比长短，比高矮 TPR（全身反应法）：身体部位词汇 ……
教材与教具	教材：教师自编材料 教具：写字板；声母、韵母卡片；彩色画片；PPT与多媒体

具体教学流程如下：

第一节课（8：30—11：00）

（一）自我介绍与课程介绍（15 分钟）

教师自我介绍、分发本课材料、与学生寒暄了解学习进度、介绍课程设置与课堂规则等。

（二）学习汉语拼音（30 分钟）

1. 介绍汉字与汉语拼音的关系以及汉语拼音的构成（声母、韵母、声调）。

2. 讲解韵母 a，o，e，i，u，ü，以韵母带声调进行拼读，注意口型的夸张。

3. 讲解 21 个声母，利用多种方法帮助学生辨别记忆，尽量保证学生在第一节课基本掌握全部单音声韵母，并会拼读简单音节：

（1）对比法。如 b－p，是送气和不送气的区别，笔者指示学生将手放在口前感知气流，d－t、g－k、j－q 同是，学生一看到手势即明白为送气音；

（2）带读法。用简单常用的词语带读拼音，如 b、m、g 可以分别用"爸爸"（bàba）、"妈妈"（māma）、"哥哥"（gēge）来帮助学生记忆；

（3）手势法。在遇到擦音 s、sh、x 时，强调气流在口腔一直摩擦生音，所以用手从左到右水平缓慢滑行表示这种发音方式；

（4）歌曲法。学唱歌曲《声母歌》，能够增强学生的记忆效果；

（5）故事法。b－p 的另一种区别方法。p 举例 pàng，讲解时告诉学生 bàng 是夸别人优秀的意思，如果将"你很棒"说成"你很胖"，就会闹笑话；

（6）y、w 的讲解。稍微提示读音即可，不需要强调其从属问题。

4. 利用声母、韵母卡片随机提问，检查学习效果。

（三）学习常用对话：谢谢，你好等（15 分钟）

按照领读—点读—再领读的步骤进行操练，直至每个学生都能够立即反应出相应的答语。

（四）下课休息（15 分钟）

应学生的要求，为学生设计了汉语名字，也方便以后上课前点名

（五）学习第一部分：数字 1—99（20 分钟）

1. 讲解数字 1—10，结合中国人说汉字的手势帮助学生记忆，采取领读、点读反复操练。

2. 讲解 10—99，利用纵横矩阵的方式来让学生自行感知数字的读法。

（六）学习第二部分：句子"我叫明明，我9岁"等，词语"你、我、他、几"等，感知"……叫……""几"和数量短语的用法（15分钟）

（七）下课休息（10分钟）

（八）学习第三部分：词语"猫、狗、鸟、鱼、苹果、米饭、吃、喝"等，学唱歌谣《小猫喵喵喵》，感知"什么"的用法（20分钟）

1. 利用彩色单词卡片逐个介绍，用"这是……"引出。

2. "猫、狗、鸟、鱼"用歌谣《小猫喵喵喵》带出：小猫喵喵喵，小狗汪汪汪，小鸟吱吱吱，小鱼吐泡泡。

3. "苹果、米饭、水、牛奶"与动作"吃、喝"联系在一起学习。

4. 完成材料上的连线题，逐个检查每个同学是否都做对。

5. 整体复习一遍这些名词和歌谣，提问时用"这是什么"提问，让学生感知"什么"的用法。

（九）巩固练习全部内容（10分钟）

第二节课（8：30—11：30）

（一）点名与寒暄（3分钟）

（二）复习上节课内容（17分钟）

因为这节课与第一节课隔了两天时间，为了防止学生因遗忘所学内容而影响接下来的教学进程，需要对上节课的全部内容进行复习。

1. 利用韵母卡片复习韵母和声调。

2. 播放多媒体视频，唱《声母歌》复习声母。

3. 播放多媒体视频，唱《声调歌》做动作再次复习声调。

4. 以自我介绍的方式说"我×××，我×岁"，说年龄时运用数字手势。

5. 利用彩色画片、歌谣、动作等随机提问"猫、狗、鸟、米饭、吃、喝"等词，用"这是什么""这是几"提问，让学生区别开这两个疑问代词。

（三）学习第四部分：对话"这是谁"等，感知疑问词"谁"和结构助词"的"的用法（25分钟）

1. 讲解材料上的对话，领读生词表上的单词，两两提问学生进行练习。

2. 利用画有全家福人物的彩色画片，指定主人公"麦克"，然后随机

向学生提问"这是谁",得到"麦克的妈妈""麦克的姐姐"等回答。(学生能够看生词表组织成句即可,生词不要求立即背会)

3. 拿出苹果的彩色画片,提问"这是什么",得到回答后说,"这是我的苹果",学生可以明白。之后将苹果随机给不同的同学,让学生操练"这是……的……"的用法。

(四)第五部分:学习"手、眼睛、嘴、头发"等身体部位名词,感知"这是什么"的用法(20分钟)

利用"这是……的……"句型和表示身体器官的彩色画片带出这些词的用法,在提问时用"这是什么",让学生加深"什么"用法的印象。

(五)下课休息(15分钟)

(六)学唱儿歌《这是我的手》,学习"上、下、左、右",做"蒙眼画头像"的游戏巩固本部分所学的单词(25分钟)

(七)学习第六部分:生词"大、小、长、短、高、矮"(25分钟)

1. 让学生比较材料中两张图片的大小,分清"大"和"小"。做"比手大小"的游戏,要求学生边比较手大小,边说句子"我的手大/小,××的手小/大"。

2. 比较两位同学头发的长度,分清"长"和"短"。做"比头发长短"的游戏,要求学生边比较头发长短,边说句子"我的头发长/短,××的头发短/长"。

3. 比较两位同学的个头,分清"高"和"矮"。做"比高矮"的游戏,要求学生边比较高矮,边说句子"我高/矮"。需要向学生指出的是,我们很少说别人矮,因为这样不礼貌,所以在比较时,可以只说"××高"。

(八)下课休息(15分钟)

(九)巩固练习(15分钟)

(十)活动:绕口令比赛(20分钟)

本课所学的知识较多,第三部分不再安排新知识的讲解,利用绕口令缓解学生压力,学生也能够从这种有趣的语言游戏中得到发音上的训练。

第三节课(14:30—16:00)

(一)复习(15分钟)

(二)学习第七部分:对话"你去哪儿"等,词语"图书馆、学校、食堂"等,辨识"北京、上海、厦门、香港"的标志性图片(23分钟)

（三）总结前一语言点，短暂休息，将座位挪至桌前（2 分钟）

（四）讲解汉字，播放视频《36 个字》，并教写"中、国、我、你、好"等汉字（40 分钟）

学生对汉字充满了好奇，笔者也想向学生介绍一些汉字，以展示中国汉字之美。所以先播放动画《36 个字》，让学生了解汉字的起源，引起他们的兴趣，然后讲解一些他们可能用到的汉字。

（五）课上作业：准备自我介绍（10 分钟）

运用汉语进行自我介绍，通常是汉语学习者接触汉语后完成的第一个小语段，通过组织"我叫……""我……岁"等，既完成了对课堂内容的检查，也能够激发学生的成就感。笔者要求学生可以用汉语和英语进行自我介绍，但必须先说汉语。这也给了学生一定自我发挥的空间。

第四节课（9：00—11：30）

（一）点名与寒暄（3 分钟）

（二）复习（15 分钟）

（三）学习第八部分：句子"现在 8 点"，词语"现在、吃饭、起床、上学"等，掌握时间的表达法（22 分钟）

（四）学习第九部分：对话"今天星期几"，词语"昨天、明天、今天"等，掌握"×月×号（日）、星期×"等日期表示法（20 分钟）

（五）下课休息（10 分钟）

（六）复习前几课全部所学内容（5 分钟）

（七）YCT－1 级模拟测试（20 分钟）

按照要求，中文课结课后所有学生要进行一次 YCT－1 级的考试，所以应学生的要求，制作了一份简单的 YCT－1 级考卷帮助他们熟悉考试内容。

（八）检察答案，分析试题（10 分钟）

（九）课程总结：学生用汉语自我介绍（45 分钟）

四　总结与反思

笔者第一次接触此类型的课堂，在组织备课过程中了解到很多宝贵的教学方法和技巧，但也出现了很多问题，主要有：1. 各部分设置过于分散，大多针对大纲要点组织，没有体现太多的功能性和实用性；2. 教学材料不充实，不能很好帮助学生扩展知识面；3. 教学技能仍显生疏。这些都是以后在实践过程中应该不断改进的。

通过观察和亲身实践，笔者也注意到游学项目中的中文课其实还存在很大的发展空间，结合自身体会，笔者认为有以下几点：

（一）选择或者编写合适的游学汉语课本或汉语手册，为学生提供系统全面的学习材料。没有教材，授课时就会感到无从下手。笔者为了完成好南非游学团的授课，查找了许多汉语教材，但这些大都适用于长期汉语学习者，学生买或者老师去复印使用程度都不高。所以笔者认为，编订此类的教材十分有必要。编者可以借鉴众多担任过此类课程的老师的经验，结合本校、本地及国内一些常识性语言文化知识，制作一本或一套实用性强的汉语学习手册。这样既能帮助学生更好地了解汉语、了解中国，也能够为授课老师提供一个良好的参考标准，同时还可以作为旅游产品开发，同游学这种形式相结合，在经济效益和教育培训两方面实现"双赢"。

（二）注重相关人才的培养，使游学项目更为专业化。"短期汉语培训项目大都集中在高校寒暑假期间，需要一定量的兼职教师，有的高校会直接选用本校的研究生上课。"（张静，2012）这是一种普遍的现象。我们并不否认兼职教师的教学能力，但他们对这种短期游学课堂的教学经验不足也是很常见的情况，而且人员流动性大，导致每个游学团的中文课授课水平参差不齐。此外，有些团的中文课老师只负责授课部分，不一同参与文化游览等项目，或者虽然参加了，但却无法将语言知识和文化实践结合起来，学生只能走马观花地"游"，"学"不到更多的东西。因此，有人提出应当为对外汉语专业的人员进行旅游知识的培训，或者为旅游专业的人员进行对外汉语教学方面的培训。这样说有合理的地方，其本质都是希望游学项目中的教学、管理人员能够具备多方面的专业素质，从而保证项目实施得更为合理、有效。

（三）将"游"与"学"结合，不应该"各自为政"。许多高校设置的游学项目都将中文课与游览项目分成泾渭分明的两部分："学"的内容主要是课本上的词语、对话，水平不能超出学生的已有水平太多，更多的是对当前阶段汉语水平的巩固；"游"主要是对当地特色建筑、风景名胜、民风民俗等的实地观摩，学生虽然感到很新奇，但因为缺乏专业导游知识的介绍，很多蕴含在其中的文化内涵并不能了解到，也不能从游览中学到汉语言知识。因此，游学项目各环节的设计应当考虑将汉语课程和文化游览活动结合起来，使学生能够通过一系列的活动学到知识，而不是把这次行程当作一次单纯的出国旅游。

（四）借鉴成熟的游学项目的经验。目前我国乃至世界上有一些比较成熟的游学或短期中文教学项目，如美国明德学院（Middlebury College）的暑期中文项目、普林斯顿大学与北京大学合作的"普北班"（简称PID）、上海华东师范大学的"美国国际教育交流协会上海代表处"（简称CIEE）等，他们都经过不断发展，形成了较为完善的教学体系，在设计类似的中文项目时可以借鉴他们的经验。但由于学生、教师、学校等都具有不同的特点，教学仍需要在结合实际情况后再进行改进和运用。

参考文献

1. 陈丽君：《关于汉语游学项目的开发与研究》，《浙江外国语学院学报》2011 年第 5 期。

2. 郭凌云：《北京地区留学生游学项目模式探究》，《中国电力教育》2012 年第 7 期。

3. 韩霞：《汉语文化背景下的对外汉语体验式教学模式探究——以 CIEE 中文活动课为例》，《浙江传媒学院学报》2014 年第 10 期。

4. 胡昕：《汉语游学课堂设计探析》，《贵州商业高等专科学校学报》2013 年第 3 期。

5. 王学松：《"明德模式"研究述评》，《语言文字应用》2007 年第 12 期。

6. 张静：《短期汉语游学项目教学探索》，《北京教育学院学报》2012 年第 12 期。

闫芳莹，厦门大学海外教育学院汉语国际教育专业研究生。

印尼留学生学习动机调查研究
——以华侨大学华文教育专业为例

赵晓红

【摘　要】随着来华侨大学学习华文教育的印尼留学生数量不断增加，为了全面了解印尼留学生的学习动机，本文以问卷调查的方式，重点探讨了高年级华文教育专业印尼留学生学习华文教育专业的学习动机分布情况，并从性别和是否华裔两个维度，讨论了其在学习动机上的差别。同时还通过调查分析获知学习动机对汉语学习态度及学习效果的影响，从而对如何提高华文教育专业印尼留学生的学习效果提出建议。

【关键词】华文教育；印尼留学生；学习动机；学习效果

一　引言

华侨大学是国务院侨务办公室直属的一所综合性大学。学校秉承"为侨服务，传播中华文化"的办学宗旨，积极开展全方位的华文教育，是国家面向海外开展华文教育的重要基地。每年吸引数百名印尼留学生来学习华文教育。为了了解这些印尼留学生的学习动机，我们对华侨大学华文教育专业高年级的印尼留学生进行了问卷调查。调查内容包括个人背景、学习动机、学习态度和学习效果四个部分。经过调查分析得出华侨大学华文教育专业印尼留学生学习华文教育专业的学习动机分布情况，并从性别和是否华裔两个维度，分析了其在学习动机方面的不同。最后通过分析学习动机对学习态度和学习效果的影响，试图找到提高华侨大学华文教育专业印尼留学生学习效果的途径。

二　有关学习动机的研究综述

国外关于动机理论的研究起步较早，加拿大学者 Lambert 和 Gardner

最早对学习动机进行研究，明确了态度、动机与第二语言学习过程之间的一种相关关系，将动机分为融合性动机和工具性动机。随后 Dornyei（1998）从语言层面、学习者层面和学习情境层面三个维度提出了动机三层次说，丰富和发展了前者的动机学说。Tremblay 和 Gardner（1994）认识到了动机的动态性，将 Maslow 的需要层次理论改为目标理论，将期望—价值理论和目标理论与一些要素引进其中，对原有动机模式进行了扩展。此外还有很多学者对学习动机和其他要素的相关关系进行了实证研究分析。

国内针对动机理论的研究起步较晚，最早多是引进国外的动机理论对其进行分析评述，如武和平。随后，国内学者将动机理论应用于国内的外语教学，取得了丰富的研究成果，如华惠芳、高一虹等。由于对外汉语学科的建立时间并不长，相关教学理论的研究也相对匮乏，所以针对留学生汉语学习动机的研究相对来说比较欠缺，较早涉及这一方面研究的如吕必松，他将第二语言学习的目的分为职业目的、职业工具目的、学术目的、受教育目的和其他目的。近几年，针对研究对象年龄、学习阶段、背景等因素的研究，以及国别化研究逐渐丰富起来，同时也出现了分析学习动机同学习效率等各因素关系的研究。

三　问卷调查概况

（一）调查目的

以期通过调查，一方面可以了解华侨大学华文教育专业印尼留学生学习动机的现状，另一方面可以通过问卷来分析华文教育专业印尼留学生华裔与非华裔在学习动机和学习效果上的差别。最终间接地获知学习动机对学习效果的影响。

（二）问卷设计

本研究主要通过问卷调查的形式展开。整个问卷分为个人信息、学习动机、学习态度和学习效果四个部分。问卷一方面从华侨大学华文教育专业留学生的自身背景考虑，参考借鉴了国内外相关的动机理论；另一方面又着重分析了王爱平、夏明菊就华侨大学华文教育专业留学生动机发表的相关文章，以期研究结果更具有针对性和说服力。

（三）调查对象

本次问卷调查所选取的调查对象是华侨大学华文学院华文教育专业三、四年级的印尼留学生。我们主要是出于以下几点考虑：

一是本次问卷以汉语作为媒介语进行设计，未加注拼音，又全部为选择题，所以为了保证受访者是在理解题目的前提下所作出的选择，即保证问卷效度，所以以高年级学生为主。

二是本次问卷在设计上有做学习动机动态变化的考量，低年级学生在华汉语学习时间不长，并且所接受的汉语知识面宽度不够，可能无法作出真实可观的选择。高年级学生已经经过系统的汉语学习，时长足，并且除了汉语本体知识的学习，开始接触教育学、心理学等相关的理论知识学习，也开始涉及中国文化内涵的知识，对自己的学习动机、效果等会有更全面的认识，所以更适合作为问卷对象。

华侨大学华文教育专业三、四年级，一共六个班，有 92 名印尼留学生。我们根据各班的印尼学生数量，采用随机抽样的方式进行调查，并且采用网上问卷的形式展开。我们一共收到 42 份问卷，有效问卷 42 份，有效率 100%。其中四年级 24 人，三年级 18 人；女生 32 名，男生 10 名；华裔 26 名，非华裔 16 名。

四　问卷分析

（一）印尼留学生学习动机总体情况分析

融入型动机和工具型动机这组概念是由 Gardner 和 Lambert 提出的，融入型动机指学习者将学习一种第二语言作为自己的目标，并努力地融入到目的语的群体当中。这对到目的语环境中学习汉语，毕业之后要回国工作的印尼留学生来说，是一种较高层次的动机，显然不符合本校的实际情况。郭亚萍在研究印尼留学生的学习动机时，将其分为内在动机、工具性动机和被动性动机。这种国别化的动机研究有很大的参考价值，如被动型动机，在我们的问卷调查中也有体现，主要是出于东南亚家庭父母对子女汉语学习的重要影响。但是具体到华侨大学，对华文教育专业的学生而言，他们中的大多数是由印尼的教育机构提供奖学金来华留学，有签订资助合同，是一种合约性质的，这显然同郭亚萍的三种动机均不匹配，所以本文采用最为简单的内部动机和外部动机二分法设计问卷。

共设计了七个选项，其中内部动机两个"对中国文化感兴趣""提升自我"，外部动机四个"想找到更好的工作""想要到中国旅游或工作""家人要求""受周围人影响"，最后"其他"选项一个（见图1）。

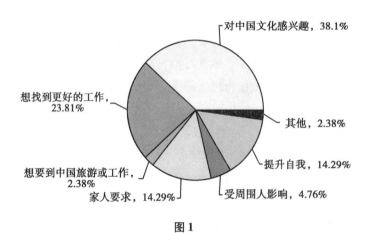

对中国文化感兴趣，38.1%
想找到更好的工作，23.81%
其他，2.38%
提升自我，14.29%
想要到中国旅游或工作，2.38%
受周围人影响，4.76%
家人要求，14.29%

图1

由图1可见：内部动机共占到52.39%，其中"对中国文化感兴趣"占据最大比重。一方面，结果同高彦德等（1993）所做调查相同：因对中国文化和社会感兴趣而学汉语的留学生占相当大比例。另一方面也说明内部动机对汉语作为第二语言的学习者来说起决定性作用。同时外部动机共占到47.61%这也说明，外部动机起着不可忽略的外部因素作用，将这两种结合，方能发挥出更大的作用。

（二）学习动机与性别的关系

学习动机在性别上有一定的差异。我们对不同性别的学习动机进行了对比，如图2所示。

我们发现了性别上存在差异较大的问题。通过分析图2的数据，可以发现学习动机比例，女生高于男生的主要是"对中国文化感兴趣"和"家人要求"；男生高于女生的主要是"想找到更好的工作"和"提升自我"。这说明女生对中国文化比较感兴趣，她们来中国学习汉语，一部分原因是家人要求她们来中国学习。而男生更倾向于现实要求和自我满足。比如想找到更好的工作或者是提升自我的需要，促使他们来中国学习

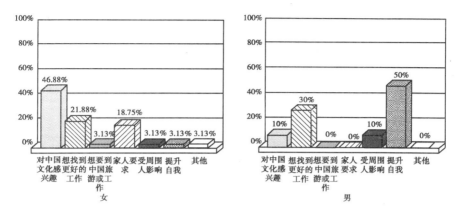

图2

汉语。

（三）学习动机与是否华裔的关系

通过对比华裔与非华裔的汉语学习动机，我们也能看出些许差异，如图3所示。

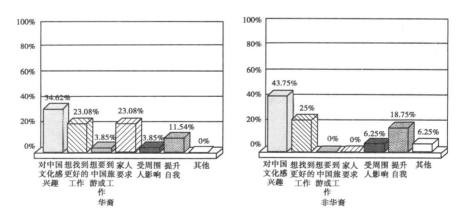

图3

由图3可见，首先华裔的内部动机为46.16%，其中对中国文化感兴趣占34.62%，自我提升占11.54%。非华裔的内部动机为62.5%，其中对中国文化感兴趣占43.75%，自我提升占18.75%。可以得出非华裔印尼留学生的内部动机要明显高于华裔印尼留学生。

其次，华裔学生的外部动机为53.86%，其中主要是想找到更好的工作和家人要求。非华裔的外部动机占 37.5%，其中主要是想找到更好的工作，没有家人要求。因此，王爱平（2000）提出基于华人身份认同和对中华文化的认同而产生的学习动机是华裔学生学习汉语的最重要的动机之一。

（四）学习动机对学习态度的影响

学习态度是指学生对学习及其学习情境所表现出来的一种比较稳定的心理倾向，与学习动机密切相关。为了进一步探究学习动机是否会对学习态度产生影响，问卷设计了对汉语的学习态度，分为四个层次：（1）只要通过考试就行；（2）能用汉语正常交流就行；（3）希望完全掌握这门语言；（4）其他。如图 4 所示。

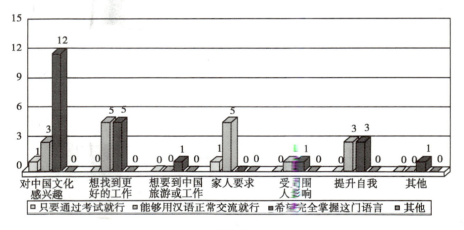

图 4

通过分析图 4 可以发现，由于内部动机的驱使（如"对中国文化感兴趣"和"提升自我"）而来到华侨大学学习汉语的 22 名印尼留学生，有 15 名同学在学习汉语时，"希望能完全掌握这门语言"，占 68%。而由于外部动机的驱使（如"想找到更好的工作""想到中国旅游或工作""家人要求""受周围人影响"等）而来到华侨大学学习汉语的 20 名印尼留学生，有 11 名认为"能够用汉语正常交流就行"，占 55%。说明内部学习动机作为深层动机，是学习者由于自身兴趣所产生的动机，具有稳定性，因此在学习态度上，更为认真。外部学习动机是在外界的要求或影响下形成的，是表层动机，具有不稳定性，一旦他们远离这种外界的影响，如父母的教诲，朋友间的交往，这种动机就会动摇，因此学习态度就没有那么认真。

（五）学习动机对学习效果的影响

尽管学习效果的好与差，受多种主观与客观因素的影响，诸如学习者的先天素质、学习态度、学习方法、学习习惯、智力水平、人格特点、健康状况，以及学习环境和课外指导等，然而学习动机始终是取得学习效果的直接动力。

前面在分析学习动机与是否华裔的关系中得出，非华裔印尼留学生的内部动机要明显高于华裔。华裔印尼留学生的外部动机要明显高于非华裔。因此，我们在分析学习动机对学习效果的影响时，仍采用华裔与非华裔这一组变量来分析内部学习动机和外部学习动机对学习效果的不同影响。

华文教育专业要求学生要系统掌握汉语和中华文化的基本知识，最终具备以汉语为教学语言，对海外华侨华人开展华文教育的良好能力。这种能力可以体现在汉语"听说读写"的语言能力和对中国文化的了解程度上，本次问卷就对华裔与非华裔印尼留学生分别进行了听辨能力自测、口头表达能力自测、阅读能力自测、写作能力自测和对中国文化的了解程度自测。通过自测结果可以发现华裔与非华裔在学习效果上的一些差异。调查结果如图5—图9所示。

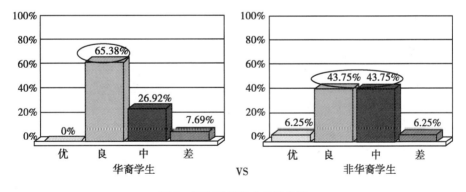

图5　汉语听辨能力自测结果

从上面的柱形图可以看出，华裔印尼留学生普遍认为听说能力较好，读写能力一般。而非华裔印尼留学生则相反，普遍觉得读写能力较好，听说能力一般。非华裔对中国文化的了解程度和学习程度略高于华裔。

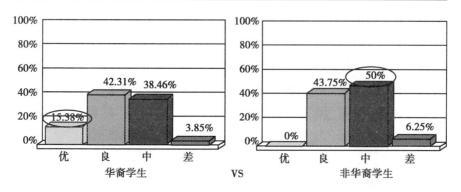

图6 汉语口头表达能力自测结果

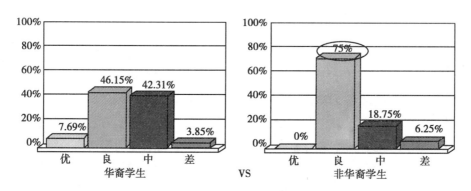

图7 汉语阅读能力自测结果

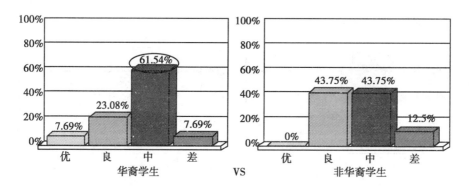

图8 汉语写作能力自测结果

　　为什么华裔与非华裔在学习效果方面会出现这一差异？经过进一步的分析，首先我们可以肯定的是，学习动机和学习态度的差别会导致学习效果的差别，如非华裔印尼留学生的学习动机内部动机更强，其学习态度更好，因此导致其读写能力和对中国文化的掌握程度要高于华裔。那么为什

简谈海外民办华文机构办学现状及发展
——以印尼亚洲国际友好学院为例

陈　雪

【摘　要】本文以印度尼西亚苏北省棉兰市亚洲国际友好学院为例，通过对印尼苏北省棉兰印尼亚洲国际友好学院的观察及调查，分析这所正在努力向本土化转型的私立高校在教学组织及各种活动举办方面对当地的影响，探讨私立华文大学在办学中取得的成绩和遇到的问题，希望能管中窥豹，以小见大，对研究海外华文私立院校或机构的发展规律起到一些积极作用。

【关键词】民办；教学；文化；实践

一　绪论

由于历史及政治等方面因素的影响，印尼华文教育曾一度受到严重阻碍，以华语为主体的学校相继关闭。时至今日，华语教师群体年龄两极分化悬殊，华裔的华文断层现象异常严重，加上国家综合实力等方面的影响，部分华裔缺乏对汉文化的理解与认同。自1990年中国与印尼恢复正常外交关系以来，印尼政府逐步放宽了华文教育的限制。1998年，印尼政府正式取消对华文教育的禁令。在汉语越发重要的全球化形势下，汉办审时度势地在全球多个国家开设了汉语课堂，印尼也不例外。

经过一段时间的发展，汉办作为官方机构，在师资力量、教材选用和课程设置等方面都面临着向本土化过渡的进程，这种本土化进程为孔院的可持续发展指明了良好的发展方向。目前很多学者以不同孔子学院为例，针对孔子学院的发展现状、教学特色及未来发展，进行了深入的探讨，相关论文也有很多，却较少有人对海外私立华文学校的办学现状和发展趋势进行探究。除汉办为主导的孔子学院、孔子课堂外，海外还有很多私立或民办语言培训学校及机构，这些学校成为海外华文教育的一支强大的生力军，对汉语和中国文化传播产生了积极的影响。这些以当地华人、华侨为主要管理层的私立华文学校、语言辅导班与孔子学院、孔子课堂相互补充，起到了相互完善的作用。

　　坐落于印尼棉兰的印尼亚洲国际友好学院在传播华文教育方面发挥了巨大作用。印度尼西亚华人、华侨众多，历史原因和现实原因使得近些年华裔及非华裔青少年对汉语学习的热情逐年升高。棉兰市，印尼第四大城市，苏北省第一大城市，聚居在那里的华人、华侨对华文教育非常重视。2008 年，由苏北华社慈善与教育联谊会主办、由苏北国民教育基金会管理的、以华文学习为主的"印尼亚洲国际友好学院"创建，是印尼国家教育部批准教授中文和英文的一所外语学院。

　　我们选择亚洲国际友好学院（以下简称"亚院"）作为探究对象主要是因为作为一所私立院校，无论物质资源还是人力资源，该校都很有代表性，也颇具规模，教学管理等方面都较为完善。自 2008 年创办以来，该校已经培养出三届本科毕业生，共计 400 余人，目前在读学生人数也将近 1000 人。教师队伍仅华文系教师就达到了近 30 人。本文将主要通过探讨该校非物质资源的整合利用、学生活动的组织实施、私立院校的企业文化等几个方面来窥探该校的现状，从而了解这所颇具发展潜能的私立汉语学校的现况，借鉴一些可以尝试的方法和相对有效的经验。

二　学校机构的设置及组织情况

（一）教学方面

　　学校设有中文系和英文系，但中文系是学校的主要教学部门，中文系学生人数占全校学生人数的 80% 以上。设立英文系是校方根据当地政治环境、政策法令等因素，作出的整体规划。中文系学制四年，共八个学期，2700—2800 学时，要求修满 150 个学分（包括实习及毕业论文）。2011 年 9 月开始，学校试行分专业培养的模式，前四个学期为语言学习阶段，第五学期开始分专业培养，分别为师范汉语、商贸汉语及旅游管理等方向，学生自主选择。但这种划分专业的方法自 2015 年之后在教务会议上不断被讨论其优弊，尚无定论。

教师队伍建设可分为三部分，一是本土教师，一是广东省侨办派出的公派教师，还有一部分是校方自主从中国大陆招聘的汉语教师。本土教师人数由创办初期的 1—2 名逐步增加到目前的 15 人左右；而依托广东省侨办派出的中国公派教师人数由最多的 24 人（2010 年派出人数）缩减到目前（2015 年派出）的 12 人左右；由于受到成本的影响，自主招聘的中国教师自 2011 年施行第一年开始，始终徘徊在 4—6 人。

亚院在这几年逐步推进的教师本土化进程中，招生情况一度受到波动。从历史渊源角度来说，当地华人、华裔对中国籍教师有民族亲近感，而从汉语教学的角度来说，无论是华裔学生还是友族学生对中国籍教师都更加信赖。经调查了解，年轻的本土教师虽然大多有在中国攻读汉语言学位的学习经历（60% 以上具有硕士研究生学历），但面对只比自己小几岁甚至是年龄相仿的学生提问时，无论是课上还是课下，无论是汉语专业知识还是中国文化知识，解答不了或回答有误的情况时有发生，因此，大部分学生更认可中国籍教师。曾有因为中国籍教师和本土教师承担不同班级的教学任务而遭到学生联名要求将自己所在班级的本土教师调整为中国籍教师的情况；2013 年，因为侨办派出的公派教师人数减少，也对该校的招生情况产生了一定的影响。鉴于此种情况，学校加大了对在职本土教师的培训和进修力度，多次组织本土教师来华学习，邀请国内知名的对外汉语教学专业教师、教授赴印尼讲座，为当地年轻的华语教师进行短期培训等。从目前的情形来看，收到了一定的效果。

（二）行政设置及职能分工

该校由苏北华社慈善与教育联谊会主办，由苏北国民教育基金会管理，而苏北华社社长由当地知名企业家担任。由多位企业家和德高望重的华人组成的学校理事会，负责从资金方面支持学校，并规划学校总体的发展方向。此外，负责亚院日常实际工作的行政机构设置包括：院长一名，特聘请一名友族教授担任；系主任两名，分别为华文系主任和英文系主任；院长助理三名，分别负责教务安排、学生活动、对外联系；助理秘书（学生干事）若干名，负责辅助院长助理开展工作。

聘请非汉语专业的当地友族教授担任亚院院长一职，是按照印尼相关法律规定，充分考虑并尊重这一现实情况所采取的方法。在颁布或施行具体举措之前，经由包括理事在内的院务会讨论后，由院长签署行政指令，再交由院长助理负责落实。系主任一职类似于国内院系主管教学的副院长一职，负责教师队伍的培养、学生培养计划的审定等工作。院长助理职务现由三位非常年轻的"85后"担任，分别负责教务安排、学生活动、对外联络三部分。这三位院长助理皆有来华留学经历，并都取得了中文专业硕士学历。

除这几个职务外，学校当然还有招生办公室、财务室等不可或缺的岗位，在这里不一一赘述。

（三）后勤保障

学校后勤注重对师生的人文关怀。除为授课教师提供专门的食宿以外，还为学生设有专门的学生餐厅。囿于印尼基础设施的条件，学校为中国籍教师正常生活配备了出行校车。安保方面也有专人负责，对中国籍教师外出有特别的安全条款。中国籍教师亲属赴印尼探亲，学校也具备一定的提供食宿的条件。后勤保障为学校开展正常教学奠定了基础，是学校师生日常生活的基本保障，但因不属于直接教学范畴，在此不作讨论。

三　学校资源的整合

这里要讨论的学校资源指的是物质资源、人力资源以及社会资源三方面。这里所说的物质资源，仅指财务获得方面，包括社会捐助和学费收入两部分；人力资源指教师队伍的组成，在前文中已提到，这里不作赘述。关于社会资源，这里所说的是非物质资源，要探讨的是该校对这部分资源的整合利用能力。

（一）交流平台

亚院理事会比较注重与兄弟院校的交流，因此经常邀请国内外院校的优秀专业教师访学，聘请对外汉语专家担任客座教授不定期作报告，同时输送学校年轻优秀教师来华短期学习，搭建了较为活跃的学术平台，另外还与华南师范大学建立了"2+2"合作办学模式。

（二）合作共促

在印尼，新成长起来的年轻一代会使用汉语普通话的人数不多。而当地多家中文报纸、电台等传播媒体对汉语专业的媒体从业人员的需求日渐增加。亚院正是培养汉语人才的专业院校，虽为全日制高校，但因为学校本身有着企业背景，因此乐于与企业单位建立合作关系。一方面，亚院的学生可以在这些新闻媒体公司、机构实习，学生毕业后可以直接进入这些新闻媒体传播企业工作；另一方面，亚院的实时新闻、相关通讯等，也由这些传播媒体及时、积极地宣传出去，实现了互相借力，达到双赢的目的。除新闻媒体机构外，在中资企业驻印尼开办工厂或设立分公司，印尼企业与中国企业合作的双边经济模式中，亚院的几位重要理事多有参与，因此积极组织部分学生参与到这些经济论坛或交流中，甚至会推荐优秀学生在这些企业中实习或就业。随着这几年的持续合作，学校理事们试图将这种不定期合作继续深入推进为形式更加稳固的长期人才合作模式。印尼华人大多从事商业，他们既有商业中的灵活，又传承了老一辈的勤勉，他们懂得如何节约资源和使用资源，将无形的人力资源转化为可见的物质能量并将其发挥到最大化，在不断探索亚院发展的道路中，他们既迫不得已又积极主动地试图将产学相结合，将学生们的汉语学习运用于企业的生产发展，使企业的生产发展服务于学生的汉语学习。

四　学校活动的组织安排

亚洲国际友好学院不仅注重学生语言方面的培养，同时关注学生的素质养成。对此，学校付出了大量的人力、物力，同时相应地也得到了丰厚的收获。

（一）学生文化活动

每学年，学校都会举办不同形式的学生活动，例如书法比赛、朗诵比赛、中华才艺大赛等。这些活动的举办一方面在于鼓励学生重视汉文化；另一方面也是为了发现一些在汉语和中华才艺方面具有潜质的学生，以便日后辅导其参加一年一度的"汉语桥"比赛。这些学生活动基本都会对外开放：邀请学生家长观看，聘请企业家来品评，约请不同媒体进行报道等。各种形式的活动不仅丰富了学生的课余生活，提高了学生的学习兴趣，培养了学生的综合素质，同时也宣传了学校，吸引了更多的社会关注，尤其是"汉语桥"比赛。每年学校都会成立"汉语桥"大赛工作小组，不惜花费精力和财力，为每一位参赛选手安排1—3位专门的辅导老师分别辅导该生的中国文化、演讲和中华才艺。学校自2008年创办以来，连续七年派出参赛队伍捧回八座冠军奖杯（其中2012年5月在印尼坤甸举办的第十一届"汉语桥"比赛中分获华族和友族两个冠军）。这些赢得了冠军的学生有资格申请汉办的奖学金来华研修或继续攻读学位。亚院的多位"汉语桥"冠军从中国学成归国后先后进入知名企业或回到母校任教，成为新成长起来的社会栋梁。"汉语桥"大赛所取得的成绩虽不能代表一切，却也成为亚洲国际友好学院每年招生的最佳名牌。

（二）学校的社会、社团活动

除有目的的汉文化方面的活动外，该校还会专门组织为期2—3天的"校园公众开放日"，由学校向全社会各行各业、各年龄段的民众发出邀请，请广大市民来校参观。在这几天里，不但教学活动正常进行，其中一天还会在学校的室内活动场地举办义卖活动，所卖物品由师生动手制作，包括各种手工艺品和美味小吃，所卖款项全部捐赠给慈善基金会。虽然这样的活动会对正常教学有所影响，但也有一定的积极意义。从往年的反馈来看，学校的这一举措使更多有意就读该校的学生家长更多地了解了学校的日常教学，了解了该校的校园文化，了解了亚院的人文精神，在一定程度上达到了预期的目的。

五　学校承担的社会责任

亚院虽为民办院校，但毕竟属于教育行业，其核心目的同任何一所对外汉语专业的院校一样都是教授母语为非汉语的学生掌握汉语这门语言。同样的，它也与其他任何一所院校一样，肩负着为社会育人的责任。

学校十分注重对学生品德的塑造，由校理事会带头并鼓励同学之间对家庭困难学生的捐助和社会灾难后的募捐已经常态化，这使得校友之间多有凝聚力和归属感。该校与当地多所院校有合作，同时也乐于为兄弟院校提供无偿帮助。学校经常为当地华人活动或地市级的活动提供场地并组织学生参加志愿服务，使得学生对学校有自豪感，同时也形成对社会的责任感。

另外，因为学校面对各民族文化所表现出来的接受、认同和赞赏的态度，以及积极主动地承担一定的社会责任，因此无论当地华人圈还是友族圈都对这所以汉语为主要专业的私立院校表现出了包容、友好和支持的态势。

六　学校的校园文化

作为一所在当地政府重重管制下的、由中国政府和中国高校扶持的、由当地华人华侨通力合作所创办的一所海外民办华文高校，亚洲国际友好学院极具自身特色。

企业化背景，决定了其追逐效益的特点。这种效益可能是短期见效，可能是长期见效，可能是显性效益，也可能是隐形效益。上文提到，在某些情况下校方并不在意某项工作是否能为学校带来经济利益方面的回报。这一表现使得学校的人文气息更浓郁，由此也更能被当地民众所接受，发展环境就相对较宽松。也恰恰是这种对短期经济利益的淡化，使得学校在三年内实现收支平衡，在第四年实现了扭亏为盈，如今已走上了良性发展的道路。同时，这种企业化背景，又毫无疑问地使该校带有一定的企业特质，例如行政反应非常迅速，决策制定环节相较于其他行业更加简洁，提高了整体运作的效率。

学校启聘的年轻化管理层行动能力积极活跃，反应相对迅速，组织活动能力呈现出新颖、多元化态势。他们一方面向直接上级负责，另一方面起到了沟通学生与学校、校外与校内的作用。

七　结语

华文教育是一个漫长而艰巨的事业，尤其是对于海外私立高校而言，所要面对的困难和问题也会更多。一方面有来自师资、教材等业务领域的压力，另一方面也受到当地政令法规方面的限制以及当地民众是否接受和认可的压力。加之教育本身是一种服务，对外汉语教学领域中，所销售的其实是无形的语言文化产品，从业者是否有服务意识，管理者的经营模式是否能将文化产品具象化呈现，都是民办院校所要思考和面对的问题。调动年轻一代的汉语文化兴趣，营造温和的汉文化氛围，采取先进的经营模式，才能化解私立院校华文教育发展中可能会遇到的一些困难，帮助其走出困境，促进华文教育事业健康快速地发展。

参考文献

1. 范文娟：《当前印尼华文教育师资问题刍议》，《侨务工作研究》2005 年第 5 期。

2. 邵长超：《印尼棉兰地区汉语教学现状调查与对策研究》，《东南亚研究》2012 年第 2 期。

3. 贾益民：《印尼华文教育的几个问题》，《暨南大学华文学院学报》2002 年第 4 期。

4. ［美］彼得·圣吉：《第五项修炼》，张成林译，中信出版社 2009 年版。

5. ［美］詹姆斯·C.柯林斯、杰里·I.波拉斯：《基业长青》，真如译，中信出版社 2002 年版。

作者简介：陈雪：女，陕西师范大学国际汉学院教师/讲师，研究方向为语言学及应用语言学，email：88936351@qq.com。

德国华语文教育的缘起与发展

刘慧敏

【摘　要】德国华语文教育的发展由来已久，中西文化交流早已为德国华语文教育揭开序幕。本文将德国华语文教育的发展分为三个阶段探讨：（1）德国华语文教育的缘起（17—18 世纪）；（2）近代德国华语文教育的发展（19 世纪至 20 世纪 70 年代）；（3）当代德国华语文教育的发展（20 世纪 80 年代至 21 世纪），各阶段呈现不同的特点。

近代德国华语文教育起源于各大学的"汉学"（德文 Sinologie，英文 Sinology）研究、"中国学"（德文 Chinastudien，英文 Chinese Studies）研究，主要在大学实施。但是随着华语文的热潮，有些中学及小学也开始开设华语文课程，并跃升为第二外语、第三外语；专为一般大众所开设的成人学院，亦开设华语文课程，并成为热门选修课程，德国的华语文教育呈现蓬勃发展的景象。

本文从中西文化交流史的角度来审视德国人学习华语文的历史，德国华语文主要的学习对象由传教士（17—18 世纪），扩大到大学汉学、中国学研究的学生（19 世纪至 20 世纪 70 年代），再扩大到全民（20 世纪 80 年代至 21 世纪）——大学、中学、小学、成人学院、中文学校、孔子学院等，可见德国华语文的学习对象日趋多元，学习需求日益增长，因而也提高了对各级华语文教材教法的需求。

在德国华语文教育的历史发展中，不同阶段展现学习者不同的学习目的，也彰显出德国人学习华语文的特点，建议德国华语文教材教法之设计，参酌运用其特点，以适应德国华语文学习者，并增进学习华语文之成效。

【关键词】德国；华语文；华语文教育

一　前言

近代德国华语文教育起源于各大学的"汉学"①（德文 Sinologie，英文 Sinology）研究、"中国学"②（德文 Chinastudien，英文 Chinese Studies）研究，华语文是汉学研究、中国学研究的基础，汉字之识读为研究中国文献之工具。因此，近代德国华语文教育的发展与汉学、中国学研究关系紧密。

1833 年，肖特（Wilhelm Schott，1802—1889）在柏林大学③哲学系开设中国语文课程④，开启了近代德国华语文教育的发展。而在 1833 年之前，中西文化交流早已为德国华语文教育揭开序幕，故本文从中西文化交流史的角度来审视德国人学习华语文的历史，将德国华语文教育的推展分为三个阶段：（1）德国华语文教育的缘起（17—18 世纪）；（2）近代德国华语文教育的发展（19 世纪至 20 世纪 70 年代）；（3）当代德国华语文教育的发展（20 世纪 80 年代至 21 世纪）。

---

①　"汉学"的定义，参见魏思齐《欧洲汉学：精神遗产与未来发展趋势——初步探索》，《汉学研究通讯》2011 年总第 117 期，第 1 页。魏思齐谓"汉学乃指外国人对中国的历史、文化、语言、文字等方面研究所得的学问，即外国人对中国的认识。更恰当地来说，它是以实际汉语（尤其书面语言/汉字）为基础，对中国文化的任何层面进行研究并获得研究成果"。

②　"汉学"从历史学、文献学、文化学的角度研究中国文化，而中国"文化大革命"之后，汉学家转为对中国现代政治、经济、社会转变的关注，已不同于汉学之研究范围，则定名为"中国学"。参见谢林德《德国华语教学的现况与近程内的新要求》，《2010 华文文创新教学国际学术研讨会论文集》2010 年 3 月，第 124 页。

③　此处所言之"柏林大学"（原名 Friedrich – Wilhelm – Universität），即现今之"柏林洪堡大学"（Humboldt – Universität zu Berlin）。第二次世界大战后，柏林大学之部分师生逃离至西柏林，1948 年成立"柏林自由大学"（Freie Universität Berlin）；1949 年原"柏林大学"为纪念创始人"洪堡兄弟"，则改名为"柏林洪堡大学"。

④　参见张西平《传教士汉学研究》，大象出版社 2005 年版，第 216 页；简涛《今日柏林汉学》（上），《汉学研究通讯》1993 年总第 45 期，第 63 页；周玉秀《德国的华语文教育》，《教育研究月刊》2007 年第 163 期，第 143—147 页；张国刚《德国的汉学研究》，中华书局 1994 年版，第 24 页。

二 德国华语文教育的缘起

在 14 世纪初已有几位德籍传教士到过中国，但并未留下有关中国的介绍①，德国人对中国的认识不多。但在这段时期，欧洲其他国家人士的游记见闻，也对德国产生影响②，其中最为著名的即为意大利马可·波罗（Marco Polo，1254—1324）的《马可·波罗游记》③，此书介绍了中国的强盛，包括疆域的广大、宫殿的建筑、丰富的物产、瓷器的制作、城市的繁荣、发达的交通等，引起西方人对中国的兴趣，而本书在 1477 年出版德文版④，拓展了德国人对中国的认识。但本书着重于物质层面的描述，对于文化层面之语言文字未多加着墨。

此外，西班牙门多萨（Juan González de Mendoza，1545—1618）的《大中华帝国史》（*Historia de las Cosas más Notables，Ritos y Costumbres del Gran Reyno de la China*）于 1585 年出版，内容介绍中国的政治、法律、宗教、医学、天文、文化等，此部专论中国的百科全书，可以了解"16 世纪欧洲人的中国观"⑤。此书于 1589 年出版德文版，并于 1597 年再次出版德文版新译本，可见受到德国读者的欢迎⑥。

---

① 参见张国刚《德国的汉学研究》，中华书局 1994 年版，第 10 页。

② 张西平先生将西方汉学分为三个阶段：（1）游记汉学时期；（2）传教士汉学时期；（3）专业汉学时期。在游记汉学时期，德国人对中国的认识需仰赖其他欧洲国家书籍的译本。参见张西平《传教士汉学研究》，大象出版社 2005 年版，第 3 页。

③ 参见吴孟雪、曾丽雅《明代欧洲汉学史》，东方出版社 2000 年版，第 2—9 页。马可·波罗于 1271 年 11 月由意大利威尼斯出发，从地中海东岸登陆，沿"丝绸之路"，于 1275 年 5 月以陆路到达上都，受到元世祖忽必烈的接见、任职；1292 年由海路从泉州出发，于 1295 年回到威尼斯，在中国生活了 17 年（1275—1292）。1298 年威尼斯与热那亚争战，马可·波罗加入作战而被俘，其在狱中谈论的东方见闻，由同狱作家鲁思梯谦（Rusticiano）写下，完成《马可·波罗游记》。

④ 参见张国刚《德国的汉学研究》，中华书局 1994 年版，第 10 页。

⑤ 《大中华帝国史》于 1585 年出版西班牙文版本后，先后翻译出版意大利文版、德文版、拉丁文版、荷文版、法文版、英文版等，风行欧洲。参见张铠《西班牙汉学研究的发展历程》，《世界汉语教育史研究——第一届世界汉语教育史国际学术研讨会论文集》，2005 年 7 月；吴孟雪、曾丽雅《明代欧洲汉学史》，东方出版社 2000 年版，第 26—27 页。

⑥ 参见张铠《西班牙汉学研究的发展历程》；吴孟雪、曾丽雅《明代欧洲汉学史》。

　　17 世纪开始，德国传教士至中国传教，中西文化交流促使德国华语文的兴起。17—18 世纪到中国传教的德国传教士有邓玉函（P. Johannes Schreck，1576—1630）、汤若望（Johann Adam Schall von Bell，1591—1666）及戴进贤（P. Igany Koegier，1680—1746）等人①，他们穿儒服、学习华语文以达成传教的任务。当时少有教授华语文的机构，传教士多和同侪学习②，或以自学的方式学习华语文③，并与中国人实地沟通交流，从而掌握口语及书面语，进而从事翻译、著作④。

　　传教士在资源贫乏的情况下，需要依靠大量的自学时间；直至 19 世纪，大学开始开设华语文相关课程、机构，德国华语文教育正式课程于焉展开。

三　近代德国华语文教育的发展

　　近代德国华语文教育始于 1833 年，肖特（Wilhelm Schott，1802—1889）于柏林大学哲学系开设中国语文课程，可谓"19 世纪德国华语文教育的先驱"⑤；1881 年莱比锡大学东方语言学教授甲柏连孜（Georg von

---

　　① 参见张国刚《德国的汉学研究》，中华书局 1994 年版，第 10—11 页。

　　② 传教士为了克服语言的障碍，"耶稣会士们采取老手带新手的方式教习中文，即由先已掌握中文的传教士做后来者的老师"。参见张国刚等《明清传教士与欧洲汉学》，中国社会科学出版社 2001 年版，第 250 页。

　　③ 汤若望为融入中国社会，改穿儒服并学习华语文，"改装的同时，他勤奋地学习汉文汉语，苦读四书五经，经历了这一番功夫之后，终能以中文著书，这才具备了与中国士大夫阶层社交的条件，才能逐步地赢得一些朋友"。参见李兰琴《汤若望传》，东方出版社 1995 年版，第 68 页。

　　④ 明清之际德国传教士之著作多为西方科学的引进及历法之编修，例如：邓玉函与王征共同编译《远西奇器图说录最》（简称《奇器图说》）；汤若望以中文撰写《远镜说》，编纂《时宪历》，邓玉函及汤若望均参与《崇祯历书》之编撰；戴进贤完成《黄道总星图》《策算》等天文、数学著作，并参与《历象考成后编》之编纂。参见余三乐《早期西方传教士与北京》，北京出版社 2001 年版，第 118—121、132—140、241—243 页。

　　⑤ 肖特（Wilhelm Schott，1802—1889）除了首开讲授中国语言文学课程之先，并于 1857 年出版《汉语教程：用于授课或自学》（*Chinesische Sprachlehre, zum Gebrauche bei Vorlesungen und zur Selbseunterweisung*），此书成为早期德国人学习华语文的教材。参见张西平《传教士汉学研究》，大象出版社 2005 年版，第 216 页。

der Gabelentz, 1840—1893）的华语文相关著作——《汉文经纬》①（*Chinesische Grammatik mit Ausschluss des niederen Stiels und der heutigen Umgangssprache*）出版，本书被视为"19 世纪研究中国语法的最好著作"②；1887 年华语文相关机构成立——柏林大学成立东方语言研究院③（Seminar für Orientalische Sprachen），此机构乃因应外交策略，培养到东方工作的人才，目的为训练语言能力，并能适应目的语环境，此时华语文属于"东方哲学""东方语言"的一个分支。

由上述可知，19 世纪德国华语文教育已正式授课，但未具有独立的学科地位。直至 20 世纪，"汉学""中国学"在德国学术界的学科地位确立，华语文也成为培养"汉学"专业、"中国学"专业的必修课程。

1909 年汉堡殖民学院（Kolonialinstitut）设立"东亚语言和历史研究所"④，被视为德国专业汉学的开端⑤；1912 年柏林大学、1922 年莱比锡大学、1925 年法兰克福大学、1927 年波恩大学等创立汉学机构⑥，德国汉学的创建奠定了华语文教育基础。

---

① 参见张西平《传教士汉学研究》，大象出版社 2005 年版，第 259 页。莱比锡大学东亚研究所、汉学系网页之"历史沿革"，介绍 1881 年出版的《汉文经纬》一书，相隔 70 余年后，于 1953 年及 1960 年再版，由此可见此书之重要性。2013 年 8 月 12 日，引自 http://www.uni-leipzig.de/—ostasien/zh/institut/geschichte。

② 参见张西平《传教士汉学研究》，第 288—289 页。

③ 参见魏思齐《欧洲汉学：精神遗产与未来发展趋势——初步探索》，《汉学研究通讯》2011 年总第 117 期，第 4 页；［德］马汉茂、［德］汉雅娜、张西平、李雪涛主编《德国汉学：历史、发展、人物与视角》，李雪涛等译，大象出版社 2005 年版，第 14 页；张国刚《德国的汉学研究》，中华书局 1994 年版，第 31 页。

④ 1918 年汉堡殖民学院和其他学术机构合并为汉堡大学，"东亚语言和历史研究所"则分为两个研究所："中国语言文化研究所"及"日本语言文化研究所"。参见张国刚《德国的汉学研究》，中华书局 1994 年版，第 34—35、50 页。

⑤ 汉堡殖民学院 1909 年设立德国第一个汉学教授席位，由福兰阁教授（Otto Franke，1862—1946）担任该职，被视为德国专业汉学的开端。2009 年波恩大学（Rheinische Friedrich - Wilhelms - Universität Bonn）举办"德国汉学百年"研讨会以纪念此项创举。参见魏思齐《德国汉学研究的历史与现况》，《世界汉学》2006 年第 4 期，第 39 页；关山《德国汉学的历史与现状》，《国外社会科学》2005 年第 2 期，第 57—58 页；谭渊《百年汉学与中国形象——纪念德国专业汉学建立一百周年（1909—2009）》，《德国研究》2009 年总第 92 期，第 69 页；中国海外汉学研究中心编《中国海外汉学研究中心通讯》2009 年总第 6 期。

⑥ 参见魏思齐《德国汉学研究的历史与现况》，《世界汉学》2006 年第 4 期，第 40—41 页；关山《德国汉学的历史与现状》，《国外社会科学》2005 年第 2 期，第 58—59 页。

　　但是 1933—1945 年，德国历经纳粹统治及第二次世界大战，造成不少汉学家离开德国及汉学资源大量损失，战后德国汉学界亟待重建①。另外，战后受到中国"文化大革命"（1966—1976）的影响，促使研究汉学的角度产生转变②——由"古代中国"转向"当代中国"，由"古代传统文献研究"转向"当代政经社会研究"，迥异于传统汉学研究的"中国学"研究开始发展。

　　20 世纪中叶以后，德国汉学逐渐重建、发展，1946 年慕尼黑大学、1956 年柏林自由大学设立汉学系，至今已有 20 余所大学依教授专长而发展出各自的汉学特色③，例如：汉堡大学的傅吾康（Wolfgang Franke）教授，专攻明清史和中国近代史④；波恩大学的顾彬（Wolfgang Kubin）教授，以研究中国古典文学、中国现代文学及中国思想史而著名⑤；慕尼黑大学的福赫伯（Herbert Franke）及鲍吾刚（Wolfgang Bauer）教授，专长在中国中古史及蒙古研究 ⑥等。

四　当代德国华语文教育的发展

　　德国华语文教学近年来的发展，也产生了很大的改变——由文言文的学习转为白话文的学习。德国学者谢林德（Dennis Schilling）表示："19 世纪的欧洲中文课程几乎都是文言文课程，截至 20 世纪初期中期汉学华

---

　　① 参见魏思齐《德国汉学研究的历史与现况》，《世界汉学》2006 年第 4 期，第 39 页；关山《德国汉学的历史与现状》，《国外社会科学》2005 年第 2 期，第 57—58 页；谭渊《百年汉学与中国形象——纪念德国专业汉学建立一百周年（1909—2009）》，《德国研究》2009 年总第 92 期，第 69 页；中国海外汉学研究中心编《中国海外汉学研究中心通讯》2009 年总第 6 期。

　　② 参见陈友冰《二战以后汉学在德国的流播及其学术特征——以中国古典文学为中心》，《江淮论坛》2007 年第 6 期，第 169—170 页。

　　③ 参见魏思齐《德国汉学研究的历史与现况》，《世界汉学》2006 年第 4 期，第 41—43 页。

　　④ 同上书，第 42 页。

　　⑤ 参见李国祈《德国的中国研究及其中文教学》（下），《汉学研究通讯》1996 年总第 60 期，第 350 页；张国刚《德国的汉学研究》，中华书局 1994 年版，第 196 页。

　　⑥ 参见李国祈《德国的中国研究及其中文教学》（上），《汉学研究通讯》1996 年总第 59 期，第 228 页。

语教学继续这种传统。"① 欧洲如此，德国也不例外；谢林德也提到 19 世纪末 20 世纪初（世界大战前）的德国大学华语文教学情况：

> 当时汉学教学在语言教学方面，以培养阅读能力为主要目标，所以重视教授古代汉语与文言文，除了中文之外，学生常常兼读日文与满洲文或其他东亚文言文。②

当时华语文为研究原文典籍的工具，此传统"直到 1980 年之前，德国大学里的许多汉学系教授仍钟情于几千年来的中华文化，沉浸在汉字的天地里"③。长年钻研书面文献数据，汉学专家拥有"极佳的阅读书写能力，能够译著老子、诠释孔孟哲学，但是，却不能使用生活中通用的中文，本身也不一定能说华语"④。故汉学系教授之华语文授课方式为："常是请一位中国籍的专任讲师，教授中国会话及白话文，文言文及学术方面的课程，则由其本人开授。"⑤ 华语文教学模式为极度"语文分开"，此种情况渐渐产生改变，李国祈指出：

> 就德国大学中的中文教学言，在第二次世界大战后的五十年里，也有很大转变：由最初只注重文言文不注重白语文、只注重阅读不注重听说的情况，而转变为从白话文的听说入手，使其语言教学不再是死的缺乏现实基础的。甚至不少规模较大的研究所，将白话文的教学规划成一个部门，作为中国研究的最基层部分。而教中文者亦不再限于只请一位中国籍的中文讲师。⑥

---

① 参见谢林德《谈欧洲华语文教学现况与未来发展》，《华文世界》2011 年第 107 期，第 108 页。

② 谢林德：《德国华语教学的现况与近程内的新要求》，《2010 华语文创新教学国际学术研讨会论文集》，桃园中原大学应用华语文学系 2010 年版，第 124 页。

③ 周玉秀：《德国的华语文教育》，《教育研究月刊》2007 年第 163 期，第 142 页。

④ 同上。

⑤ 李国祈：《德国的中国研究及其中文教学》（上），《汉学研究通讯》1996 年总第 59 期，第 226 页。

⑥ 李国祈：《德国的中国研究及其中文教学》（下），《汉学研究通讯》1996 年总第 60 期，第 351 页。

故直至20世纪后期，德国才突破以文言文、书面用语为主的华语文教学，改为由白话文、口头用语入门的华语文教学；由强调华语文"阅读、写作能力"的培养，转为兼顾与现实结合的语言能力——"听力、说话能力"及"阅读、写作能力"。

除了"质"的改变之外，也产生了教学机构、学习需求等"量"的成长，近年来德国华语文的热潮，带动教学机构的多元化，华语文教学已从各大学的汉学研究、中国学研究，开展到成人学院、中小学、中文学校、孔子学院等，周玉秀提到德国华语文教育的转变：

> 第一个阶段有较长的发展史，该阶段包含近代大学院校的汉学教育与20世纪80年代以前零星的个别学校中文教学；第二个阶段则是蓬勃于20世纪80年代的成人学院华语文现象，这个游于艺的社会教育现象同时间接推动了德国学校的华语文教育；第三个阶段要以20世纪90年代中期联邦形成的统一华语文教育共识与正式文献作为起点。①

由此可见，德国华语文的学习需求日益增长，各大学除了汉学系之外，德国目前各联邦政府正兴起统一的"华语文教育共识"——中小学华语文教育，并积极将华语文列入"正式文献"的规定中，亦即将华语文纳入正式课程之中。

五　结语

从德国华语文教育的历史发展，可见不同阶段德国学习者的特点。早期德国华语文教育的缘起（17—18世纪）：德国华语文的主要学习对象为传教士，此阶段传教士之学习动机强（背后强大的传教目的），且浸淫在目的语环境中，促进其华语文能力的提升。

继而近代德国华语文教育的发展（19世纪至20世纪70年代）：德国华语文主要学习对象扩大到大学中进行汉学、中国学研究的学生，此阶段华语文为研究文献的工具，注重文言文之阅读能力；第二次世界大战后，

---

① 周玉秀：《德国的华语文教育》，《教育研究月刊》2007年第163期，第142—154页。

各大学的汉学研究同时也带动了德国华语文教育的发展，尤其是对"当代中国"的研究转向，重视学术之实用价值，对华语文的应用要求日趋升高。

直至当代德国华语文教育的发展（20 世纪 80 年代至 21 世纪）：德国学习华语文的管道十分多元，华语文主要学习对象除了大学生、研究生之外，尚有中学、小学、语文中心、成人学院、中文学校、孔子学院等，已扩大到全民，可见今日德国华语文的学习对象日趋多元，而且不再只注重文言文之阅读能力，更强调日常沟通之听说能力。因应此一转变，德国华语文教材教法必须更注重"实用性"，让学习者能将所学应用于日常生活当中。

面对今日多元的德国华语文学习对象，因应不同的教学机构，建议课程必须有不同的规划，必须设计符合各级需求的华语文教材教法，以提高学习华语文的成效。

参考文献

1. 中国海外汉学研究中心编：《中国海外汉学研究中心通讯》2009 年总第 6 期。

2. 余三乐：《早期西方传教士与北京》，北京出版社 2001 年版。

3. 李国祈：《德国的中国研究及其中文教学》（上），《汉学研究通讯》1996 年总第 59 期。

4. 李国祈：《德国的中国研究及其中文教学》（下），《汉学研究通讯》1996 年总第 60 期。

5. 李兰琴：《汤若望传》，东方出版社 1995 年版。

6. 吴孟雪、曾丽雅：《明代欧洲汉学史》，东方出版社 2000 年版。

7. 周玉秀：《德国的华语文教育》，《教育研究月刊》2007 年第 163 期。

8. ［德］马汉茂、［德］汉雅娜、张西平、李雪涛主编：《德国汉学：历史、发展、人物与视角》，李雪涛等译，大象出版社 2005 年版。

9. 张西平：《传教士汉学研究》，大象出版社 2005 年版。

10. 张国刚：《德国的汉学研究》，中华书局 1994 年版。

11. 张国刚等：《明清传教士与欧洲汉学》，中国社会科学出版社 2001 年版。

12. 张铠：《西班牙汉学研究的发展历程》，《世界汉语教育史研究——第一届世界汉语教育史国际学术研讨会论文集》，澳门理工学院2005年版。

13. 陈友冰：《二战以后汉学在德国的流播及其学术特征——以中国古典文学为中心》，《江淮论坛》2007年第6期。

14. 谢林德：《德国华语教学的现况与近程内的新要求》，《2010华语文创新教学国际学术研讨会论文集》，桃园中原大学应用华语文学系2010年版。

15. 谢林德：《谈欧洲华语文教学现况与未来发展》，《华文世界》2011年第107期。

16. 关山：《德国汉学的历史与现状》，《国外社会科学》2005年第2期。

17. 魏思齐：《德国汉学研究的历史与现况》，《世界汉学》2006年第4期。

18. 魏思齐：《欧洲汉学：精神遗产与未来发展趋势——初步探索》，《汉学研究通讯》2011年总第117期。

19. 简涛：《今日柏林汉学》（上），《汉学研究通讯》1993年总第45期。

20. 谭渊：《百年汉学与中国形象——纪念德国专业汉学建立一百周年（1909—2009）》，《德国研究》2009年总第92期。

刘慧敏，台中教育大学语文教育学系。

菲律宾华文教育的现状、问题和对策研究

徐朝晖

【摘　要】本文梳理了华文教育的发展史，并以菲律宾华文教育的现状、问题和对策为例，探讨了华文教育面临的新情况及对策。主要观点是：第一，要对华文教育的目标进行重新定位；第二，要努力培养本土华文教育师资力量；第三，要改革华文教育的教材；第四，要规范华文的教学方法。本文试图提出些方法和措施来促进华文教育在未来实现更好的发展。

【关键词】菲律宾；海外；华文教育；发展

华文教育在我国被作为一项国际与民族的事业得到政府和各界人士的研究与探索，进入新的历史阶段，分析华文教育的历史情况，理清华文教育发展的现状，以及进一步研究华文教育发展的趋势，从而全面提升海外华文教育整体水平有着重要意义。

一　华文教育的历史及菲律宾华文教育研究现状

华人移居海外已有2000多年的历史，自唐宋至明朝初期，海外逐步形成华侨社会，这就是所谓"有海水的地方就有华人，有华人的地方就有华文教育"。海外华文教育自产生之日起主要经历了五个发展时期：鸦片战争以前华文学校零星出现的形成期；鸦片战争至"二战"结束华文学校遍布全球的兴盛期；"二战"后至20世纪70年代末华文学校在困境中求生存的发展困难期；20世纪80年代华文学校在机遇中求发展的复兴期；20世纪90年代以来全球掀起华文教育热的高涨期。这五个历史时期的划分主要以华侨华人兴办华文教育的兴衰沉浮为依据。目前的海外华文教学和华文教育正处在承前启后、继往开来的关键时期，随着华文教育的

发展，21 世纪的海外华文教学与华文教育呈现出复苏景象，出现了蓬勃发展的崭新局面。近年来，中国汉办大力推动与东盟国家的汉语、文化交流，2006 年以来在泰国、菲律宾、马来西亚、印尼、缅甸、新加坡六个东盟国家开办了几十所孔子学院，学员峰值为 10 万人，有不少人参与了各项文化活动。

关于华文教育的内涵，不同学者有不同的观点。有学者将华文教育分为华侨教育、华文教育、对外汉语教育等，其中华侨教育是指华侨为其子女学习中国语文和文化科学知识在侨居地所办的教育，是在海外华侨社会形成之后而产生的。华文教育是指华人在入籍国对华人华侨子女施以中华民族语言文化的教育。在国内有关菲律宾华文教育，出现的一些研究成果主要集中在两方面：一是对菲律宾华文教育史的研究，例如周幸峨《东南亚华文教育》、陈烈甫《菲律宾华侨教育》、张存武《菲律宾华校的华文教育》等；二是探讨了华文教育在经历了菲化政策后的改革情况，例如：张玲《菲律宾华文教育的现状探析与改革》，李心莆《菲律宾华文教育的改革研究》，王飞若《关于菲律宾华文教育的借鉴》，孙校武、卢震《菲律宾华裔学生的文化与认知感研究》等。这些文章对菲律宾华文教育的发展历史都作了概括性的论述。但仍有许多问题有待研究与解决。

教育始终是为公共社会服务的，它极其广泛的适应性、实践性，必须以社会的需求为基础。以菲律宾为例，菲律宾华文教育从 1899 年小吕宋大清中西学堂的创立至今已有 111 年历史，其华文教育从它诞生的一天起，就因为它的特殊性要经历艰难曲折的过程。从华侨教育到华人教育、从第一语言教学到第二语言教学等的一系列转变，都是华文为适应菲律宾社会整体发展趋势，国际环境的大变化而做的调整。菲律宾于 1946 年实现独立后，中国和菲律宾建立友好和约，中菲两国政府于 1947 年签订了《中菲友好条约》，在该条约的第六条中的第一款约定："缔结此约的国民，必须要在对方的领土内，在与其他任一第三国国民同样条件之下，依据对方的法律章程，能够享受设立学校教育他们子女后代的自由权利。"这个条约可以说是第一次承认了在菲律宾进行华侨教育的合法性。在此之后，在菲律宾的华文学校不断地涌现出来，到 1955 年年底，菲律宾一共新创立华校 108 所，而此时华文学校的总数已达 150 所，学校所拥有的学生人数达 4.8 万人。我们需要给予关注的是，华侨师范专科学校于该年的 6 月成立，该校为后来的华文教育提供了一大批优质的华文教师团队，与此同时华侨师范专科学校的成立也标志着菲律宾华校由幼儿园到大专的华文教育体系初步形成。

二　菲律宾华文教育存在的问题

在汉语全球化升温的今天，在菲律宾华校教育目标、教育对象等发生变化的情况下，菲律宾的华文教育教学管理体系也应适当地调整与创新，华校教育管理者应当适时调整教学思路、管理策略、管理目标等，改革华校整体教学思路，使华校在新的历史条件下获得更大的发展，使教育中的投入取得最大的效益。但从现实情况看似存在一些问题。

（一）华语的认识问题

1973 年马科斯政府提出了教育菲化案，包括对华校的构成、中文课程的设立、地位、课时安排、师资的构成、教材的使用等方面的限制与约束，菲律宾政府旨在通过这些限制达到削弱中文课程的地位，逐步淡化中华文化对华侨的影响，进而达到在思想意识上同化华人的目的。菲化案之后，菲律宾华校渐渐走入了一个变化时期，华文学校出现了连续的衰退期，菲化案给华文教育不论是在社会地位还是在教学体制上都带来了极大的冲击，直接影响着华校教育目标的改变。当时，许多人对于如何正确评价在菲律宾的华文教育，华文的教育是否可以归入第二语言的教学，还有不同的意见，实际中随着许多事情的发展变化，许多菲律宾的华文学校改变了最初的性质由强调华文的教学到华文只作为一门选修课程来学习，第一语言不再是华文，而是菲语或者英语，华文已成为他们的第二语言。在实际的教学过程中，作为第二语言的华文如何教？教学理念还没有在所有的华文学校中得到统一的规定，没有形成一定的规范标准。此外在菲的华文学校在对华文的教学方法、教材的选取和更新，华文教师的师资队伍水平等方面仍然存在着较为突出的问题。许多老师准备不足，也没有受到专业的培训，所以教学中仍然采用传统的教学方法授课，讲课内容空洞，强调死记，以老师讲为主，学生少有参与，忽略新技能的掌握，与现实联系不紧密，仅仅通过最终的考试成绩来评定华文的教学质量水平。

（二）教师队伍的问题

在华文教育方面菲律宾和大多数的东南亚国家一样，教师队伍的人员不足的问题十分突出。菲律宾现在的华文老师有菲律宾当地的老师和从中国以外国家招聘来的老师，约占全部师资队伍的 50%。中国本土地区所派送的老师占有一半。据菲律宾华文教育中心的统计调查表明，目前菲律宾华文学校仍然十分缺乏华文老师，同时，菲律宾华文学校教师普遍存在教师老龄化严重、男老师和女老师之间的人员比重失衡、女性华文教师偏多的问题，老师的教学素质不高，教学水平有限，老师人员的流动性较大。总的来说，在菲律宾的华文学校严重缺乏高素质的华文老师，华文老师在结构上存在问题，造成这一困境的根本原因是华文老师的工资低，福利待遇不高，这些都导致了华文教学水平的下降。

（三）教材选用的问题

多种版本、各种教材同时存在与使用是菲律宾的华文教学的教材的现状，不仅如此，许多教材版本陈旧，其中还存在着许多错误。因为目前华文并没有被菲律宾的主流教育系统接收，所以华文课本的使用不受菲律宾政府的管制，一般都使用华文教育中心编写的教材，以及中国大陆地区和台湾地区提供的教材。各所华校所使用的华语教材不统一，徐茗《菲律宾华文教师对华文教育态度的调查研究》显示，华校使用国侨办编写的教材是 17%，使用华教中心编写的教材占 41.9%，华校使用台湾地区编写的教材达到 51.1%，这其中有部分学校选用多种教材。由于有的教材会收取费用，而有的教材是免费赠送给华文学校的，一些华文学校由于资金的原因，结合自身的实际情况选择自己所使用的教材。由于华文学校所使用的教材版本不一，所以在对华文老师的教学水平及质量及学生学习华文的程度等的评定过程中，存在着许多问题，无法进行客观的评定。而且老师也没有相关的辅导及参考资料辅助华文的教学。学生也没有相应的华文的其他读本来提高其华文学习效果。为了解决这一问题，菲律宾的华文学校应该统一编写华文教材，从而有利于教学标准的统一以及华文老师的教学水平及学生的学习成果的评定，从而促进在菲律宾的华文教学的进一步发展。目前来看，菲华校还没有统一教材，也没有统一的教学大纲，各校根据自身情况使用教材。

（四）教学所用语言的问题

在菲律宾的华文教育中，究竟是用普通话教学还是运用闽南话教学一直是一个有争议的问题。在先前的华文学校中，一直是在使用闽南话作为教学语言，而且这一教学语言在当时的教学过程中反响不错。老师在教学过程中使用闽南语主要是因为华文老师比较注重传统的教学方法，习惯在他们的教学过程中，用一种语言来阐述另一种语言内容。这种采用闽南语的教学方法在过去取得一定成效的原因是当时到菲律宾的中国人当中，来自福建的华人占了绝大部分的比例，而这部分人在日常生活中使用的都是闽南语，华人在菲律宾与他人交流过程中也都是使用闽南话，人们所处的环境为人们使用闽南语提供了外部条件，而且闽南语可以说是这些华人的母语，因此用闽南语教学学习普通话更为容易。但随着外界环境的转变，新一代的华侨们不是在闽南语作为母语的环境中成长起来的，他们从小就由菲佣照管，对于他们来说，闽南话不是他们的母语，他们对于闽南话的感情也没有他们上一辈的感情强烈，他们接触更多的是菲律宾的语言。所以传统的华文教学手段的收效甚微。

三　菲律宾华文教育发展的对策与建议

从菲律宾政府"菲化"的教育制度、多元化的语言环境、模糊的教育理念以及华人社会本身的不断发展和变化来看，目前，菲律宾华文教育的现状仍不容过于乐观，上面的问题就是菲律宾华文教育具体的实际情况，华文教育要持续健康地发展，必须面对困境，寻找对策与策略，我们认为菲律宾华文教育发展需要从以下几个方面进行改进。

（一）积极选派汉语教师培养本土华文师资

从上面分析中我们可以看到，菲律宾华校的华文教师文化水平普遍不高，老龄化严重，待遇偏低，社会地位不高，大多是本土培养出来的华文教师。我们需要做的工作一方面是选派中国汉语教师去菲律宾教汉语，另一方面是帮助当地老师提高汉语水平。2003 年中国第一批汉语教师志愿者到达菲律宾从事华文教学工作后，菲律宾华文教育取得了出色的成绩，有数据显示，2012 年，国家汉办派往菲律宾的志愿者共有 296 人，有 67 所华校聘请了志愿者。这些学校有的是华人社团成立的，有的是教会学校，有的是寺庙学校，越来越多的华校加入汉语教师志愿者的项目中来。这些来自中国不同城市不同高校的汉语教师志愿者对缓解菲律宾现有的师资短缺问题起到了十分重要的作用。这些汉语教师志愿者被称为菲律宾华文教育的"及时雨"，他们成为菲律宾华文教学的中坚力量，大大地改善了困扰菲律宾华文教育中的师资不足问题，确保了华文教学的正常进行，也为当地华文教师起到了"示范教学"的作用，在很大程度上帮助提高了所在学校的教学质量，对发展中的菲律宾华文教育事业起到了积极的推动作用，使许多华文学校的华文教育得到极大的发展。同时，他们帮助本土教师提高汉语水平，使这些教师的汉语水平有了很大的进步，人们称菲律宾华文教育由"输血计划"变为"造血计划"，这是华文教育管理上一大飞跃。与此同时，我们还要建议菲律宾政府努力提高当地汉语教师待遇，增强职业吸引力，争取高素质人才以使教师队伍有长足的发展。

（二）编写好华文教育教材

目前来看，菲律宾华文学校在教材方面遇到的突出问题是教材不成体系、内容欠完整，没有统一的标准。我们认为教材是教师教学和学生学习所依据的材料，在菲律宾汉语作为第二语言的教学中，建议从以下两方面改进。一是从实际出发编写具有实用性和科学性的统一的华文教材。教材应重在语言交际技能的训练，学以致用，目前在菲律宾比较有影响的是《菲律宾华语课本》，这是一本相对较好的教材，这本教材共12册，其特点是考虑了海外华文及当代华校学生族群教育的特点，从课文内容的选择到难度的把握都有不少的特色，它比较注重学生的华文交际能力，富有生活气息，非常适合菲律宾华校的使用，对提高学生的综合华文水平有着一定作用。我们认为在编写统一教材时可参考这本教材。二是编好教材的教辅读物。这类读物要配合教材的使用，设计好教学挂图、识字卡片、视听音像、测试题库等，此外，可供教学使用的中国历史、地理、文化及书法、绘画、武术、舞蹈、手工、民乐等内容也要在教辅读物中展现。面对新的教育环境，菲律宾华文教育中心也提出关于教材改革的一些要求，我们应积极配合并协助在菲律宾编写出使用于华文教育的好教材。

（三）规范好华文教育教学方法

在华文教学过程中，具体运用何种教学手段也是基于对华文教育的目标宗旨和华文教育的受众的分析的基础上来选择的。目前，在菲律宾汉语已经不是第一语言的事实是显而易见的，并渐渐成为总体趋势。根据实际情况我们建议：一是坚持以普通话为主要媒介语，如今，普通话的影响力越来越大，世界各地学习华文也是以普通话为主，从华文教学的长远发展趋势和与世界华文教学的接轨来看，普通话的通用范围显然要比闽南话宽广得多，实行普通话教学是符合菲律宾华文学校的发展趋势的，以普通话为主要媒介语才是符合菲律宾华文现状的教学方法。二是加强语言与文化并重的二元教学模式。加强语言教学的多样性，改变以往的填鸭式的、死记硬背的考试方式，增加口语考试和灵活多样的笔试方式，让学生爱说华语，多说华语，用好华语，使学生真的能做到学为所用，学有用武之地，这样才能提高语言教学的效果。建设文化课程，是华文教育发展的必然要求。华文教育的语言教学和文化教学，各有自己的特定内容和教学目标，应该建立既有联系又有区别的两门课程及其教材，探讨不同的教学方法实施。

　　以上是就菲律宾华文教育所作的一个分析，实际上整个华文教育的现状有其他的共性，作为我国侨务工作独具特色的内容之一的华文教育被称为是中华民族在海外的"留根工程"和"希望工程"，华文教育应成为一门独立的学科，有学者提出不少颇有见地的见解与构想。进入新的历史阶段，为进一步发展海外华文教育，必须依据时代环境的变化，适时做出调整，以适应学习者的需求。从发展趋势上看，第一要对华文教育的目标进行重新定位；第二要努力培养本土师资力量；第三要改革华文教育的教材，使之贴近实用功能需求，使华文教育本土化，这样才能有后续发展潜力；第四则要规范教学方法。随着中国改革开放进程的不断推进，国际竞争力越来越强，华文教育需要重新确定自己未来的发展方向，对当前的教育理念、教学体制等进行改革以适应新的需求，在未来使华文教育得到更好的发展。

参考文献

1. 周幸娥：《东南亚华文教育》，暨南大学出版社 1996 年版。

2. 陈烈甫：《菲律宾华侨教育》，海外出版社 1958 年版。

3. 耿红卫：《菲律宾华文教育的历史沿革及现状》，《广西社会科学》2007 年第 5 期。

4. 王炯：《菲律宾华文师资队伍现状与建设思考》，《海外华文教育》2011 年第 4 期。

5. 徐茗：《菲律宾华文教师对华文教育态度的调查研究》，《世界汉语教学》2005 年第 4 期。

6. 王殿卿：《菲律宾华人社会与华文教育》，《思想·理论·教育》2003 年第 9 期。

徐朝晖，广州大学人文学院副教授，博士，汉语国际教育专业硕士研究生导师。研究方向为汉语国际教育，现代汉语词汇学。

论文莱华文教育努力方向

文安东

【摘　要】东南亚各国是世界上华人华侨最多的国家，也是海外开展华文教育最早和华文教育体系最完善的地区。文莱作为人口不足 50 万的东南亚小国，其华人占全国总人口的 12% 左右。作为中华语言文化教授与传承的重要载体，华文教育同样是文莱华人、华侨追寻自身民族文化与建构文化身份的重要手段之一。文莱华文教育与东南亚其他国家的华文教育在发展历程上存在很多共性，但由于东南亚各国所处的政治文化、社会环境及教育政策都不尽相同，文莱的华文教育还是有别于泰国、印尼、马来西亚等国，拥有着其独特的办学以及运作特色，同样也存在着特殊的限制因素与发展问题。笔者 2014 年有幸以汉办志愿者身份在文莱任教一年，其间走访了文莱各华校及主要华人社团。基于笔者自身教学和对文莱华文教育各方面现状做了较为详尽的调查研究的基础上，笔者对影响文莱华文教育的努力方向做出了相应的分析总结。

【关键词】文莱；华文教育；现状；努力方向

一　文莱华文教育的历史概况及背景

文莱全名文莱达鲁萨兰国（马来语：Negara Brunei Darussalam 意为"和平之邦"）是东南亚地区国土面积仅大于新加坡的小国，也是东南亚地区人口最少的国家。在伊斯兰教传入文莱的 15 世纪之前，文莱被当地部落酋长统治，之后伊斯兰教在文莱得到极大发展并成为国教，穆斯林首领苏丹成为国家元首。文莱苏丹的政权在一个世纪之后被西方侵略者动摇，1888 年英国开始了对文莱长达一个世纪的侵略统治。"二战"期间，觊觎统治整个亚洲的日本在 1941—1945 年占领文莱。文莱于次年继续沦为英国保护国，直到 1984 年 1 月 1 日才宣告正式独立。

通过对中国古籍考究和考古发现，华人移居文莱的历史最早可追溯至唐代，宋代时也曾有大量移民移居文莱。基于本国农业及轻工业的发展需求，文莱苏丹曾在 18 世纪从香港、广东、福建、海南等地大量招募劳工，包括当时已经移居文莱的华人在内，当时在文莱的华人华侨总数占到文莱全国总人数的两成以上。19 世纪后期，华人移民率在东南亚地区海盗势力日益猖獗的情况下持续放缓。文莱华人势力也在 19 世纪末期英国入侵之后受到侵略政府的强制打压，华人华侨人数在 20 世纪初重新降回到不足千人。1929 年靠近中国南海海域的小镇诗里亚发现石油，石油公司在中国香港、新加坡等地引进大批华人技师和职工，使得当地华人一时大增。

近代文莱的华文教育与东南亚其余各国类似，经历了兴起、发展、繁荣和衰落的历程。

20 世纪初，在中国国内维新变法的大背景之下，海外华文学校成为了改良派宣传其先进思想的有效阵地。到了二三十年代，由于受中国国内民族主义情绪高涨的影响，东南亚华人华侨的办学热情受到极大的鼓舞。与此同时，民国政府颁布了一系列鼓励海外华人华社创办华校的政策，直接促使东南亚各国无论是华文学校规模、数量还是在校学生人数有了较大幅度的增加。

文莱的现代华文教育也始于这一时期，从 1922 年第一所中华中学——文莱中华中学创办之后正式开启。文莱现存的八所华校中，有六所创办于 20 世纪三四十年代。现代华校的兴起和发展预示着文莱华文教育迈入了蓬勃发展的新阶段。

1941—1945 年日本占领文莱，文莱的华文教育受到严重摧残，与此同时，中华人民共和国政府在"二战"之后开始实行了取消华侨的双国籍的新政策，对海外华人华侨的民族认同感及华文学习热情都有很大的影响。东南亚各国（除马来西亚外）的华文教育从这一时期开始不可避免地走向衰落，文莱华文教育事业也一度濒临消亡。

改革开放以后，中国经济迅猛发展，综合国力大幅提升，这对于促进海外各国华文教育事业发展以及提升华人华侨的民族认同感都起到了极大的推动作用。20 世纪 90 年代以来，中国政府和东南亚各国逐渐建立或者恢复邦交关系，文莱也在 1991 年正式与中国建交，在全世界汉语热的背景下，苏丹政府也开始逐渐解除对华校发展的各种限制，文莱的华文教育事业也逐渐得到恢复，进入了稳步发展的阶段。

二　文莱华文教育的努力方向

2014 年 12 月初，文莱八所华校的校董及校长在年会上对于华校建设和华文教育事业的发展进行了深入探讨。笔者在总结会议精神的基础上对文莱华文教育发展的努力方向作出以下分析和建议。

（一）华人、华社：凝聚民族力量，力争政府津贴

文莱教育部批准华校教授华文是符合国家的马来回教君主国（MIB）政策的，同时也是现行"2003 年教育法令"（Education Order 2003）所允许的。伊斯兰保护少数民族的基本人权，允许少数民族维护自己的语言文化和风俗习惯。马来人占全文莱人口的 66.3%，无疑是主流社会的主人翁，他们都信奉伊斯兰，绝对遵守有关保护少数民族基本人权的信条。MIB 中的"M"（Melayu）指的是马来文而不是"马来人"。MIB 作为政策并不含有针对或排斥非多数民族的意义。思想狭隘的种族主义者不能借 MIB 来压制非马来人。文莱的政治制度，苏丹至上（即"Beraja"）。文莱的宫廷，自古至今，不乏外国人（包括中国人）任宫廷大臣，如文莱历史上第一任苏丹宫廷内的第一位华人大臣王总兵（Ong Sum Peng），其封衔为"Pengiran Maharaja Lela"，地位非常显赫。今天，文莱宫廷内的华人大臣（Pehin）有四人之多，为华人喉舌，反映华人民意。华人力争提高华文程度和维护基本人权的行为是合情、合理、合法而又不违反国家政策的，不应被民族主义者曲解为是对苏丹及其政府的不忠。

自政府在 20 世纪 80 年代取消对华校的津贴补助之后，文莱华校一直在为恢复政府的津贴补助做着努力。文莱华人以行动向主流社会证明，他们已如政府所望，在母语教育问题上做出妥协，把传统华校改变成国民学校。现如今，文莱八所华校应紧密联合起来，共同向政府提出恢复私立学校津贴措施，像 1955 年英参政司那样，津贴占华校和教会学校的日常建设的 50%，确保私立学校能在经费稳定的基础上，长期平稳地按计划发展起来。

　　华文教育的发展需要顺应华人族群的发展。一方面，华文教育的性质内容和功能取决于华人族群的发展和定位；另一方面，各国针对华人的政策直接影响华人族群的发展，最终影响到华文教育的发展。如今，绝大部分的文莱华人已经融入主流社会，华人对 MIB 政策的理解也与日俱增。另外，随着华族社会经济实力空前壮大，华人经济地位的提高，华人民族意识必将不可避免地提高。文莱苏丹及其政府已经看到了华人思想和态度上的转变，因此政府也做出了相应的、有利于华人在文莱落地生根的政策调整和相应措施。有理由相信，在不久的将来，文莱教育部对华社要求恢复津贴事宜也会作出相应的答复，使得华校的学生（绝大部分是公民和永久居民的子女）在接受国民教育的同时也能像政府学校里的学生一样，享受政府的教育经费所带来的便利。

（二）华校：深化和加强自身改革建设

　　应当坦白承认，如今的文莱华校再也不是以华语为教学媒介语、为华人学子提供母语教育的场所，而是以提供华文课程为办学特色的学校，华文被作为一门语文科目来进行教授，对于华人学生和非华裔学生采取同样的教学和管理模式。文莱教育部实行双语政策以来，华校生的华文水平不断滑落，现如今，绝大部分华校生的华文程度低到连写信或阅读报纸的能力都已失去。正当欧美西方各国和东南亚其他地区掀起"华文"热潮之际，文莱华校的华文教育却停滞不前甚至连年倒退，着实令当地华人教育家痛心。

　　文莱"双语政策"下的双语是指国语和英语。在当今国际形势下，英语优先的观念长期存在，文莱社会整体英文环境不会改变，但作为华校来说，必要的华文学习氛围以及相关文化活动的开展尤为重要。在这种形势之下，在华人社会开展中华文化艺术相关的活动显得尤为重要。华校的建设和摆设应尽量多地体现中国元素，并基于自身情况开设形式多样的中华文化兴趣班。一方面鼓励华人学生积极参加，另一方面也可吸引友族同学对中华文化以及语言学习产生好感，从而促进语言的学习。

　　另外，现如今的文莱华文教育还仅仅停留于小学及中学等基础教育阶段，缺乏高等华文教育的开展。华校生在高中毕业之后，无法选择和华文相关的专业进行深造学习，华文优异的学生无法在大学以及今后的工作中体现自己的优势，使华文在日常交流之外别无他用。

世界范围的华文教学热潮的兴起，使得华语对于华人来说，于民族文化传承的意义之外，更意味着一种生存的技能，华语教学的质量因而受到特别的关注。作为新时代的华校华文教育应在融入主流教育文化的基础上发挥其特色，根据不同学习对象的实际需求突出以华文学习来服务于学生今后的工作发展以及生存需要。简言之，文莱的华文教育应以使文莱华裔以及下一代拥有较强的文化认同感、通过华文学习增强其民族自信及文化竞争力、使之能够在当地更好地生存与发展作为现发展阶段的主要奋斗目标。

（三）华文教师：提升专业知识、开展针对性教学

文莱的多语言环境，是华文教师开展文莱华文教学的一大优势。华文教师可在教学过程中充分利用这些优势，从根本上保证华文教学质量从而提高整个华文教育水平。

1. 了解语言及文化差异进行针对性教学

首先，文莱华校的学生均有宗教信仰，所有马来学生信奉伊斯兰教，而华人学生则以信奉佛教和基督教为主。宗教和文化背景的差异，造成学生在华文学习、理解、运用时的不同障碍，因此，文莱的华文教师在教学中必须高度重视文化差异。笔者在对八年级中文三学生进行《上餐馆》一课教学时，注意到生词部分有"肉"这一新词，由于教学对象以马来族穆斯林为主，所以在组词造句中会避免"猪肉"等敏感词汇。华文教师应加强跨文化交际能力，并在教学实践中针对具体的文化差异采取相应的教学措施。华文教师在设计教学活动时，也应在充分考虑到文化差异的基础上开展教学，例如穆斯林男女同学之间一般避免坐同桌或进行握手等身体接触等。

其次，除少数在国际学校接受英式教育的年轻一代华人或混血华人，华人学生基本都可以用华文进行日常交流。华人学生整体读写水平薄弱，华语发音方面也由于受到闽南语、粤语、客家话以及英语、马来语等影响，和标准的普通话相去甚远。教师在对中文一华人学生的实际教学中，不必过多进行语法讲解，可以抓住"纠正语音"以及"使用规范化"这两个大的原则进行教学。由于马来语的语音系统特点与现代汉语语音系统有很多相似之处，例如音节界限分明，元音占优势，没有复辅音等，这对以母语为马来语的学生发挥母语正迁移有很大的帮助。文莱非华裔生活在

一个"半汉语"的语言环境中，华文媒体、华文刊物以及朝夕相处的华人同学，都能很有利地促进非华裔学生的华文学习。教师在教学中可以强调对马来语和汉语的差异分析，鼓励非华裔学生与华人学生互相交流学习，并重视培养学生对中华文化的兴趣。

2. 培养学生正确的学习观念，激发学习动机

文莱是一个多民族、多语种的国家，多元的语言环境对学生的外语学习具有绝对的促进作用，教师在教学中应有意识地鼓励和强化学生积极的学习观念。笔者在教学中发现，对于母语为华语的华裔学生来说，虽然其华文水平尚且薄弱，但学生对自己具有汉语学能普遍持赞成态度，对华文学习具有较强的自信；文莱非华裔学生在学习华文之前，普遍已经完全掌握了马来语和英语，学生在唯一一门外语——华文的学习观念上存在较大的差异。笔者在教学中体会到，华文成绩优异的非华裔学生普遍都具有比较积极的学习观念，例如：华文很重要，华文和英文一样容易，每个人都可以学好华文；而华文成绩差的学生均对华文学习抱消极态度，认为华文非常难学、学习华文没有用，等等。教师可在对学生不同的学习观念有较为明确的了解以后，教授学生有利于华文学习的观念，通过实用的方法学习，在根本上转变学生错误的学习观念，增强学生华文学习的信心。

另外，虽然学校和家长方面并未对学生的华文成绩作出要求，但是由于学生年龄小，对于老师的评价反倒十分在意，华文教师对于学生的影响和期望度往往直接影响学生对于华文的喜爱以及重视程度。因此，华文教师在教学中的一切行为都可能影响学生的学习动机。笔者在批改学生作业时习惯用详细的评语来指正和鼓励学生，在考试之前也会对每个学生进行专门辅导，仅仅一个月之后，笔者明显发现学生的汉字书写以及听写正确率提高，可见，除了课堂上的教授以外，华文教师对学生进行课堂外的帮助也必不可少。

3. 采用现代多媒体手段辅助教学

华文教学作为第二语言教学，其教学的重点是语言。语言的外壳是语音，内质是自身的意义，表现形式是文字，语言具有色彩、感情、文化、想象、情境等内容，语言是多层次的系统。考虑到文莱华校的华文教学对象普遍为中小学生，笔者建议华文教师在教学过程中，尽量利用多媒体教学设备设置情景，开启学生的多种感官去理解汉语。笔者在小学二、四年级以及中学七年级这三个大班均采用多媒体课件进行教学。每节新课开始

之前会学习相应的汉语儿歌或播放相应的视频短片，通过图片、音乐和动画等多种手段吸引学生积极参与课堂活动，学生的课堂参与度明显提高，华文课的课堂气氛也十分活跃。文莱的汉语教学是一种特殊的语言教学，从教育学来讲，青少年学生的注意力比较差，从认知汉语的能力方面来讲，学生的抽象思维能力有限。但当地学生性格上好动、活泼、喜欢表演，因此他们对感性、生动的东西很感兴趣，更易记住形象化东西。学生的特点要求汉语教师使用直观、形象的教学手段和技巧去丰富汉语课堂。以《中文》教材第 2 册第十课《春雨》为例，笔者在进行正式教学之前先通过视频资料让学生对四季的特征有了一定了解，在询问其期望生活的季节之后让大家画出自己心目中的春天，最后向学生展示春天万物复苏的图片，接着，再引入主题学习课文"春雨"。在课文学习过程中，由不同学生扮演课文中出现的"禾苗、种子、果树、小朋友"，然后展开情景教学。

教学实践证明，针对文莱中小学的华文课堂离不开语言环境。利用多媒体手段创设语言情境不仅能使教学内容生动，加深学生的印象与理解，而且能有效地节约课堂时间，达到事半功倍的教学效果。

（四）加强与中国等其他国家的交流

文莱濒临中国南海，从 500 年前郑和下西洋开始，中国与文莱就已建立起了兄弟般的情谊，直到近年文莱建国又与中国建交以后，两国秉持诚意和友善的态度，建立了稳固的外交关系。近年来，在中国驻文莱大使馆的鼎力协助下，文莱华校均在硬软体设备和教材等教学资源方面得到了很大的提升。需要坦白的是，文莱华校虽与中国在教材和硬件方面有一定的沟通，但在教师交流方面还刚刚起步。中国汉办和侨办也是从 2014 年才开始针对文莱选拔外派华文志愿者，这远远迟于东南亚其他国家，且华文教师输出量也远远不能满足文莱华校华文教师的需求量。

中国国际地位的提高有力地推动了文莱华文教育的发展，而文莱华文教育的发展也离不开中国政府的支持。中国—东盟自由贸易区的建立对于整个东南亚地区的华文教育和推广工作拥有尤为重要的推动作用。20 世纪 90 年代开始，中国与东南亚各国的互动日益频繁，经济上的交流促进了文化上的沟通交流，华文教育工作也相应地得到了更为广泛的关注。

文化传播和交流没有国界，从世界文化发展的视角看，交流才能取长补短，相互融合，才能促进文化的发展和新文化的形成，闭关自守不仅不合时宜也是不可取的。就文莱华文教育发展现状来看，开展与中国、东南亚各国以及其他国家在教师、教材等方面的交流十分必要。

"大汉天声九万里，中华文化五千年"，未来文莱华文教育需要华人、华社前赴后继的努力。只有发挥好华人华社中流砥柱的作用，深入与中国及各国在华文教育各方面沟通，文莱的华文教育事业才可以得以延续，中华文化才可以薪火相传。

三　结论

作为海外华文教育事业的一部分，文莱的华文教育同样肩负着维系民族情感、传播中华文化的使命，而文莱特殊的客观环境，造就了文莱华文教育特殊的发展局面。

笔者认为，当前文莱华文教育事业应着重加强与中国及各国交流沟通，从提高华文教师师资队伍、选用针对性的华文教材入手，完善华校发展建设，从根本上保证高质量的华文教学，进一步提升华文的地位。

海外华文教育要得到发展，离不开主流民族及政府的支持，当地华人企业、社团的积极争取以及华校的发展和完善，都对该国的华文教育工作起着极其重要的作用。相信在一代代文莱华人的不懈努力以及中国政府的大力支持下，文莱的华文教育一定能迈上新的台阶。

参考文献

1. 甘奇：《20 世纪上半叶东南亚华文教育的变迁》，硕士学位论文，海南师范大学，2012 年。

2. 何鑫华：《东南亚华文教师中华文化身份与教师角色观的研究》，硕士学位论文，福建师范大学，2011 年。

3. 刘华源：《双飞集》，新加坡南洋书局 2005 年版。

4. 宋兴川、陈欣：《从东南亚华人族群的变迁看华文教育的发展》，《八桂侨刊》2011 年第 9 期。

5. 王焕芝：《新时期东南亚华文教育的特点研究》，《洛阳师范学院学报》2008 年第 8 期。

6. 严奉强、陈鸿瑶：《东南亚华文教育：现状、问题与对策》，《深圳大学学报》（人文社会科学版）2006 年第 8 期。

7. 朱星梅：《文莱华人家长早期教育观念研究》，硕士学位论文，南京师范大学，2013 年。

文安东，女，陕西师范大学国际汉学院 2015 届研究生，现任西安科技大学高新学院教师。

21 世纪华文教育中的中华文化教学之管窥

冯雪俊

【摘　要】世界进入 21 世纪后，在正在形成的新的全球政治中，主要文明的核心国家正逐步取代冷战期间的两个超级大国，成为吸引和排斥其他国家的几个基本的中心。同时，在经济上进入全球一体化的时代背景下，多元文化间的接触和交流也是不可避免的历史过程。因此，探索当前华文教育中的中华文化教学的相关问题，显得至关重要。本文主要从四个方面进行论述，第一部分，前言。主要介绍世界范围对"文化"概念的讨论与界定。指出，"文化"就是哲学、宗教、文学、艺术、政治、经济、伦理、道德等。第二部分，讲述 21 世纪全球化视野下华文教育中文化教学的重大意义。第三部分，讲述华文教育中文化教学需要注意的几点原则。这部分指出，"美美与共""文化自觉""和而不同"等意识与理念的正确树立是华文教育中进行中华文化教学的重要原则。第四部分，结论。指出，华文教育中的中华文化教育是不可或缺的重要部分。

【关键词】华文教育；中华文化；中华文化教学

一　前言

早在 20 世纪 40 年代和 50 年代，世界范围内曾有不少学者重视文化因素，从文化的角度理解各种社会，分析它们之间的差别，解释它们的经济和政治发展状况。到了 20 世纪 60 年代和 70 年代，国际学术界对文化的研究一度显著减少，国内因为"文化大革命"的原因，文化研究根本无从谈起。接着，20 世纪 80 年代开始，世界范围内对文化的兴趣开始回升，而国内也出现了"文化热"，这种文化热涉及学术与社会中的各个层面。社会科学界越来越多的学者把目光转向文化因素，用它解释各国的现代化、政治民主化、军事战略、种族和民族群体行为以及国与国之间的联合和对抗。

那么，何谓"文化"？学者们众说纷纭，莫衷一是。在国内，较具代表性的观点，本文认为当以季羡林的观点为是。季羡林认为，文化分为广义、狭义两种。"广义的文化，指的是人类在精神文明和物质文明两个方面优秀的、对人类进步起推动作用的创造。狭义的文化指的是哲学、宗教、文学、艺术、政治、经济、伦理、道德等，而能够真正独立成为体系、影响比较大又比较久远、特点比较鲜明的文化体系，世界上只有四个，中国文化体系属于其中之一。"

国外的学者中，也有很多关于文化概念的界定，他们的观点与国内学者有相同之处，也有不同之处。像美国学者雅克·巴尔赞就在其著作《我们应有的文化》中认为，"'文化'一词表示智性和精神产生的传统事物，表示思维所形成的兴趣和能力；总之，它表示曾被称为'修养'——自我修养——的努力"。其他学者也多有论述，但本文在这里不再一一进行转述。

笔者个人认为季羡林的观点较为合适，故此，本文所指的文化，主要是遵从季羡林狭义的文化概念，认为文化就是哲学、宗教、文学、艺术、政治、经济、伦理、道德等。

二　21 世纪全球化视野下华文教育中文化教学的意义重大

（一）21 世纪国际政治形势发展变化的需要

20 世纪 80 年代末 90 年代初，世界发生了巨大变化。这一时期，首先是苏联这个社会主义国家从世界人们的注视中轰然倒下。其次，东欧的一系列社会主义国家也开始纷纷宣布放弃社会主义制度，选择资本主义制度为各国的政治制度。世界政治似乎一片纷扰与混乱。但紧接着人们很快又发现，国际政治格局中，美国、俄罗斯、欧盟、中国、印度、巴西等主要文明的核心国家逐渐取代冷战期间的两个超级大国，成为吸引和排斥其他国家的几个基本的中心。

到了 21 世纪，这种变化的后果就是，中国力量的逐渐崛起，中国逐渐在世界范围内占据着越来越重要的地位和影响力。亨廷顿认为："西方文明、东正教文明和中华文明是目前较为重要的文明中心。究其原因，主要源于由于现代化的激励下，全球政治正沿着文化的界限重构。文化相似的民族和国家走到一起，文化不同的民族和国家则分道扬镳。以意识形态和超级大国关系确定的结盟让位于以文化和文明确定的结盟，重新划分的政治界限越来越与种族、宗教、文明等文化的界限趋于一致，文化共同体正在取代冷战阵营，文明间的断层线正在成为全球政治冲突的中心界限。"

自古以来，中国因为其政治、经济、军事等方面的强大，影响着东亚国家和地区，汉字文化圈的形成和出现就是其最好的说明。到了 21 世纪，世界政治形势变化，中国国力日益增长，海外华文教育中的中华文化教学成为世界了解中国的重要窗口。

（二）全球一体化市场经济发展的需要

21 世纪的中国已经成为世界第二大经济体。中国与外界的联系因为经济贸易的发达而越发频繁。这时，中国与世界之间通畅无比的沟通显得非常重要。作为一个历史悠久的古老国家，中国的今天是昨天历史的延续，因此，营建一个大家共同遵守的文化规则和社会秩序、共同的行为准则甚至共同的语言，至关重要。世界对中国文化的学习不可忽视。

（三）华文教育中中华文化教学的开展是东亚世界的历史决定的

冷战的结束刺激了建立新的和复兴旧的区域性经济组织的努力，这些努力能否成功最主要依赖于有关国家是否具有文化同质性。20 世纪 90 年代爆发了全球的认同危机。激烈讨论民族认同问题的国家有南斯拉夫、阿尔及利亚、加拿大、中国、德国、英国、印度、伊朗、日本、墨西哥、摩洛哥、俄罗斯、南非、叙利亚、突尼斯、土耳其、乌克兰和美国。

在处理认同危机时，对人们来说，重要的是血缘、信仰、忠诚和家庭。人们与那些拥有相似的祖先、宗教、语言、价值观、体制的人聚集在一起，而疏远在这些方面的不同者。

中国作为东亚国家，与东亚各国之间的经济联系迅速增多。这一增加是基于东亚华人社会之间的文化联系。这些联系导致了以华人为基础的国际经济的"持续的非正式一体化",它在许多方面可与汉萨同盟相媲美,"也许还会导致事实上的中华共同市场"。在东亚,正如在其他地方一样,文化的共性已成为有意义的经济一体化的前提。表现在语言上,就是汉语普通话日益成为商业领域普遍使用的重要语言之一。

(四) 维护世界和平是每个民族和国家共同的奋斗目标和使命

一般认为,世界上最主要的三种宗教,应该是基督教文化、佛教文化、伊斯兰文化。历史上,因为宗教信仰的不同带来的冲突、仇杀、冲突数不胜数,近年尤其以"9·11"事件等伊斯兰教极端恐怖分子在全球范围内掀起的恐怖事件为集中代表。在全世界各地进行宗教信仰的正确疏导、规范,应该受到重视。海外开展的华文教育中,中华文化教学也涉及哲学、宗教等相关的内容。利用中华文化中的佛教文化、中华儒家文化(国外也有学者认为儒家是一种宗教,而将其称为"儒教")中的很多优秀理念,诸如"众生平等""己所不欲,勿施于人""推己及人"等与当前世界存在的问题、冲突进行结合的教学,可以维护世界和平,促进世界各国人民的友好交流与交往。

(五) 华文教育中的文化教学是维系中华民族与海外华侨之间的重要桥梁之一

文化形态在语言中的影响是全方位的、多层面的;政治、军事、医药、经济、礼仪、娱乐、饮食等无一不在语言中有所体现。因此,在进行汉语学习的同时,汉语学习也离不开对中华文化的学习,所以说,加强这方面的教学意义重大。

三 华文教育中文化教学需要注意的几点原则

(一) 中华文化教学中"美美与共"理念的确定

首先,华文教育的开展主要是在海外的华人群体中。这些华人远离自己的国家,但是对自己祖国的热爱并未有丝毫的减弱。因此,很多华人多将其后代送至华文学校接受教育,其目的,也不外是让后代勿忘自己的根之所在。而华文教育中中华文化的教学正是对这部分家长和孩子们在了解所居国的文化之余，也能够了解和熟悉祖国文化需求的一个满足。

其次，海外华文教育中中华文化教学属于跨文化背景下的教学。海外华文教育毕竟是在其他国家进行的，如何处理其与学生所在国家文化之间的差异，就必须认真考虑与对待。远古时期，人类的历史是分散、孤立的。但是，随着生产力的发展、技术的进步，人类之间交往、交流的增多，不同文化之间的互相影响也变得越来越普遍与流行。在这个新的人文世界和人文环境里，人类要怎样去适应它，同时又不完全失去自己民族文化的根基，本文认为，"美美与共"理念的确定与实行显得至关重要。

（二）华文教师"文化自觉"意识的确立

文化自觉指生活在一定文化中的人对其文化有"自知之明"。文化自觉是一个艰巨的过程，首先要认识自己的文化，理解所接触到的多种文化，才有条件在这个正在形成中的多元文化的世界里确立自己的位置，经过自主的适应，和其他文化一起，取长补短，共同建立一个共同认可的基本秩序和一套与各种文化能和平相处、各抒所长、联手发展的共处守则。

华文教师的"文化自觉"应该表现在课堂内外的各个方面。课堂内，教师的教学要有文化的意识，如汉语教学中，不管是教字、教词还是教句，都要意识到汉字是中国人的文字，其发音、形体、运用等都有着中国人特有的文化蕴含于其中。课堂外，即使是在带领学生进行的社会实践活动中，也要在恰当的节点进行中国相关文化的介绍与讲解，用"润物细无声"的方式来时时、处处进行文化方面的教学。

总之，华文教师"文化自觉"意识的确立是文化教学成功与否的重要前提和条件。

（三）华文教育中的传统文化教学并不会妨碍现代文化的诞生与发展

因为，传统并不一定是阻碍新生的。事实上，一切新的都是从旧的里面诞生出来的。这种亲属关系也绝不应该抹杀。在认取这关系时，我们给予新旧之间一种承续和绵延的意义。

传统文化的教学作为中国文化教学中的重要组成部分，首先要厘清中国传统文化的基本特征、精华是什么，它对人类世界的发展做出了哪些贡献，今天哪些中国优秀的传统文化仍然能够对人类社会产生积极的影响和作用等，这些问题都是全球视野下华文教育中中华传统文化教学中需要明确的。① 总之，本文认为，传统与现代是相对而言的，二者的教学都不可或缺。

（四）"和而不同"理念的明确

文化是为了让人更好地生活在这个世界上。人类每一种文化的形成都是经过了几千年甚至上万年的积累而发展起来的，人类各文化之间既有相通性，又有各自的独立性和独创性。这是因为，各个民族的文化都是在自己所处的特殊的自然环境和人文环境中发展出来的，即使到现在，很多民族还依然生活在这一特殊的传统环境中，还保持着它们自己的传统文化。

华文教育中的中华文化教学在强调中华文化的特性的同时，应该意识到中华文化与世界上其他国家、地区文化之间的差异，教学过程中"和而不同"理念的明确有助于不同文化之间的和平共处、"美美与共"。

（五）语言教学与文化教学之间关系的正确处理应当予以重视

1. 华文教育的最根本目的是使华裔学生能够学会汉语并能够与中国人进行交流

汉语教学应该主要是在听、说、读、写四个方面对华裔学生进行教学，培养他们在这些方面的言语交际能力。

2. 文化教学不可或缺

语言教学中学生对言语技能的掌握包括两个方面的内容，即言语的正确性和言语的得体性。正确性不等于得体性。这涉及文化的因素在其中所起的作用。像中国作为一个农业长期占据主导地位的国家，它的文化中处处都可看到农业对其所产生的影响，如果不能讲授中国文化中浓重的农业气息，华裔孩子们一方面会出现用词遣句的错误，另一方面也是无法理解真正的中国文化的。

3. 文化教学与语言教学二者相辅相成，缺一不可

世界上发源较早的古老文化中，除了中华文化外，其他文化都早已趋于暗淡，毁灭殆尽。究其原因，主要是因为中华文化广容度、同化力和集聚力的强大。因此，汉语言的教学在展开之初就必须与中华文化相结合，

---

① 中国传统文化的具体教学可参看陕西师范大学国际汉学院承担编写的国务院侨务办公室海外华文教师培训教程《中华文化研修》，陕西师范大学出版社有限公司 2011 年版。

人为地将二者分离、分裂都是不可取的。

4. 华文教育中中华文化的教学形式可以丰富多样

汉语、汉字某种程度上也可以说是中华文化的传播技术或者传播手段。当前，随着科学技术推动下传播技术的进一步发展，中华文化教学的也可以利用各种各样的手段或方式进行，例如有些华文学校进行的汉服表演，就是用表演的形式来传递中华民族的服饰文化。

四　结论

已故新加坡总理李光耀说过："我们都是华人，我们共有某些由共同的祖先和文化而产生的特性……人们自然地移情于那些与自己有共同生理特征的人。当人们又拥有共同的文化和语言基础时，这种亲密感得到了加强。这使得他们很容易建立起亲密的关系和信任，而这是一切商业关系的基础。"① 针对人类之间联系的日益密切，全球一体化进程不断加快的现状，海外华文教育中中华文化的教学需要紧跟形势，明确自身的教学理念、教学方向，为当前人类的和平共处、共同发展做出应有的贡献。

参考文献

1. 季羡林：《文化沉思录》，吉林集团出版社、时代文艺出版社 2013年版。

2. ［美］雅克·巴尔赞：《我们应有的文化》，严忠志译，中信出版社 2014 年版。

3. 塞缪尔·亨廷顿：《文明的冲突》，周琪等译，新华出版社 2013年版。

4. Murray Weidenbaum，"Greater China：A New Economic Colossus？"，*Washington Quaterly*，16（Autumn 1993）.

5. 费孝通：《文化的生与死》，上海人民出版社 2013 年版。

冯雪俊，女，陕西师范大学国际汉学院教师，博士。

主要研究方向：中国古代史，汉语国际教育。

---

① ［美］塞缪尔·亨廷顿：《文明的冲突》，新华出版社 2013 年版，第 148 页。

论中华文化课程的设置
在华文教育中的作用

曾小梦

【摘 要】华文教育旨在培养具有民族气质和母语文化能力的族裔后代，培养华人社会和所在国家的人才。在华文教育中，中华文化课程的设置具有以下几个作用：第一，可以培养学生学习华语的兴趣；第二，激发学生潜在的民族情感；第三，塑造学生健康的人格。中华文化课程的具体讲授，应注意采用任务型教学法，根据话题的内容选取灵活多样的教学方式和手段，提高教学效果，加深学生对中华文化的理解。

【关键词】华文教育；中华文化；文化认同；教学方法

21 世纪华文教育在世界各地得到蓬勃发展。华文教育的目的和任务是使学生了解中国语言文化的基本内容和基本精神，掌握汉语的说、听、读、写、译等基本技能，促进中华文化的传播和世界文化的交流，进而塑造华裔青少年的民族素质，维系华人与祖籍国的情谊。灿烂的中华文化、优秀的民族特质与现代文明的融合将是 21 世纪华文教育的主要特征。可以说，中华文化课程的设置，能够真正从实践角度提升中华传统文化的影响力和海外华人对中华文化的认同感，是促进华文教育发展的重要举措。

一 华文教育面临的问题

身在海外的华人及其后代尽管有着不同的国籍，但是他们都是中华民族的后代，中华文化是海外华人的文化之根。或许早期移民的华人举手投足之间都散发着浓浓中华之风，但是在海外居住了几代人之后，不可置疑，他们的子孙后代和中华民族文化的距离渐渐疏远。目前，华文教育面临的一个亟待解决的问题，就是年轻华裔后代对中华文化的认同感和他们的父辈们相比，已经相去甚远。毕竟华裔后代是在所在国的文化氛围中出生的，从小接触到的大环境是他族文化环境，他们的寻根意识已经淡化了许多，有些对中华文化甚至产生隔膜。由于华文教育的缺失，华裔青少年自出生所接受的就是居住国的语言与文化教育，而对中华文化缺乏了解和认同。可是，身为华族又不能被驻在国民众所接受，因而变得身份模糊、迷失自我。在接受西方教育的同时，渐渐失去对祖籍国文化的传承，因而失去中华文化之根。缺乏学习、领悟中华文化的机会，自然导致华裔青少年难以形成民族的自觉意识和自豪感。于是，华族传统习俗对于青少年来说已显得可有可无，其存在已不是一种内心的体验和需求，而只是一种无实体联系的形式罢了。在这样的情形之下，对海外华裔学生进行华文教学的过程中，更应该重视文化教学，而且必须重视中华民族优秀传统文化的传承，让华裔学生充分感受到中华民族传统文化的博大精深，真正从心底对华族文化感兴趣并产生认同，用中华民族优秀传统文化的魅力唤起华裔后代内心的民族亲情。

从文化心理学角度分析，中国知名学者潘懋元教授曾经指出："海外华族文化特征是中华文化与居住国各种文化，尤其是本土文化互相融合的产物。但海外华族文化无论与中华文化有多大差别，它与中华文化总是有着共同的文化渊源，即共同的文化之根，这是海外华人认同中华文化的心理内因；无论中华文化本土化程度如何，也无论华族后裔主观愿望如何，在其他民族看来，华人属华族，与中华文化是不可分割的，这样而形成的文化民族性，是海外华人认同中华文化的心理外因。"内外两方面文化心理认同，维系了海外华人自己独特的文化身份。

二　中华文化课程的设置在华文教育中的作用

（一）培养学生学习华语的兴趣

华文教育的目的和任务是使学生了解中国语言文化的基本内容和基本精神，掌握汉语的说、听、读、写、译等基本技能，促进中华文化的传播和世界文化的交流，进而塑造华裔青少年的民族素质，维系华人与祖籍国的情谊，促进华人入籍国与祖籍国的友好关系。由此看来，学语言、学文化只是一种手段，培育人才、增进友谊才是目的。在中华文化课程的讲授过程中，应通过发挥中华文化自身的魅力，特别是讲授喜闻乐见、科学性、趣味性的知识，引起学生的兴趣，从而克服学习中的畏难情绪。

笔者曾为华裔留学生开设"中华文化海外传播史"课程，其主要内容是系统介绍古代中华文化向海外传播的历史、传播规律、传播媒介、接受对象及产生的影响等。从学生反响来看，普遍对这一课程表现出浓厚的兴趣，特别是对中华文化在自己现在入籍国的传播充满探索的热情。而这种兴趣又反过来作用于学生的汉语学习，使其自觉地不断加强自己在古代汉语、现代汉语等方面的知识。

（二）激发学生潜在的民族情感

华裔青少年从小生长在入籍国，虽然他们常听祖、父辈描述祖国的壮丽山河，或是追忆儿时的趣事、进行谦虚美德的教诲；他们自己也通过各种媒介了解祖籍国的历史与现状，但百闻不如一见，向往之情自然非常强烈。华文教育如何运用多种形式，把传播中华文化、培养民族感情寓于汉语教学中，确实是非常重要的。

中华文化课程的设置可以挖掘潜藏在华裔学生身上的民族特质和民族情感，并把这种感情有效转化到汉语学习的过程中，使学生自身的愿望与外在的要求相融合，从而形成学习汉语的合力。

笔者曾经教授过的一名华裔学生在提交的课程作业中写道："中华文化向来是我的兴趣，更是我来中国学习的推动力。身为华人，我对母国历史文化充满憧憬好奇，还常常会为了中华文化的威名远播感到莫名骄傲、为别人诋毁销毁中华文化感到无比愤怒，或许国籍的变化抹不去与生俱来的中华文化认同感吧。……课程的前几课就提到中华文化向外传播的鼎盛时期是唐朝，这是由于国力强盛、文化及科学技术领先等原因使然。这点感悟很深，因为至今在我们最为熟悉的方言里（如粤语、闽南语、客家话）依然自称'唐人'，少称'华人'。无论是地理或年代都与我们相距千万的唐朝，一直是我们华人引以为傲的标志。身为华人，我很有'私心'，总是望我中华文化远流常青，这门课刚好满足我的'私欲'。"学生这种发自内心的对母国的深厚情感，无疑是对开设中华文化类课程最大的肯定。

（三）塑造学生健康的人格

中华文化在华文教育中具有永久的魅力，对纠正一些华裔青少年的错误认识和不良行为具有特殊的作用。华文教育传播的就是中华文化，弘扬的就是中华民族的优良传统。

中华文化课程内容广博，比如璀璨的孔孟学说、先秦文学、唐诗、宋词、元曲、明清小说等都是中华文化的精华，深刻反映了当时的时代生活，具有博大精深的内涵。在教授的过程中，应该注意不能"将中华文化如教本国学生似的灌输给华文教学的对象，因为我们的目的不在于把华文学习者教育成中国人，而是要使他们保持本民族的特性，在当地社会争取平等地位，能和当地人民相互取长补短，共同提高，逐步融合成一个新的整体"。

中华民族在生息繁衍的过程中形成了与众不同的文化特质。比如刚健有为、平和中庸、崇尚道义、天人协调等。由于地理环境和语言环境制约以及一些错误宣传的影响，一些华裔青少年有可能疏远中华文化。因此，进行华文教育的过程实际上就是以优秀的中华文化施展影响的过程，以中华文化固有的特质培养华裔青少年健康人格的过程。21世纪各种竞争的最后结果，则是人才的竞争，是能不能铸炼出具有高尚道德的、丰富知识的、充满健康情趣的、适应各种环境的人才。通过讲授中华文化相关课程，让学生了解中华文化的优秀精神和内涵，通过潜移默化的影响，逐步培养其健康的人格，这是华文教育的目标之一。

三　中华文化课程教学方法初探

通过与传统教学模式比较，笔者发现，在中华文化课程的讲授过程中如果采用任务型教学模式进行授课将会取得较好的教学效果。传统教学模式是指"呈现（Presentation）→练习（Practice）→输出（Production）"这一教学过程。此方法被普遍推广的主要原因：易于操作，师生角色清楚，课堂教学目标明确，容易评估。然而，传统教学模式忽略了在教学过程中要根据教学对象、学习动机、能力等因素有的放矢、因地制宜地开展教学，直接导致了课堂教学生硬，抑制了学生求知探索的欲望。而任务型教学模式在很大程度上弥补了这些不足。简言之，任务型教学就是教师依据课程的总体目标并结合教学内容，创造性地设计贴近学生实际的教学活动，提高学生的课堂参与度。学生通过思考、讨论、交流等方式完成教师部署的教学任务，学得知识，加以运用。

具体来说，教师在备课时应该根据留学生的实际情况，首先选取中华文化中的某个主题作为一次课的教学主题，然后选择此主题范围内的几个代表性的话题作为本次课的主要话题，最后确定所选的每个话题的细节内容。若把一次课的主题比作一棵树的根，那么，此主题下的话题便构成了树干，支撑话题的细节便是这棵树的枝叶。目的是通过每次授课，教师可以在学生这片土地上种下一棵有关中华文化某个主题的树苗。那么，多次授课便可种下中华文化主流树，树与树之间根相连，枝叶互扶，形成中华文化的树林、森林。例如：如果把"中华文化"比作一片森林，那么"传统节日"便是这片森林中的某一类树，"春节"是这类树中的一棵大树。因此，备课时可以把"中国传统节日"作为一个"主题"，春节、清明、端午节、中秋节等重要节日作为"中国传统节日"这个主题下的系列"话题"。若以"春节"为例，那么"春节的由来、传统春节的风俗习惯、现在中国人如何过春节"等便是支撑"春节"这个"话题"的"细节"。

授课时，教师可以根据话题的特征采取灵活多样的教学方法，组织课堂教学活动，吸引学生参与课堂互动活动，提高课堂教学效果。以"春节"这个"话题"为例，为了使留学生对此话题印象深刻，可以采取"情景教学法"。教师可以利用多种手段或媒体来创设此话题的情景。例如：在讲解"传统春节的风俗习惯"时，展示对联、门神、室内饰物（如中国结、吉祥画等）和团年饭的照片，播放贴对联的情景，以及除夕和春节期间人们的活动和对话，并配上"喜洋洋""步步高""恭喜发财"等喜庆的音乐或歌曲来感染氛围，使学生置身于"过中国春节"的情景之中。在老师的启发下，学生们便会情不自禁地想用所学过的汉语语言知识来表达自己的感受、看法、设想或者是疑问。这样创设情景、启发诱导学生参与课堂互动活动，其课堂教学效果会更佳。

课后则可以以布置任务的形式，引导学生对课堂上所学的主题进行拓展与深化，要求他们下次课作汇报。教师根据学生自愿的原则将其分成几个小组，便于课堂互动活动和课后完成学习任务。在每次课即将结束时，教师可以设置语言环境，启发引导学生以组为单位课后查找资料，对当天课堂上学习的主题进行拓展和深化,下次上课对学生完成任务的情况进行检查。从而最终使学生对中华文化形成较完整的知识结构。

华文教育就是使族裔后代从小接受民族文化熏陶,逐渐形成民族气质和民族母语文化素质,长大后成为服务华人社会和所在国家的优秀人才,由此可见华文教育中中华文化课程设置的重要性。中华文化课程的设置可以培养学生学习华语的兴趣,激发学生潜在的民族情感,塑造学生健康的人格,从而在华裔后代中传承中华民族优秀传统文化,使之影响、渗透华裔后代的人生观、世界观和价值观。教师在具体讲授的过程中,应注意采用任务型教学法,使学生更加深入全面地了解和体会中华文化。

参考文献

1. 顾圣皓、金宁:《华文教育教学法研究》,暨南大学出版社 2000 年版。

2. 唐燕儿:《论海外华文教育的发展及其趋向》,《高等教育研究》2009 年第 6 期。

3. 潘懋元、张应强:《华文教育与中华优秀传统文化现代价值的彰显》,《高等教育研究》1998 年第 5 期。

4. 张文英:《海外华文教育中的文化教学》,《现代语文》2012 年第 7 期。

5. 廖崇阳:《华文教育文化教学中的课程探索》,《海外华文教育》2013 年第 1 期。

6. 周南京:《文化融合是历史的选择——海外中华文化的继承与变异》,《东南学术》1999 年第 4 期。

作者简介:曾小梦(1979—),女,陕西三原人,陕西师范大学国际汉学院副教授,文学博士,硕士生导师。主要研究方向为古代文学、对外汉语教学。

华文教育中的古典诗词教学浅析

李 锦

【摘 要】华文教育作为中华民族语言文化的教育，其不仅要教授语言，也要传递文化。古典诗词是中华文化的精髓部分，学习诗词既能够帮助学习者掌握语言、文学、文化知识，也可以培养他们的华族气质，增强文化的认同感和亲近感。华文教师通过诗词诵读可以帮助学习者正音正调，通过背景知识和诗词内容的讲解可以让学生了解诗词中蕴含的深厚的文化，通过引导学生背诵和使用经典名句可以让学习者的表达更优美、更文雅。诗词教学在帮助学习者领略韵律美、文化美和表达美的同时，也必能拉近华人与祖国的距离，拉近中国与世界的距离。

【关键词】华文教育；古典诗词教学

华文教育顾名思义就是对华人、华侨以及华裔子弟，包括其他以华文为目的语的学习者所进行的中华民族语言文化的教育，其不仅需要培养学生运用华文来进行交际和沟通的能力，由于语言与文化密不可分的联系，文化传承也是华文教育的重要内容。海外华文教育的主要对象是华人和华裔子弟，华文教育的主要目的就是传授和传播中华语言文化。华文教育不能只是单纯的华文教学，它还需要通过语言的教学，加强华人华侨的文化认同感，提高他们学习华文的兴趣，对华裔青少年尤其应该如此。

出于生存发展的需要，随着居住时间的延长，很多华人华侨在身份上都逐渐倾向于所在国。虽然第一、二代华人华侨在内心情感上对祖国还有比较强烈的文化认同，也努力在家庭中为年轻一代营造中华文化的氛围，但是新一代的华裔子弟很多则是在被动地学习华文，他们对中华文化的认同感逐渐减弱，身上的民族气质也在逐渐消失。因此，海外华文教育中的文化传承开始面临问题与挑战。让人欣慰的是，由于祖辈、父辈们的努力，大部分华裔青少年对中华民族的习俗文化比较熟悉，对传统道德和价值观也有一定的认识和了解，部分年轻一代对祖籍中国仍抱有好感。随着中国经济的发展，华文的重要性和实用性日益凸显，主动学习华文的华裔子弟和非华裔人士也越来越多。因此我们认为，针对海外华人华侨特别是华裔子弟的华文教育虽然是紧迫的，但依然是非常有希望的。

古典诗词作为中国传统文化的结晶，天然地带有一种文化的"基因"，它已经深入了中国人的思维和生活方式之中，并且深刻地影响着中国人的人生观、价值观和审美观。同时，古典诗词作为经历了千百年时间检验的、至今依然脍炙人口流传于世的优秀的文学表现形式，又充分地体现着语言之美。可以说，古典诗词具有语言和文化的双重魅力。因此，如果能够在华文教育中加强诗词教学，无疑对提高学生的语言能力、培养他们的华族气质、增强他们对中华文化的认同感具有很大的作用。

一　反复诵读，正音正调，感受古典诗词的韵律之美

从语言学习的角度来说，古典诗词的诵读有利于学生模仿、体会和掌握语音，正音正调，同时还可以让学生更好地领略华文的抑扬顿挫和声调节奏。朗诵对语言学习的好处不言而喻。虽然很多华人华侨在家里是讲华文的，但是因为家庭的方言背景，他们的发音多多少少带有一些口音。我们可以通过古典诗词的诵读帮助学习者进一步正音正调，学习标准的普通话。

例如唐代诗人李绅的《悯农》："锄禾日当午，汗滴禾下土。谁知盘中餐，粒粒皆辛苦。"这首中国人耳熟能详、人尽皆知的古诗中既有不易区分的舌尖后音 zh、ch、sh、r 和舌尖前音 c，还有舌面音 j、x 和舌尖中音 n 与 l。这些声母都是第二语言学习者不易掌握的。在诗词诵读的过程中，要求大声朗读，字正腔圆。如果华文教师可以带领学习者反复诵读这首诗，就可以起到校正读音的作用。教师可以在一遍又一遍的诵读中帮助学生更好地掌握这些对他们来说比较困难的语音，同时也可以在诗词诵读的抑扬顿挫中纠正学生的语调，从而使他们的发音更加标准，更加地道。

有不少学者和教材的编写者都认识到了古典诗词对学生练习语音语调的作用。例如杨寄洲编写的《中级汉语教程》中，就在每篇课文的后面选录了古体诗词一首。教程的《使用说明》中明确指出："'朗读'选择

了一些优秀的诗词，目的也是借助诗词朗朗上口、合辙押韵的特点，进一步帮助学生练习语音语调。"从教学实践来看，我们也发现，反复的示范、模仿和诵读，的确能够在一定程度上起到纠正学生发音错误的作用，达到较为理想的教学效果。

在正音正调的基础上，通过反复诵读，学习者也会逐渐对古典诗词的韵律美产生更为直观的感受。句尾押韵和平仄变化是古典诗词最基本的要素，它能够使诗词更具有节奏感、韵律感，更具有一种声调和谐之美。也正是因为节奏感和韵律感，诗词变得更容易记忆和吟诵。学习者可以在诗词诵读中体会到抑扬顿挫、平上去入、声调和谐、节奏变化，这些都是中华古典诗词独特的魅力。吴峥认为："对外汉语教学应以文化教育为目的，重视从初级学习阶段开始对留学生进行国学教育。中国古典诗词是国学教育的好材料，朗诵和吟诵是进行诗歌教学的重要方法。"在华文教育中，诗词教学更应注重诵读的作用。只有让我们的学生，特别是华裔学生，在诵读中感受到古典诗词的韵律之美，才能帮助他们更好地体会中国诗词语言的魅力，体会到中华传统文化的魅力。

二 了解背景，通晓句意，体会古典诗词的文化之美

"任何一种文学作品的学习与欣赏，首先要通晓其意，对于汉语知识十分有限的留学生来说，语言理解是他们在古代诗词学习中要过的第一关，只有在掌握了词、句的含义的基础上，才能进一步理解诗词作者的思想感情和寓意。"对于语言水平有限的学习者来说，他们先得理解语言，然后才能接受文化熏陶。

在教学中教师首先要帮助学习者了解诗词创作的背景，这样才能帮助他们更好地理解作品中的思想感情。例如在讲解苏轼的《水调歌头》时，教师应帮助学生了解苏轼当时的创作心态，了解他在中秋团圆夜却要和自己的弟弟苏辙分隔两地的忧愁，当然也要帮助学生了解诗人豁达开朗的精神特质，这样学生才能更容易理解苏轼所说的"此事古难全"，也才能更深入地体会"但愿人长久，千里共婵娟"中的美好祝愿。在教授宋代爱国诗人陆游的《示儿》这首诗时，教师就需要告诉学生这首诗的政治背景是国家分裂，南北不统一，诗人在临终前唯一的希望就是收复国土。这样学生在学习这首诗时就更容易理解"但悲不见九州同"这句诗中所包

含的强烈的爱国主义情感了。

在梳理句意的过程中，如果仅学习语言，不了解文化，也是行不通的。因为在诗词中会出现很多独特的意象，例如"菊花""月亮""杨柳"等。这些词语表面上没有什么难度，学生一看就认识，但是这些词语背后包含着深刻的中国文化意蕴。在中国传统文化中"菊花"代表的是高洁、坚贞、不屈，如陶渊明《饮酒》中的"采菊东篱下，悠然见南山"和元稹《菊花》中的"不是花中偏爱菊，此花开尽更无花"；"月亮"代表的是思乡和团圆，如李白《静夜思》中的"举头望明月，低头思故乡"，"月亮"有时也代表人生的圆满与缺憾，如苏轼《水调歌头》中的"人有悲欢离合，月有阴晴圆缺"；而"柳"因为和"留"发音相似，因此在中国文化中代表的是依依不舍的感情，古人也常常折杨柳送别，如王维的《送元二使安西》中就有"渭城朝雨浥轻尘，客舍青青柳色新"的句子。意象本身就是客观景物经过作家主观的独特的情感活动而创作出的艺术形象。教师如果能够在教学中有意识地引导和帮助学习者理解、掌握这些特殊意象的文化内涵，那么学生就会更容易领会诗词的含义，也更容易领略古典诗词所体现出的中华文化的婉约含蓄之美。

古典诗词作为中华文化的精髓，还包含更为丰富的文化内容，例如一直保留到现代的中秋赏月团圆的传统习俗在苏轼的《水调歌头》和张九龄的《望月怀远》中都有体现，七夕佳节牛郎织女鹊桥相会的传说也在古诗十九首《迢迢牵牛星》和秦观的《鹊桥仙》中不时被提及，重阳登高望远插茱萸的民间习俗在王维的《九月九日忆山东兄弟》中可以窥豹一斑……可见，从弘扬文化的角度讲，古典诗词确实是我们进行华文教育的一个不可缺少的重要内容。我们华文教师也确实应当在进行诗词教学的同时，加强文化内容的教学，在潜移默化中让学生接受和理解中国传统文化的精髓，切实提高学生的语言文化素养。

三　掌握名句，加强语用，领略古典诗词的表达之美

古人云："言之无文，行而不远。"运用一种语言来表达自己，不仅要准确，还应当地道，再提高一点要求，还应该有文采。如果华文教师能够引导学生在交际中恰当地运用一些诗词中的经典名句来表情达意，那对他们交际能力的提高必将大有助益。再者说，交际是一个信息传递与接收

的双向过程，除了自己能够表达之外，还要能够理解他人的表达。引经据典是中国人极其常用的一种表达方式，文人墨客甚至讲究字字有出处。在使用华文进行交际的场合，特别是正式场合，引用古典诗词名句的频率也是较高的。一个语言学习者如果没有接触过古典诗词，不了解、不懂得交际中的另一方引用的诗词名句的意思，那就会造成交流的障碍，也会影响学习者的信心。

因此在诗词教学中，教师除了带领学生诵读诗词，疏通句意之外，还应当着重讲解练习一些经典名句，帮助学生了解其语用价值。经典诗词名句一般不做句子成分，使用时和俗语、谚语相同，常常被引用来支持或辅助说话者的叙述和表达。例如学习了王勃《送杜少府之任蜀川》中的名句"海内存知己，天涯若比邻"后，华文教师就可以告诉学生这句诗常被用来表达身处两地但情谊相通的意义。通过学习王维的《九月九日忆山东兄弟》，学习者就能够用"每逢佳节倍思亲"来表达对亲人的思念；学习了李白的《将进酒》，学习者就能用"天生我材必有用"来鼓励自己，激发热情；学习了孟浩然的《春晓》，学习者就能用"春眠不觉晓，处处闻啼鸟"来表达对春天美景的喜爱；学习了秦观的《鹊桥仙》，学习者就能用"两情若是久长时，又岂在朝朝暮暮"来表达对长久爱情的欣赏与赞美……

优美的诗句对学生的文学表达大有助益。除了在语言表达中直接引用外，学习古典诗词，特别是其中的经典名句，还可以帮助学生了解修辞之美、用字之美，也有利于他们在口语和书面表达中进行模仿。诗歌的语言本就是文学中最精彩、最有张力和韵味的语言，名句更是其中的点睛之笔。教师若能够有意识地引导学生模仿使用诗歌的语言来进行表达，也能够提升学生的作文水平。例如在学习了王安石的《泊船瓜洲》之后，很多学生都很喜欢"春风又绿江南岸"这句诗。就有学生在作文中描绘春色时这样写道："春天来了，就像中国的一句古诗'春风又绿江南岸'那样，校园里好像到处都被春风吹绿了。"教师还可以引导学生在充分理解名句的基础上，以变化的方式进行再现，既可以模仿，也可以借助诗词的意境来表述。例如学习了李白的《望庐山瀑布》后，学生很容易就会为"飞流直下三千尺，疑是银河落九天"中的夸张和比喻手法的精妙而感叹。教师可以引导学生在描述瀑布时借用诗歌中的意境，写出"那道长长的瀑布从天上飞流直下，在阳光下闪闪发光，好像是天上的银河掉了下来"这样的语句。

因此我们认为，在诗词教学中，教师应当有意识地加强对经典名句的教学，让学生不仅理解诗词，还要学会运用诗词，模仿诗词中的修辞手法，甚至进一步使用诗词中的典故，如出自贾岛名句"鸟宿池边树，僧敲月下门"中的"推敲"，这样才能更好地让学生了解古典诗词的表达之美，帮助他们提高文学、文化修养。

古典诗词作为中华传统文化的结晶，从语言、文学、文化等多个层面给我们提供了丰富的教学材料。我们的华文教育不应当仅仅是语言的教育，还应该把文化、道德、审美等的教育也潜移默化地融入其中，使我们的学生特别是华裔学生既学到语言，又受到道德和文化的教育，人格修养得以进一步完善。华文教师如果能够通过古典诗词的教学，把本就受家庭文化影响的华裔子弟的注意力引导到中国文化的更深一层，如铿锵悦耳的音律、丰富多彩的词汇、深厚的文化底蕴、源远流长的悠久历史等，那么一定能够让他们产生强烈的学习动机，也能够通过学习古典诗词更全面地理解文化，最终让这些文化的精髓内化为适合自己、适应时代的有实用性的东西。我们相信，华文教育中的古典诗词教学具有强大的语言、文学和文化功能。华文教师如果能够在教学实践中不断探索，充分发挥其作用，就一定能够帮助我们的学生真正理解中华传统文化，拉近华人与祖国的心理距离，增强他们对中华文化的认同感和自豪感，提升他们学习中国语言文化的兴趣，最终也拉近中国与世界的距离。

参考文献

1. 杨寄洲：《中级汉语教程》，北京语言大学出版社 2005 年版。

2. 吴峥：《国学教育与对外汉语教学浅论》，《中国诗歌研究动态》2009 年第 1 期。

3. 高慧敏：《试谈对留学生的古代诗词教学》，《华侨大学学报》（哲学社会科学版）2002 年第 4 期。

李锦，（1977—　），女，陕西咸阳人，陕西师范大学国际汉学院副教授，古典文学博士。主要研究方向为古典文学、对外汉语教学。

华文教育中中国文化课
双语模式引进可行性探析
——以唐宋诗词经典鉴赏为例

王作良

引言

华文教育是以海外汉语非母语的华裔为教学对象的对外汉语教学，其中中国文化教学与汉语语言教学同等重要。语言教学是文化教学的基础，文化教学是语言教学的延伸，语言教学的目的在于更好地理解、感知文化。由于文化背景、中国文化的影响力等原因，在汉语国际教育的教学过程中，唐宋诗词经典鉴赏课有必要引入双语模式，这不仅有利于学生更好地感知唐诗宋词丰富的意蕴与美感，也使中国文化的传播途径得以拓展。在具体运作的过程中，如何实施、外语的使用率，以及如何满足更多学生学习唐诗宋词经典的需要，是目前教学中亟待解决的问题。本文以笔者主持的校级《唐宋诗词经典鉴赏》双语项目（2014 年陕西师范大学校级双语课项目）为依托，结合具体的教学实践，对华文教育中中国文化课双语模式引进可行性的相关问题进行了初步的思考，其中有欠周全之处，祈请方家指正。

一

华文教育中，中国文化教学与汉语语言教学二者缺一不可，语言教学是文化教学的基础，而文化教学是语言教学的进一步拓展和延伸，对于二者关系，可以从以下两个方面进行理解：一方面是具体的语言教学中包含着文化的因素，特别是语言教学中的词汇教学，文化因素的渗透比较明显。这是因为，一些词汇本身属于文化词汇的范畴，如四大发明、孔子、武术、广场舞等，这些词汇的理解，主要应从文化的角度去理解，才能更好地认知理解与运用；另一方面是一些词汇，尽管不属文化词汇的范畴，但因在其使用过程中特定文化背景与文化心理的影响，使得其含义产生了变异，如小姐、奇葩等词汇。这类词汇若不考虑其文化因素，在具体的语言交际过程中就会产生误用，闹出笑话，陈光磊《关于对外汉语课中的文化教学问题》即详细分析了隐含在语言之中的文化因素可能对交际带来的障碍。刘珣《对外汉语教育学引论》中将汉语国际教育中的文化教学概括为三个层级，即语言的、交际的、对外的原则，极为精当地阐明了汉语国际教育中语言教学与文化教学的关系，这样的原则当然也适用于华文教育。《唐宋诗词经典鉴赏》一般作为华文教育中汉语教学的文化类选修课程，尽管也涉及交际的、对外的原则，但选修课的性质决定了其教学还应以语言的原则为重点，特别是双语（汉英两种语言）模式的引入，选课的学生中，相当一部分可能是以英语为通用语言或者至少是其母语文化很少受到汉语文化影响的教学对象，接触汉字的机会相当少或者对于学习汉字有抵触心理，这类学生，尽管一些有过汉语学习经历，但因学习目标或者文化差异等因素的影响，在汉语学习过程中，汉字教学的目标是能够识读但不要求书写（如陕西师范大学国际汉学院曾经承担的汉语学习 sunrise program）。另外，大多数的汉语学习者，学习汉语的原因是出于以后从事经济贸易或者经商的需要，唐宋诗词教学中的交际因素就会有所减弱。以上两方面的原因，使得《唐宋诗词经典鉴赏》文化教学中交际的、对外的原则受到较大的影响。

　　唐宋诗词是中国文化的代表性成果，其繁荣是中国文化史上一个令人叹为观止的奇迹，其精神至今仍渗透于中国人的日常生活之中，具有超越时代与地域界限的巨大文化价值。如何通过教学，最大限度地发挥唐宋诗词经典在华文教育中的巨大作用，文化教学中原则的取舍就显得极为必要。需要指出的是，作为一门中国特色鲜明的文化类课程，《唐宋诗词经典鉴赏》自有其特殊性，但考虑到汉语学习者的主体因素，上述情况在华文教育中其他文化类课程教学中也或多或少有所表现。因而在《唐宋诗词经典鉴赏》的教学中，语言的原则依然是其考虑的首要目标，即通过对语言的感知与理解去理解中华文化的特性及其精深之处，从而更为深刻地体验中外文化的差异。如何最大限度地减小学生学习中的学习焦虑，除了多媒体等现代教学媒介的引入外，双语课教学模式的引入也显得极为必要。之所以得出这样的结论，是出于以下两个方面的考虑：一是学习者主体因素。选修课的性质决定了不管是哪个层次的汉语学习者，无论是出于提高汉语语言水平和扩大中国文化的知识面，还是单纯只是为了增加学分之需，都有选课的权利，学习者汉语水平和学习动机的巨大差异使得双语教学成为必要，再加上英语为世界大多数国家和地区的通用语言，在汉语教学的过程中，引入英语教学模式辅助教学也成为一种可能。二是从笔者本身的教学实践来看，双语教学模式的引入也具备一定的可行性。笔者曾编著有《诵古诗　学汉语》（*Recite Ancient Poems and Learn Chinese*）一书（北京语言大学出版社 2009 年版，2015 年 8 月第 3 次印刷），就是专为来华或海外汉语学习者学习中国文化而编写的教材，虽非专门为双语教学模式所编，但其中却体现了双语教学模式的相关理念，每一课的构成中，除了生词部分配有英文解释外，诗词正文、赏析以及诗人的故事部分，都有相关的英译。本教材曾多年作为海外来华汉语学习者选修课《中国古诗》的教材，两次作为《唐宋诗词经典鉴赏》双语课的辅助教材，使用效果较好，学生反响也不错。尽管如此，《诵古诗　学汉语》作为双语课《唐宋诗词经典鉴赏》的辅助材料，在具体的教学过程中，其实施也碰到一些具体的障碍，尽管为了适应具体的教学，笔者曾对相关内容进行了改进，但一些问题仍值得更为深入地思考和改进，如何实施、外语的使用率，以及如何满足更多学生学习唐诗宋词经典的需要，是目前教学中亟待解决的问题。

二

在中国大陆，双语（汉英两种语言）课之设，主要是针对中国本国以汉语普通话为通用语言的学生，以提高其外语（主要是英语）的运用与交际技能。其具体含义是，在课堂教学中，除汉语外，用一门外语（绝大部分是用英语）作为主要用语进行学科教学，其课程主要分布于自然科学领域，因西方世界在该领域教学科研多处于领先优势，从学科门类看，主要集中在工科和理科方面。近些年，随着双语课教学的不断深入，人文社科领域的双语课教学也逐步发展起来。其具体要求是用正确流利的英语进行知识的讲解，为避免因语言滞后造成学生的思维障碍，讲解过程中也不排除汉语的使用，另外还可利用非语言行为，直观、形象地引导和帮助学生理解教学中的相关内容，从而降低学生学习过程中的紧张感和困难强度。从性质而言，中国大陆非双语国家（地区），特别是在汉族聚集区，汉语普通话几乎一统天下，语言环境并非中外（英）并重，决定了大陆的双语教学属于"外语"的教学范畴，而非"第二语言"的教学范畴。

华文教育中引入双语教学，在海外开始较早，在中国大陆，属于新生事物。其性质的界定，就非常困难。当然，汉语相对于海外华裔汉语学习者来说，是外语或者第二语言学习，但其中外语（英语）的引入，使得其性质的界定就变得复杂起来。中国大陆学生的双语教学，除了专业知识与专门技能的培养和掌握外，外语知识与运用技能的培养也是其中的一个重要目标。依此而言华文教育中的双语模式的引入，其目的还在于学生汉语语言与文化知识的培养以及相关交际技能的提高。不同于中国本土学生，尽管外语听、说、读、写的个体水平差异较大，但若与选修课上华文学习者的个体差异相比，其差异完全可以忽略。国别来源复杂，汉语水平参差不齐，学习目标千差万别，这是以《唐宋诗词经典鉴赏》为代表的中国文化类选修课课堂教学要面临的实际问题。要解决这些问题，双语模式的引入显得极为必要，而且从具体的教学实践看，双语模式的实施也有一定的可能性，施教者优先需要考虑的是外语的使用率以及方法问题。

学生国别的多样化，决定了学生的母语有着英语与非英语的差别，即使对母语非英语的学生而言，也存在着英语为通用语言与非通用语言的差别。以笔者的一次《唐宋诗词经典鉴赏》短期班授课为例，学生中的韩国留学生、印度留学生和美国留学生（皆为非华裔）对于教学中英语的使用，其态度差别就比较大。韩国为儒家文化圈和汉字文化圈影响的国家，大多数学生对于中国语言的掌握有着较强的敏感性，反映在有关文化背景和文化知识的认知理解上，其困难程度远远低于儒家文化圈和汉字文化圈之外的留学生。因而，在双语课教学过程中，学生往往建议或要求老师尽量减少英语讲解的数量，尽管中国文化中的一些内容，韩国学生也须借助英语讲解才能更为深入地理解与感知。相比较而言，中国文化对于汉字文化圈和儒家文化圈之外的印度学生和美国学生，英语的讲解对他们来说就显得极为必要，加上有些零基础的留学生，出于了解中国文化的好奇心，选修了《唐宋诗词经典鉴赏》；然而对于教师上课所讲内容，一些人往往对于汉语部分的讲解茫然无知，所以英语讲解就成了其了解所学内容的不可替代的手段。曾经有两个学生，不断要求教师在讲解过程加大英语讲解的成分，但考虑到《唐宋诗词经典鉴赏》双语课学习的目标依然是汉语知识与技能的提高，笔者只能在不影响教学目标实现的同时，尽量满足上述两个学生的要求，尽管如此，一段时间以后，这两个学生尽管对唐宋诗词保持着强烈的好奇心与浓厚兴趣，但因跟不上学习进度，最终退出了课堂。

双语课教学在实施过程中固然存在着一定的难度，但若运用得当，也会激发学生的学习兴趣，引发他们主动讨论，从而加深对于唐宋诗词经典相关作品的理解。为了加深学生对于诗词内容的理解，笔者往往提供作品的多种英语译文给学生，这其中既有欧美汉学家的译文，也有中国翻译者的译文，不同的文化背景和教育经历，导致译文处理方面往往差别加大。如唐代诗人王之涣的《登鹳雀楼》，笔者曾提供了七种译文给学生，其中三种引起了学生很大的兴趣，这三种译文分别是：

On the Stock Tower
By Wang Zhihuan

The sun beyond the mountains glows,
The Yellow River seawards flows.
You can enjoy a grander sight,
By climbing to a greater height.

(Tr. by *X. Y. Z.*)

Ascending the Stock Tower
By Wang Zhihuan
Behind the mounts daylight doth glow and fail,
The Luteus River to the sea doth flow.
The view of a thousand li to command,
Up a storey higher thou shouldst now go.

(Translated by *Sun Dayu*)

(*Wang Zhihuan*)

Mountains cover the white sun,

And oceans drain the golden river.

But you widen your view three thousand miles

By going up one flight of stairs. （*Bynner*）

译文的译者各有特点。许渊冲（X. Y. Z.）的译作，涵盖中、英、法等语种，其重心集中在中国古诗英译方面，形成韵体译诗的方法与理论，获得"诗译英法唯一人"的美誉。特别是他翻译理论中"意美、形美、音美"的提出，影响至深。在欣赏《登鹳雀楼》的许译时，学生们普遍注意到许渊冲诗歌翻译的形美与音美的特点，如第一句与第二句中的韵脚 glows 和 flows，第三句和第四句中韵脚 sight 和 height。除此之外，第一句中的 mountains 和第二句 seawards，第三句中 can 和 grander，分别和第四句 climbing 和 greater 在形式方面的使用特点，一些学生也有所关注，结合教师所讲的唐诗中五言绝句的结构特点，两相比较，加深了学生对五言绝句结构特点与形式之美的理解。孙大雨（Sun Dayu）是著名的莎士比亚研究专家，曾先后翻译了莎士比亚的八部著作，对莎士比亚时代英语语言的运用可以说烂熟于心。绝大多数选课学生根本就不了解孙大雨，更无从知道孙大雨与莎翁文学创作的渊源，但却有学生从孙译中看出了莎士比亚时代的英语语言风格。也许是出于求奇的需要，"黄河"之黄，在孙译中翻译为 Luteus（似应作 Luteous），在讲授过程即有学生指出，luteous 指的是橙黄色或略带绿色的黄金色，而非黄河流经秦、晋交界时的土黄色。笔者课后了解到，该学生看过韩城龙门附近的黄河，经查，luteous 确实如学生所言。而宾纳（Bynner）的译文，也许与其汉语非母语的身份有关，翻译中的误译与直译之处清晰可见，其中的误译，一方面是出于对中华文化的隔膜，另一方面则与宾纳的中国文化观密切相关，上述宾纳译文中将"黄河"译为 golden river 则属于第二种情况，这一点也为班上的个别学生所觉察，认为这样翻译"黄河"是不确切的。将黄河译为"golden river"出自宾纳和江亢虎（中国籍）共同翻译的《唐诗三百首》，翻译活动始于1918 年，至 1929 年得以结集出版，时值第一次世界大战之后，战争的创伤使得美国很多人心灰意懒，对社会和人生失去应有的热情，各种社会思潮则应运而生，欧美传统文化和价值观受到严重冲击，从异质文化中吸取营养成分以建立新的社会秩序和人伦道德体系，成为欧美各国面临的艰巨任务。对于美国来说，如何摆脱英国传统文学对于美国文学创作与文学理论的影响，摆脱附庸地位，显得极为必要。这时，神秘的东方文化，特别是历史无比悠久的中国文化的被引进就成为当务之急。中国古诗诗歌的风格和题材适应了美国诗歌追求"现代性"的需要，而另一方面，从效法对象中寻找发展的精神动力也是很多人的共识，诚如著名的意象派诗人庞德所言："中国……诗歌是一个宝库，今后一个世纪都将从中国寻找推动力，正如文艺复兴时期人们从希腊人那里寻找推动力。"可以说，宾纳翻译《唐诗三百首》之举，在很大程度上是美国诗歌"现代性"追求的结果，与之相关，将"黄河"译为 golden river 就一点也不奇怪了，是宾纳对中国文化想象与美化的结果，黄河在宾纳眼中是一条黄金之河，其中蕴含的文化价值观不言自明。另外，尽量符合中国古诗的原貌，甚至不惜损害诗歌美感而采用较为蹩脚的直译（英译），如将"欲穷千里目"译作But you widen your view three thousand miles，都是出于英语世界读者易于接受的考虑。凡此种种，学生对于相关译文的产生背景未必清楚，但在教师一番汉语讲解之后，结合其他译文，学生往往对宾纳译文中的"误译"有着明确的认识，而对于"误译"的认识，则往往因人而异，有些认为是可以接受的，有些则认为不合理，从而展开了热烈的讨论。

结语

双语选修课《唐宋诗词经典鉴赏》开设的理念与目标在于，通过唐诗宋词的鉴赏，使汉语学习者领略中国文化的灵魂，同时为其真正了解中华民族和中国文化提供一个平台。另外，该课程的学习，也有助于汉语学习者能够同时使用母语和汉语进行思维，以便在以后的交际过程中，能在母语和汉语之间根据交际对象和学习、工作环境的需要进行自由的切换。如何更好实施教学理念，有效实现教学目标，是教师教学过程中必须面对和解决的问题。本文从双语模式引入的必要性和可能性两个方面提出了自己的一些粗浅看法，抛砖引玉，期待更多的专家学者加入这个问题的讨论行列，使得该问题的讨论更为深入，相关理念更为明晰和科学，更好地推进华文教育中双语课模式的成功引入。

参考文献

1. 刘珣：《对外汉语教学引论》，北京语言大学文化出版社 2000

年版。

2. 华满元、华先发主编：《汉诗英译名篇选读》，武汉大学出版社2014 年版。

3. *The Jade Mountain*：*A Chinese Anthology*，*Being Three Hundred Poems of the Tang dynasty*，618 – 906/translated by Witter Bynner from the texts of Kiang Kang – hu. New York：A. A. Knopf，1931.

4. 赵毅衡：《远游的诗神》，四川人民出版社1985 年版。

5. 孙大雨译：《唐诗英译》，上海外语教育出版社2007 年版。

6. 陈光磊：《关于对外汉语课中的文化教学问题》，《语言文字应用》1997 年第 1 期。

王作良，文学博士，陕西师范大学国际汉学院副教授。

中亚东干族与非东干族
留学生汉语学习效果比较

刘国伟

【摘　要】近年来随着中国与中亚各国经济文化往来的日益频繁，中亚留学生的数量稳步增长，在中亚留学生当中有一类特殊的群体，即东干族留学生。作为西北回民的直系后裔，其母语是清末陕甘方言，与如今的陕甘方言面貌基本相同。基于此，按照语言学习的迁移理论，同为来自中亚的留学生，与非东干族学生相比，东干族学生的母语对其汉语学习应该有更多的正迁移作用。本文对此作了统计验证，结果显示，除了初级阶段的语言课，东干族学生的成绩表现并不比非东干族学生好，之后我们进一步分析了其原因。

【关键词】中亚留学生；东干留学生；学习效果

一　引言

近年来，随着我国与中亚各国经济交往的密切，中亚留学生的数量逐年增长，以哈萨克斯坦为例，根据教育部网站公布的历年来华留学生数量显示，2009 年、2011 年、2012 年、2014 年的来华留学生数分别为 6497 人、8287 人、9565 人、11764 人，呈稳步的增长趋势。中亚留学生中有一个比较特殊的群体，即东干族留学生。作为我国西北回民的直系后裔，东干族学生的母语为清末陕甘方言，与如今的陕甘方言面貌基本相同，与汉语普通话在语言特点上有较大的一致性。根据语言学习的迁移理论，东干族学生的语言学习效果应该较其他中亚学生为好。然而根据实际的调查及统计分析结果来看，情况却并非如此，表现出了一些较为复杂的现象，接下来我们将对此作一详细分析。

二　东干语概况

东干语即东干族所使用的语言，是汉语陕甘方言在中亚的特殊变体。东干语内部可分为甘肃方言和陕西方言。现代东干语的书面语言是以其内部甘肃方言为基础方言，以甘肃方言的语音为标准音，以 20 世纪 40—80 年代东干族作家所创作的东干文学作品为标准语法的语言。从东干语与普通话的比较来看，二者不论在整体特点还是内部结构上都有极大的共通性。

语音方面，东干语甘肃方言有 28 个声母，32 个韵母，三个声调：平声、上声、去声，调值分别为 24、51、44，东干语陕西话有 26 个声母，34 个韵母，4 个声调：阴平、阳平、上声、去声，调值分别为 21、24、53、44。相比中亚其他语言，东干语的两种方言在音素数目、音系结构、音节结构上与普通话均存在较大的一致性，对学习普通话理应产生较大的正迁移作用。

词汇方面，由于词汇是语言各要素中对时代变化最敏感，也是变化最快的部分，东干语的词汇与普通话的词汇方面存在一定的差异。具体来看主要表现在以下几方面：东干语中有大量的借词，除了原来就有的宗教用语借词外，存在大量的反映新事物、新现象的俄语借词；另外还存在相当一部分古语词，如"衙役（警察）""赏犒（奖励）""放赦（饶恕）""画押（签字）"等；同时还有一部分以本族语语素为基础的新造词，如"拓书（印书）""拓图样（照相）""坐会（开会）""火船（火车）"等。东干语词汇与普通话也存在较大的一致性，我们曾以斯瓦迪士核心词表中的前 50 词为例，对东干语甘肃方言、陕西方言和普通话作过基本比较，结果显示，如果不考虑音值的细微差异与声调，东干语的这些词当中有一半左右与普通话有基本相同的语音形式，也即相同的词汇形式，可见，二者在基本词汇方面还是存在较大一致性的。

语法方面，东干语与普通话存在较多的相同点，如语序重要，虚词用法灵活多样，存在连动、兼语、把字句等特殊句式。为了更直观地展示其共同点，我们以普通话的基本句式为例，列表对其进行了比较（见表 1）：

表 1　　　　　　　　**普通话与东干语 22 类句式比较**

	普通话句式	东干语陕西方言	东干语甘肃方言
"是"字句	T1　S + 是 + N（词组）。	我是他连手。	我是他连手。
	T2　……的 + 是 + N/V/小句。	我早上吃的是馍。	赶早吃的馍馍。
"有"字句	T3　S + 有 + N（词组）。	我有一个连手。	我有一个朋友。
	T4　方位词组 + V + 有 + N（词组）。		
"是……的"句	T5　S + 是 + 时间词 + V（O）+ 的。	我是夜来来咧。	我是昨个儿来的。
	T6　S + 是 + Adj（词组）+ 的。	兀衣裳是红的。	奈个衣裳是红的。
"把"字句	T7　S + 把 + O + V + RC。	他把大学念完哩。	我把水喝完哩。
	T8　S + 把 + O1 + V（在/到/给）+ O2。	他把衣裳挂到柜盒子嘞。	他把衣裳挂到柜子里头哩。
"被"字句	T9　S + 被/叫/让 + O + V + RC。	杯子叫他打烂了。	
	T10　S + 被/给 + V + RC。	我兄弟叫他打哭了。	我弟弟叫打哭了。
比较句	T11　A 比 B + Adj（+ DC）。	我比他高。	我比他高。
	T12　A 不如 B + Adj。	我没有他高。	我没有他高。
反问句	T13　S + 不是 + V + O + 吗？	你不是哈萨克斯坦人啊？	你不是吉尔吉斯人吗？
	T14　难道 + S + V + O + 吗？		你还不懂吗？/ 难道你不是他兄弟吗？
是非问句	T15　S + P +（O）+ 吗？	你得是哈萨克人啊？/ 你是哈萨克人啊？	你是吉尔吉斯人吗？
	T16　S + P + O + 吧？	你是他兄弟啊？/你得是他兄弟？	你是他兄弟吧？
特指问句	T17　……什么/多（少）/怎么（样）……？	你叫的啥名？/你名字叫的啥？	你叫的啥？/ 你名字叫的啥？
	T18　为什么/谁/哪儿……呢？	谁是你教父？	谁是你教员？
选择问句	T19　S + 是/V + N（词组）+ 还是 + N（词组）？	兀是你哥吗？你兄弟？	兀是你哥吗？你兄弟？
	T20　S +（是）+ V（词组）+ 还是 + V（词组）？	你爱吃扁食吗？吃饭？	你爱吃扁食吗？爱吃米？

	普通话句式	东干语陕西方言	东干语甘肃方言
正反问句	T21 S + Adj 不 Adj/V 不 V (O)?	今儿冷不冷？	今儿个冷不冷？
	T22 S + 是不是 + V + O + 呢？	你是不是来送贴列风（手机）来？	你是不是送贴列风（手机）来哩？

这些句式不论在语序还是各类实词、虚词的使用上，与普通话基本相似，由此可窥其与普通话接近之程度。

综合来看，东干语与普通话在语音、词汇和语法上的相似之处，理应对东干族留学生有较大的正迁移作用，表现在学习效果上，我们认为东干族留学生的成绩表现应该比中亚其他民族的留学生要好。这一假设是否成立，接下来我们将用实际数据进行验证。

三　数据统计及分析

1. 数据来源

本次统计所采用的数据均为陕西师范大学国际汉学院近五年内（2010 年—2015 年 9 月）毕业的留学生汉语言本科生成绩，其中东干族留学生 27 名，非东干族（哈萨克族、吉尔吉斯族和乌孜别克族）留学生 55 名。

2. 统计分析

我们将所有成绩分为东干组与非东干组两组，对各门课程成绩分别采用 SPSS 进行了 t 分析，结果如表 2 所示。

表 2　　　　　　东干族与非东干族学生课程成绩比较

	学生分组	N	均值	标准差	t	Sig.（双侧）
初级精读上	1.00	55	79.6545	11.42158	-2.202	0.031
	2.00	27	84.0000	6.40913		
初级口语上	1.00	55	80.1800	12.32330	-3.173	0.002
	2.00	27	86.8037	6.56755		
初级听力上	1.00	55	81.2909	11.55930	-2.848	0.006
	2.00	27	87.1111	6.86873		
初级写作上	1.00	53	77.0717	13.85906	-3.450	0.001
	2.00	27	85.5259	8.01962		

续表

	学生分组	N	均值	标准差	t	Sig.（双侧）
初级精读下	1.00	55	82.2636	11.27471	-1.230	0.222
	2.00	27	85.4815	10.82153		
初级口语下	1.00	55	85.1636	9.98844	-3.222	0.002
	2.00	27	90.5000	5.00961		
初级听力下	1.00	55	80.8545	10.63436	-3.560	0.001
	2.00	27	87.8352	6.94890		
初级写作下	1.00	53	74.0755	11.88098	-3.974	0.000
	2.00	27	85.0926	11.40853		
中级精读上	1.00	54	76.8333	13.49598	-1.418	0.160
	2.00	25	81.2800	11.68874		
中级口语上	1.00	54	81.4259	13.03928	-1.009	0.317
	2.00	25	83.9000	8.46808		
中级听力上	1.00	54	79.3056	12.61566	-.940	0.351
	2.00	25	81.7600	9.82887		
中级写作上	1.00	54	79.5833	11.94000	0.483	0.630
	2.00	25	78.2000	11.60101		
中级精读下	1.00	53	79.4528	10.64202	-.359	0.721
	2.00	25	80.5400	13.24915		
中级口语下	1.00	53	82.6226	12.33230	.443	0.659
	2.00	24	81.3125	11.30584		
中级听力下	1.00	53	78.2075	11.05643	-1.291	0.201
	2.00	25	81.7200	11.53805		
中级写作下	1.00	53	80.4434	10.00272	1.394	0.171
	2.00	25	76.4200	12.69652		
高级精读上	1.00	55	78.9927	12.05278	2.344	0.022
	2.00	27	72.2889	12.41554		
高级口语上	1.00	28	79.0714	10.02932	1.513	0.138
	2.00	16	74.4375	9.28776		
高级写作上	1.00	54	84.6852	7.77471	4.439	0.000
	2.00	27	73.7407	11.57116		
高级精读下	1.00	55	75.7636	12.49883	1.746	0.085
	2.00	27	70.9259	10.15997		

续表

	学生分组	N	均值	标准差	t	Sig.（双侧）
高级口语下	1.00	29	80.4138	9.66776	0.426	0.672
	2.00	14	79.0714	9.69111		
高级写作下	1.00	55	79.4545	12.20628	0.799	0.426
	2.00	27	77.2593	10.53051		
	2.00	25	70.2800	12.10207		
汉字文化	1.00	53	81.3396	8.15933	2.775	0.008
	2.00	27	74.2593	11.91183		
中国概况	1.00	54	82.6111	7.53462	2.791	0.007
	2.00	27	77.4444	8.46865		
中国文化	1.00	41	77.9024	11.02906	0.336	0.738
	2.00	15	76.8000	10.43483		
现当代文学上	1.00	40	75.425	11.9976	3.021	0.004
	2.00	23	67.435	8.8412		
现当代文学下	1.00	25	77.0800	12.70472	4.558	0.000
	2.00	13	63.6923	5.31326		
古代文学上	1.00	44	84.0000	7.79386	1.849	0.069
	2.00	25	80.1600	9.12268		
古代文学下	1.00	43	82.9535	10.09704	2.634	0.010
	2.00	25	76.2000	10.36018		
	2.00	27	72.8889	10.94157		
中国民俗	1.00	44	83.7500	7.08134	0.880	0.382
	2.00	18	81.8889	8.64930		
文化经典	1.00	54	88.7000	4.41092	2.053	0.043
	2.00	26	86.4346	5.04182		
	2.00	27	76.7778	8.57247		

通过表 2 我们可以看出，东干族与非东干族学生在不同阶段、不同课程成绩上的表现并不相同：

（1）初级阶段二者成绩存在显著差异，均是东干族学生的成绩优于非东干族学生，这与我们的预期假设相符。

（2）从中级阶段开始，两类学生在语言课上的表现除了"高级汉语精读上"和"高级汉语写作上"外，其余成绩并没有显著差异，而存在显著差异的两门课却是非东干族学生的成绩优于东干族学生。

（3）从高级阶段开始设置的文化类及相关课程"汉字文化""中国概况""现当代文学""古代文学""文化经典导读"的表现上，两类学生的成绩也存在显著差异，并且均是非东干族学生的表现优于东干族学生，与我们的预期假设相悖。

3. 结果分析

对于两类学生在不同阶段、不同课程上表现的复杂情况，我们认为有以下几方面的原因：

（1）初级阶段的语言课多以语音、基本词汇、日常交际、基本语法的学习为主，这几方面东干语与普通话存在较大的一致性，东干族学生母语的正迁移作用在此阶段表现突出，使得东干族学生的成绩表现优于非东干族学生。

（2）从中级阶段开始，语言课不再以日常的基本交际为主，书面成分所占比重逐渐加大，不论在词汇难度还是语法的复杂度方面均较初级有了较大的变化。而东干语只是陕甘方言的境外变体，未保留汉语书面语成分，也未形成自己成熟的书面语体系，与普通话差异的一面便凸显出来，因此东干语的正迁移在这一阶段所起作用便逐渐变弱，与生活于共同社会文化大环境中的非东干族学生区别不大，造成二者成绩差异并不显著。

（3）文化课上二者存在显著差异也出乎我们的意料。东干族西迁异域之后的百余年间，仍保留着不少陕甘文化风俗，从小生活于这样环境中的东干族学生理应在文化课的表现上较非东干族学生要好，但统计分析的结果显示却并非如此，其中原因我们认为与文化的类型和层次有关。斯特恩（H. H. Stern）根据文化的结构和范畴把文化分为广义和狭义两种概念，广义的文化即大写的文化（Culture with a big C），有人称为正式文化，包括文学、历史、政治、哲学等，狭义的文化即小写的文化（culture with a small c），是普通的社会习惯，是一种交际文化。东干族西迁所保留的文化习俗只是一种狭义的文化，而我们课堂上的文化课程主要是广义文化的教学，二者差异较大，不论对东干族学生和非东干族学生来说都是一个全新的文化系统，迁移在东干族学生文化课的学习上并未发生积极作用。同时由于东干族与非东干族相比，相对更加传统保守一些，对伊斯兰教义的遵守程度更加严格，使得其对异文化的接受较非东干族学生反而更慢，导致二者在文化课上的成绩与预期假设相反。

（4）部分课程非东干族学生优于东干族学生，我们认为也与学生构成有关。东干族在各自国家的生活范围相对狭窄，思想较为保守，男女在社会地位上也还存在较大差别，重男轻女的思想较为严重，学院历来所接收的东干族留学生包括本次所统计的东干族学生均为男性。而这些留学生基本均处于青春期，相比女生来说，男生在纪律性上的表现可能会差一些，这也与我们日常的印象相一致。如果说语言课上东干族学生还可以凭其母语的优势与非东干族学生的成绩持平，而文化课上由于母语文化的迁移作用有限，再兼其纪律性差，使得其表现反而不如非东干族学生好。

（5）学生学习动机不同。我院的东干族学生多通过各类奖学金项目而来，多未经过严格的选拔，学生水平和素质参差不齐，还有部分学生是家长逼迫而来，多数学习动机较弱。而非东干族学生多自费而来，多数抱有较强烈而明确的学习动机，因此在学习的主动性和积极性上与东干族学生相比总体要好，使得其在没有母语优势的情况下在部分课程上的表现反而较东干族学生要好。

四　对教学的建议

基于以上统计及分析，我们认为在以后的教学中应该采取以下措施来进一步加强对中亚留学生尤其是东干族学生的教育：

（1）加强管理。东干族学生基本都是初次出国留学，由于脱离了家庭管束，环境突然变得宽松，部分自律性较差的学生便放松对自己的要求，对学校及学院的各项纪律遵守较差，学习成绩也因而受到影响。因此在以后的管理中应进一步加强各类纪律的管理，制定相应的奖惩措施并严格执行。

（2）合理发挥奖学金的作用。不论是东干族学生还是非东干族学生对奖学金的获得都极为重视。但东干族学生由于有专项奖学金，学习成绩对奖学金的获得与数额关系不大，使得奖学金的刺激和激励作用未充分发挥，奖学金未起到其应有的作用。为了进一步发挥各类奖学金的作用，应该制定各类考核标准，细化奖学金的评选机制，确实发挥其对学习的激励作用。

（3）改进教学方法。东干族与非东干族学生都可熟练使用俄语，但由于教育环境的不同，东干族学生的英语普遍较差。而我们现在使用的教材的注释及课堂媒介语多以英语为主，这些对东干族学生的学习并未起到辅助作用。因此在教学方法上我们还应进一步改进，在没有相应教材的情况下，设计一种同时适合两类学生的教学方法，合理使用媒介语。

（4）让东干族学生正确认识自己的母语。通过上述的分析可以看出，由于主客观原因，不论是东干语还是东干文化对东干族学生学习的正迁移作用都是极其有限的。因此我们还需对东干族学生加强语言意识的教育，使其真正认识自己母语和汉语普通话的不同之处，戒骄戒躁，踏实学习。

在当前"一带一路"大背景下，随着中国与中亚各国经济文化交往的日益广泛，学习汉语的中亚学生也将会继续稳步增长，对中亚留学生学习特点分类研究的必要性与迫切性也显得越来越重要。我们相信，随着各类研究的不断深入，一定会培养出更多符合各类实际需求的汉语人才，为双边交往架起一座稳固的语言之桥，同时也希望本研究的结果能对教学起到积极的作用。

参考文献

1. 海峰：《中亚东干语言研究》，新疆大学出版社 2003 年版。
2. 林涛：《东干语调查研究》，中国社会科学出版社 2012 年版。
3. 施家炜：《外国留学生 22 类现代汉语句式的习得顺序研究》，《世界汉语教学》1998 年第 4 期。

刘国伟，（1980—　），男，山西定襄人，博士在读，陕西师范大学国际汉学院教师，主要研究方向为汉语国际教育、汉语方言学。

华文教育初级汉语口语教学浅析

许 端

【摘 要】就汉语水平为初级阶段的学习者而言，华文教育的性质和目标等同于以汉语作为第二语言教学。汉语口头交际能力的培养和掌握是华文教育的重点之一，本文围绕初级汉语口语教学的"i+1"原则、交际性原则和精讲多练原则，以北京语言大学出版社出版的《发展汉语·初级口语》（1）为例，探讨华文教育初级汉语口语教学的具体方法和技巧。

【关键词】华文教育；初级口语；教学方法

华文教育是指以母语或第一语言非华语的海外华人华侨为主要教学对象（也包括少数非华裔学生）开展的中国语言文化教育，在有的国家或地区（主要是欧美）又称中文教育。按照贾益民的研究，"华文"一词最早源于《马氏文通》，书中"华文"一词是与"西文"相对而提出来的，其内在含义指的是汉语言文字，其最初的意义也是汉语言文字。后来它被逐步运用于海外的华侨教育，于是具有了"华语文"的含义，即指汉语言文化。当它被运用于侨校的课程体系，就已经是一种语言、文化、文章、审美等的综合教学。从学科定性的角度，贾益民指出："华文教育既隶属于语言学范畴，又隶属于文化学范畴和教育学范畴；它是一种跨学科的新兴学科。"（贾益民，1998）值得注意的是，"华文教育"这一术语，是就整个海外华人社会华文教育的综合情况来讲的，在具体操作中，应考虑不同群体的差异，其教学性质和教学目标也各不相同。就汉语水平为初级阶段的学习者而言，华文教育的性质和目标等同于以汉语作为第二语言的教学。

汉语口头交际能力的培养和掌握是华文教育的重点之一，对于一部分只想学习听说的学生来说，口语课可以说是最为重要的课型。由于汉语口语具有结构灵活、固定搭配和熟语多、虚词和语序表义形式复杂、语气变化丰富等特征，汉语口语教学往往难点颇多。本文将结合北京语言大学出版社出版的《发展汉语·初级口语》（1）（王淑红、么书君、严褆、张葳，2012；下文简称《初级口语》），探讨华文教育初级口语教学的方法和技巧。

一 "i+1" 原则

在周小兵、李海鸥主编的《对外汉语教学入门》中，明确提出了针对初级阶段汉语口语教学的"i+1"原则：这里 i 代表学生已有的汉语水平，+1 指略高于学生水平的语言输入，对于学生来说，是可懂的输入。根据领会教学法（comprehension approach）（罗伯特·W. 布莱尔/许毅，1987），我们正是通过可懂的输入习得语言的。

"i+1"原则同样适用于华文教育中的初级汉语口语教学，并将作为一条总体性的原则贯穿整个初级口语课堂教学当中。它首先体现为要注重口语技能训练的重复性和渐进性，还包括在语言点讲解时的以旧带新。以重复、渐进式的操练为例，心理学研究证明，学习者对所学内容重复的次数与记忆所保持的时间有直接关系。大量重复，可以帮助初级阶段的汉语学习者巩固记忆，培养他们基本的汉语语感，然后在此基础上循序渐进。如《初级口语》（1）第 8 课，本课教学重点是准确使用方位词。方位词虽多，但不算复杂，难点在语序上。过多的解释并无效果，由易到难重复操练是教学方法的最佳选择。

例如：第一组
在前边、在后边、在左边、在右边、在上边、在下边、在里边、
在外边、在旁边、在附近、在对面
第二组
在银行前边/在银行后边
在超市左边/在超市右边/在超市旁边
在桌子上边/在桌子下边
在学校里边/在学校外边/在学校附近/在学校对面
第三组

在前边/在银行前边/超市在银行前边

在前边/不在前边/超市不在银行前边

在前边/不在前边/在前边吗？/在不在前边？

在哪儿？/在什么地方？

根据实际情况，还可以设计更多的操练内容。这些内容以反复操练、由易到难为原则，直到学生能够熟练使用。

不仅语言训练的内容要有重复性和渐进性，教师的教学语言也应遵循由简到繁、由易到难的原则。教授汉语程度越低的学生，教师对教学语言的控制和选择就越应当严格。以零起点的汉语学习者为例，除了事先教他们一些常用的课堂指令（如"上课""下课""跟我读""再说一次"等）以外，教师的教学语言要力求简洁、清晰，以不分散学生注意力，使学生更专注于对学习内容本身的理解为原则，可以适当用英语作为辅助。试比较（见表1）：

表1

第一组	第二组	第三组
请大家翻到第14页	14页	14页
下面我们开始学习第3课	第3课	今天我们学习第3课
先请大家读一下生词和课文	读生词，读课文	请你们读生词和课文

第一组课堂指令尽管符合汉语的表达习惯，但它并不是目前学习的内容，对初学者来说一时难以理解，会造成不必要的学习障碍。第二组课堂指令简洁明了，必要时可以翻译成英语，适用于真正零起点的汉语课堂，有助于课堂进程的连贯性。第三组难度稍高于第二组，运用学生已学过的句型，表达同样简单清楚。在开课几周以后，课堂指令由第二组向第三组转换，既能够配合学生的学习程度，又起到了灵活运用的示范作用。

二　交际性原则

语言学习的根本目标是使用目的语进行沟通和交流。口语课堂教学中交际性的实现，首先必须依赖教师的合理引导，实现由朗读、复述向模拟交际的转化。以《初级口语》（1）第3课为例。课文内容为：

今天星期一，明天星期二。

今天九月八号，星期六。明天九月九号，星期日。

课文本身并不复杂，但如果仅仅设计简单的跟读、自读、复述环节，未免枯燥。而在此之前，学生除了学过拼音，学过"早上""谢谢""不客气""对不起""没关系"以外，没有其他汉语基础。这一阶段，重复操练无疑是最好的学习方式，关键在于怎样操练，才能够既保证重复的数量，又提高重复的质量。教师可以尝试依据"i＋1"原则，在对课本本身进行跟读、复述之后，引入"吗"和"几"，实现由机械操练向模拟交际的转化。而在引入"吗"和"几"的学习之后，课文内容的可交际性将大大增加，仅"今天九月八号，星期六"一句，就能够实现以下几组问答：

A：今天九月八号吗？　　　B：……

A：今天星期六吗？　　　　B：……

A：今天九月八号，星期六吗？　　　B：……

A：今天九月几号？　　　　B：……

A：今天几月几号？　　　　B：……

A：今天星期几？　　　　　B：……

A：今天几月几号，星期几？　　　B：……

在学生可接受的情况下，如果能够帮助他们完整地掌握数字1—10，那么本课的交际性还将扩展。

教学活动的交际化，不仅指在课堂里创设条件组织语言活动，还可以延伸至课外，鼓励学生在现实的环境中，实现由模拟交际向真实交际的转化。仍以《初级口语》（1）第8课为例。本课主要学习方位的表达，学习如何问路。教师可以尝试带学生走出教室，通过介绍校园、让学生问路等方式进行口语练习，帮助学生在真实的语言环境中复习巩固所学的内容。

值得注意的是，交际功能的实现以一个人潜在的语言知识和能力为基础，既要做到合乎语法，又要做到合适得体。因此，口语课堂应当处理好交际训练与语法讲解之间的关系，要相辅相成，不能顾此失彼。例如

《初级口语》（1）第 7 课课文里有这样的对话：

> 售货员：还要别的吗？
> 汉　娜：不要了。

　　这是《初级口语》（1）中第一次出现"了"，并且仅出现在这一个地方。那么这个对汉语学习者来说较难的语言点，讲不讲？怎样讲？讲到什么程度？值得思考。首先我们判断还是应该讲。因为如果脱离语境，在买东西时，"不要"和"不要了"都可能使用。若不加说明，仅机械记忆，学生可能会感到疑惑。从这个角度来讲，语法点的讲解能够帮助学习者更加准确地使用汉语。

　　其次是怎样讲？从"了"的两种基本用法来看，"不要了"中的"了"用在句末，主要肯定事态出现了变化或即将出现变化。对初级汉语学习者来说，讲解的方法最好是设置情境，使学生理解"不要"和"不要了"之间的差别，然后就这一点集中练习即可。比如可以依据本课内容设置情境，尝试让学生对下面三组对话进行否定回答（见表2）：

表 2

第一组	第二组	第三组
A：你要水吗？ B：不要。 A：你要面包吗？ B：不要。	A：你要水吗？ B：要。 A：你要面包吗？ B：要。 A：还要别的吗？ B：不要了。	A：你要水吗？ B：要。 A：10 块钱一瓶。 B：我不要了。

　　通过对比，学生可以比较直观地体会到"不要"和"不要了"之间的区别，体会"了"在其中表示变化的具体意义。然后再针对这三组情境进行练习，巩固所学的内容，达到灵活运用的目的。至于"了"要讲到什么程度，就本课内容的设置和学生水平而言，仅针对"不要"和"不要了"的区分点到为止即可。

　　由于交际能力的培养与提高有赖于语言知识（还包括各种非语言知识）的逐步积累，因此我们在教学中不能轻视语言知识的传授，应当把交际性原则与其他原则有机地结合起来。

三 精讲多练原则

初级阶段的汉语学习者刚开始接触汉语，大脑词库中存储的汉语词汇量极为有限，自学能力相对较差，受课堂以外目的语的刺激也比较少，因此在初级阶段，口语教学精讲多练的关键在于搭起句子结构的基本框架，在教师的带领下，灵活运用教材里的词语遣词造句。

所谓搭起句子结构的基本框架，指一开始通过"主 + 谓 + 宾"和"主 + 形容词谓语"两种基本句型，辅以"吗""什么""谁""哪""几"等疑问词，让学生形成对汉语句型的基本认知，然后通过词语的替换尝试灵活造句。这种方式的好处在于，可以突破机械模仿的局限性，极大地拓展学生的遣词造句能力，刺激他们学习的兴趣和积极性。以《汉语口语》（1）第4课为例。课文3的内容为：

> 朴大中：我姓朴，我叫朴大中，我是韩国人。
> 李　雪：我是中国人，我叫李雪。认识你很高兴。
> 朴大中：我也很高兴。

课文中出现了我们提到过的汉语的两种基本句型。对这篇课文的处理可以有两种思路，一种是通过"朗读·记忆·模仿"，达到口语训练的目的；另一种是在"朗读·记忆·模仿"的基础上，进一步利用基本句型遣词造句。第一种方式实际上未脱机械操练的模式，对初学者来说，这是必需且必要的。大量的操练能够培养学生最基本的语感，但缺点在于仅凭这种模式限制了学生语言学习的再生能力。第二种方式的具体做法如下，在介绍了基本句型和常用疑问词用法的前提之下，教师可以尝试提问：

> （课文3里）有几个人？
> 他们是谁？
> 他（她）叫什么名字？
> 朴大中认识李雪吗？/朴大中认识不认识李雪？
> 李雪高兴吗？/李雪高兴不高兴？
> 朴大中高兴吗？/朴大中高兴不高兴？

这种方式能够使课文学习的方式更加灵活，增加交际性，提高学生的学习兴趣，使他们对同一内容的关注度和练习时间更加持久。

其次，要注重教学内容的延展性。初级汉语口语课堂教学中，在精讲的基础上通过反复操练重现所学的内容，是帮助学生培养语感的一种十分有效的方式，但如果仅仅围绕课文进行模仿和操练，材料毕竟有限，容易疲劳枯燥。教师可以尝试将课本内容延展至学生的个人生活，鼓励交流个人熟悉的内容。既能够扩大口语交际的范围，也能够增加学生口语练习的积极性。有些话题可以依照范例向个人化的方向推进，比如家庭、学习等；有些话题则可以向地方化的方向拓展，比如天气、旅行等。

值得注意的是，精讲不等于少讲，对一部分难度较大的语法点，讲解时要有针对性、层次性，才能够有效地突破难点。以《汉语口语》（1）第14课的语法点"了"为例。"了"的基本用法（包括表完成的了$_1$和表变化的了$_2$）一直是汉语教学的一大难点。教学中通常对这一语法难点的处理方式是直接给出句型，模仿操练。但弊端在于，单个句型的操练由于缺乏语境，不利于学生对这类相对复杂的语法点的深度理解，难以消除学生第一语言规则负迁移的影响。

（1）＊昨天下午我去了超市买了很多东西。
（本文用＊表示不可接受的句子）

至少对于以英语为第一语言的学习者来说，这是一例由第一语言规则的负迁移产生的典型偏误。学习者容易将汉语中表完成的了$_1$与英语的过去式等同起来。对"昨天下午、去超市、买东西"这一事件，他们无法判断以下表达的正确性和准确性。

（2）＊昨天下午我去了超市买东西。
（3）＊昨天下午我去超市买了东西。
　　　昨天下午我去超市买了很多东西。
（4）＊昨天下午我去了超市买了东西。
　　　昨天下午我去了一趟超市，还买了很多东西。
（5）昨天下午我去超市买东西了。

究其原因，是由于了₁本身的规则化程度不高，并且了₁、了₂的意义和用法时有交叉，使学生在学习过程中既受到母语语言规则负迁移的影响，又容易将机械操练的句型当作通用的规则加以泛化，造成偏误。对这类相对复杂的语言点，教师应当随时针对学生可能出现问题的症结所在，调整教学目标和方法。首先，针对学生第一语言的负迁移，通过典型的例子帮助学生建立汉语的特征意识；其次，根据教学内容要求和学生水平由易到难进行操练。在操练单句的同时，考虑语用因素，贯穿语体意识和语境意识。这样的做法不仅帮助学生对语言点有更加准确、深入的理解，也对有助于使他们重视语用，形成正确合理的语言学习方法和策略。

参考文献

1. 贾益民：《海外华文教学的若干问题》，《语言文字应用》2007 年第 3 期。

2. 贾益民：《华文教育学科建设刍议——再论华文教育学是一门科学》，《暨南学报》（哲学社会科学版）1998 年第 4 期。

3. 吕叔湘主编：《现代汉语八百词》（增订版），商务印书馆 1999 年版。

4. 罗伯特·W. 布莱尔编：《外语教学新方法》，许毅译，北京语言学院出版社 1987 年版。

5. 陕西师范大学国际汉学院编：《华文教学法》，陕西师范大学出版总社有限公司 2011 年版。

6. 张建成主编：《理念与追求——汉语国际教育实践探索集》，中国社会科学出版社 2015 年版。

7. 周建、彭小兵、张军：《汉语教学法研修教程》，人民教育出版社 2004 年版。

8. 周利芳：《对外汉语精读课教学中的语体观和语境观》，《天津外国语学院学报》2002 年第 3 期。

9. 周小兵、李海鸥主编：《对外汉语教学入门》，中山大学出版社 2004 年版。

许端，女。陕西师大范大学国际汉学院讲师，主要研究方向为汉语国际教育、文艺美学。

关于华文教学中语法教学的几点思考[*]

周利芳

【摘　要】语法教学是华文教学的重点之一。文章联系前贤的论述和本人的教学实践，阐述关于语法教学的几点主张。全文主要讨论三个问题。第一，华文教学中的语法教学应突出实用性、针对性，注重语法规则的明确性和具体性。第二，应当加强词类的教学，教师应当充分认识汉语词类的特点，并在教学中加以体现。第三，对一些有关语法教学的观念提出商榷，以期更好地实现教学目标和效果的最大化。

【关键词】华文教学；语法教学；思考

华文教学的根本任务是培养学生使用汉语进行交际的能力。这种交际能力的形成，在语音、词汇之外，更多地依赖于对汉语语法的掌握。语法是语言的构造规则，学习一种语言，就必须掌握该语言的语法规则。因此，语法教学是华文教学的重点之一。目前华文教学中的语法教学，还有许多问题需要深入思考，尤其需要以教学实践为出发点的联系实际的思考，而不是做一些玩儿新花样、变新招式的概念游戏。这里既有教学的问题，也有教材的问题。本文从教学实践出发，结合前贤的有关论述，针对华文教学的中高级阶段，谈谈对语法教学的一些看法，就教于方家。

一　华文教学中语法教学的特殊性

语法分为描写语法与教学语法（还有理论语法，不过有的人采用教

　　* 本文是 2012 年度教育部人文社会科学研究规划基金项目"以汉语教学为背景的现代汉语语篇衔接成分研究"（12YJA740118）的阶段性成果。

学语法、理论语法两分法，描写语法属于理论语法）。描写语法是教学语法的基础，教学语法必须以描写语法的研究成果作为指导。二者的根本不同在于，描写语法要求尽可能细致深入地把汉语中所有的语法结构规律都描写、揭示出来，教学语法更多考虑的是规则的简明性和学习的方便。这是华文教学中语法教学的基本属性，也是讨论以下问题的前提。因此，华文教学中的语法教学，必须在描写语法的指导下，以语言本体的研究成果为基础，综合考虑学习者的心理、母语、知识背景，在教学观念、教学内容、教学方法上有所考量。我们认为，在华文教学中，语法教学要突出以下几点。

（一）语法教学要突出实用性

符合实用性的教学语法不应在理论上作过多的阐述，而应当注重规则的概括和解释，对有关的语法概念，如"语气词、补语、主谓谓语句"等，不一定作多么深入的阐述，而是通过规则的讲解和例句的分析，使学习者理解和掌握语法规则。如《现代汉语八百词》的编写即是符合实用性的突出范例。

（二）语法教学要有针对性

这里的针对性，是指将母语的语法与目的语的语法进行对比，找出相同与不同之处，有的放矢地进行语法教学。一般情况下，对学习者来说，母语中没有的或与母语有较大差异的语法现象，学习起来往往更不容易掌握。因此，我们应将语法教学的重点放在不同点上，重点讲授那些学生感到陌生而难以掌握的内容，如语气词、话题句、补语的表达方式等，都是重点教授的内容。对于两种语言相同的语法规则，通过带着学生练习即可掌握，不必要花大量的时间去教学。比如，语气词是汉语的一大特点，虽然在其他语言里也存在，但并不像汉语这样丰富、表达力强，无疑是华文教学的重点。用不用语气词和用哪一个语气词，对于二语学习者是一个难点。比如，语气词"呢"，表面看似普通，其深层含义却不易理解，必须在一定的语境和上下文中才能真正掌握。"呢"，教材指出它的基本用法是表示疑问和确认，当然是正确的。但它在表示疑问和确认时，都是与上文或前一个说话人的话语相衔接的，屈承熹先生将其叫作"接续虚字"，他认为："'呢'字句如果没有上文，也一定要有个情况才能解释。"如

"我学习呢"，一定是在别人问你干什么时才说的话，或者是在进一步回答别人的质疑时使用的，也就是说"呢"在表达语气的同时，还有衔接作用，如果将"呢"去掉，便没有这种意思了。对于这种情况，就一定得联系实际，有针对性地讲解。

（三）语法讲解的内容要合理安排，突出重点

教学语法应根据学习者的知识背景、母语背景、接受心理和实际使用的需求安排教学内容，如选择常用的、使用频率高的语法现象进行有重点的讲授，有些语法现象甚至需要补充教材之外的内容，或调整教材内容的顺序，将某些现象讲清讲透，一劳永逸，而不一定拘泥于教材的编排顺序或"语法点"的安排。如"了"的教学、拷贝结构的教学等。以"了"的教学顺序为例，在汉语本体中，有"了$_1$"和"了$_2$"的分别，前者界定为动态助词，后者界定为"语气词"。一般先教讲"了$_1$"，后讲"了$_2$"。据此在华文教学中，一般教材也是按照同样的顺序来编排的。但是，就"了$_1$"和"了$_2$"本身的用法来看，前者用在动词的后面，表示动作的"实现"（或称"动作的完成"），后者则有两个功能，一是表示动作状态的实现，二是表示语气，刘月华等认为句尾的"了"兼有动作的完成和语气两种作用，即通常我们所说的"了$_2$"等于"了$_1$+了$_2$"。因为"了$_2$"又表陈述的语气，所以它有成句作用，比"了$_1$"使用广泛，因此宜先教"了$_2$"，再教"了$_1$"。关于"了$_1$"和"了$_2$"的教学顺序，邓守信引用孔令达的研究作为参考，具体论述了二者的教学顺序，与笔者的观点相同。教学实践表明，按照此顺序教授，既降低了学习的难度，又能收到良好的教学效果。不过，这一原则应适可而止，不能把华文教学的课堂变成语法课堂。

（四）语法规则的讲解应清楚、具体

讲语法有很多种方法，描写语法要求详尽、细致，有时会非常琐细。但教学语法不能这样，它要求语法的说明要清楚、明确、简单，要考虑学习者的因素，少用或不用语法术语，使用语法术语时，对术语的讲解也要简洁、明白。力图做到语法规则与句子的使用情境、具体的交际相结合，而不是干巴巴的语法条目的呈现，如"把"字句的句法语用特点的讲解，存现句的构成特点的说明等。以存现句教学为例，可以在一定的语境中，

将结构和它的使用环境即功能结合起来，在交际中学习。汉语存现句的结构由三部分组成：句首处所词（主语）、动词、宾语，它集中体现了汉语叙述句的特点和语言的象似性原理，即按照观察客观环境的逻辑顺序来组织句子：人们在观察事物的时候，总是先看到具体的场景（处所），然后看到在这个场景里存在什么事物（谓语和宾语），按照观察的顺序将其记录下来，反映在句法上就是一个存现句，如："操场上有很多学生。"结合观察过程进行教学，就巧妙地将存现句的结构（场所、动作、存在的事物）、使用环境（对客观环境进行描写）交代了出来，既避免了枯燥地只讲语法结构，忽略使用语境，又增强了学生对存现句使用环境和功能的认知，而且不容易忘记。

二　语法教学中应加强词类的教学

词类和词性是同一个问题的两个方面，词类是词的语法分类，针对所有词，词性是具体的词在词类体系中的地位，针对每个词个体。在华文教学中，词类是通过具体的词性标注体现的，因此本文使用词类的概念。词的分类和词性的辨别是汉语本体研究的重大问题，在注重实用的语言教学中似乎没有专门的位置。但我们认为，在华文教学中，学习者需要词类知识的辅助。从实际来看，目前在华文教学中，词类的教学并未引起重视。词性在教材中只是作为生词的标注内容出现，教师处理起来则比较随意，有的教师在讲解生词时会给一些说明，而有的教师根本不管。在一部分教师的认知中，词性是在教科书和词典上标注的东西，学生只要看教材查词典就能够掌握，教学中不需要讲授，更谈不到练习。教师并没有担负起教词类的责任。

我们认为，华文教学应当加强词类的教学，下面从以下几个方面来谈。

（一）充分认识汉语词类的特点

朱德熙认为汉语语法的真正特点之一是其词类的多功能性，即词类和句法成分不是简单的一一对应关系。这是汉语词类的显著特点，无论是教师还是学生都应有充分的认识。对教师来说，首先要有这个意识，才能在教学中很好地体现出来。只有教师将其自觉地纳入教学的考量，学生才能逐渐体会到汉语词类的独特之处，进而避免母语的负迁移，实现目的语的正迁移。

教学语法是建立在描写语法基础之上的，虽然教学语法追求务实，"在追求务实教学的成效时，理论语法（引者按：指本体的语法研究，本文叫描写语法）与教学语法有一些调整的空间，但原则是一致的。"既然本体研究已经证明词类的重要性和复杂性，那么，这一研究成果就应当在汉语教学中体现出来。前面提到华文教学中语法教学要有针对性，这种针对性体现在词类教学中，就是要让学生认识到汉语词类和句法功能的特殊关系，进而认识到掌握词性的重要性，在运用中正确地使用词语，提高语言使用的准确率和效率。

目前的华文教学中，词类教学几乎没有专门的地位，只是在生词标注中随文注出，教师可能心里有数，但在讲解生词时并不强调。邓守信指出："在教学过程中，词类大概从来都是只标记不教学的，都是让学生自己去看说明。……我们认为要标记词类，在教学的时候，一定要详细说明词类的搭配功能。身为华语的专业教师，也一定要能辨识词类。"这是很有见地的。诚然，华文教学要遵循简单、少用语法术语的原则，但还要具体问题具体对待。这里所说的讲解词性的问题，并不是指要集中讲解各类词的概念、语法意义和语法功能，而是指通过具体词的语法功能、句法特点的介绍，使学生对词的用法有更清晰的认识，达到准确运用，减少语法偏误。换句话说，就是教师通过词在具体的句子或语篇（至少是句子）中的句法表现的展示，让学生逐步掌握某类词的功能和特点。这样长期灌输词类观念的效果是，学生一看到生词中标注的词性，就能自觉地联想到它的句法特点。如果只有标注，没有教师的示范和强调，学生就不可能获得这样的认知，养成理性联想的习惯。比如下面的错句子："我们恐怕地震"这个偏误出现的原因除了对"恐怕"和"害怕"的意义离析不清外，更重要的是对二者词性理解的错误造成的。"恐怕"是副词，副词不能充当谓语，只能用在动词或形容词前面，因为学生对副词的特点缺乏了解，望文生义将其当作动词，于是就出现了以上的偏误。如果教师在讲解生词时不断强调副词只能做状语、很少单独使用的特点，那么学生就不会犯上面的错误，使用副词时的准确率就会大大提高。

在词类的讲解中，对于词的语法功能中和学生母语一致的特点，如名词充当主语和宾语，就不必过多强调，学生也能正确运用。但对于和学生母语不一致的，就要强调说明。例如：汉语形容词的句法功能是充当谓语和定语，在一定的条件下可以充当主语和宾语，其中直接做谓语、主语、宾语都是汉语形容词的特点，与其他语言存在距离，因此，教师就要通过例句来强调这几种句法功能，无论是在教学中选择例句还是指导学生练习，都要体现这个方向。以本人的教学为例，在讲解形容词"勤奋"时，我们选取的例句至少包含两种情况：一种是"勤奋"充当谓语的，如"张伟很勤奋"，一种是充当定语的，如"张伟是个勤奋的小伙子"，通过这两个句子让学生明白"勤奋"的用法。我们的体会是，从学生开始学汉语的时候就灌输这些词类的特点，让他们明白形容词的句法特点是经常构成"形容词＋名词"或"名词＋很＋形容词"两类结构，时间长了，这种对于形容词句法功能的认知就会在学生的知识结构中生根，在学习和使用形容词时，自然而然地意识到它们的特点，大大提高使用的正确率和语言表达的丰富性，提高语言使用的效率。换句话说，一些第一语言习得者通过语境和模仿自然获得的知识和能力，第二语言学习者必须通过掌握有关知识并在特定语境中不断练习来获得。这就是在华文教学中必须加强词类教学的理由。

（二）突出词语搭配在词类教学、句子教学中的枢纽地位

"汉语最终的裁判是句构。"汉语语法的特点是词、短语和句子的构成规则具有一致性。因此，在教学中，词与词之间的搭配是词类教学、句子教学的枢纽，词与词搭配正确，造出的句子正确率就高。如量词的教学，首先应当让学生理解量词通常是和名词搭配的，在实际的教学中，只要教名词就要告诉学生与其搭配的量词，反过来，只要教量词就要指出与其搭配的名词，这也是教学的一大要点。我们长期坚持这种教法，实践证明效果很好。教师要将这些规则长期灌输给学生，当学生出现偏误时，就提醒他们，等于让他们不断地回顾句法规则，这些规则就会内化为学习者的内在知识和自觉行为，稳定下来，把词类知识顺利地回归到句子，这是词类教学最根本的目标。总之，帮助学生建立词类的概念，掌握汉语词类的特点，就能在一定程度上避免偏误的出现。

（三）重视词的句法功能的教学

词的语法功能是指词与词的组合能力和词语充当句法成分的能力。在

华文教学中，虽然不需要交代这些概念的含义，但教师心中一定要有语法功能的观念，在词汇教学中以适合的方式加以体现。比如形容词，根据语法功能可分为性质形容词和状态形容词，二者在句法表现上不完全相同，前者不能直接充当谓语，后者做谓语比较自由。请看下面的例子：

> ＊a 教室里安静。a′教室里真安静。
> b 教室里安安静静的。

同样都是形容词"安静"充当谓语，a 句在语法上是不自足的句子，含有"对比"的意味，暗含"教室以外的地方不安静或吵闹"的意义；a′是完整的句子，因为"安静"前面增加了副词"真"，消除了句子的对比性，是自足、完整的句子。也就是说，性质形容词充当谓语时在句法上是受限的，必须在前面加一个程度副词，或者变为状态形容词才能使句子完整，如 b 句将性质形容词"安静"变为状态形容词"安安静静的"，句子就站住了。可见状态形容词在句法上是比较自由的。强调词的语法功能，就应在教学中强调"教室里安静"不成立，要说成"教室里真安静"。只要遇到类似的情况多强调几次，学生就会自觉使用了。因此，词类的教学最终要落实到语法功能的教学上。如上文关于形容词的教学，就笔者目力所及，目前无论教材还是教师都不介绍形容词下位类型的语法功能，可能会造成大量不必要的偏误。当偏误出现时，教师不断地纠偏，这不是最理想的教学方法，与其这样，不如重视词的语法功能的教学，从源头上堵住学生出错的机会。这也是我们多年来追求的教学方法和策略。

（四）关于教材中词的下位类型的标记

教材是教学的依据，一部好的教材，无论是对教师的教学还是学生的学习与阅读，都有极大的帮助，通俗地说就是"好用"。教材的"好用不好用"体现在多个方面，其中对词性的处理就是一个重要的指标。目前华文教材的词类标注，一般是只标记上位层次，如名词、动词等，不标记词类的下位层次。词类的分类层级是本体研究中的问题，而教学考虑的是实用，要的是简明，所以这样做无可厚非。但我们一再强调，教学语法是建立在描写语法的基础之上的，如果本体研究中发现的规则有利于教学，就可以拿来以恰切的方式为教学服务。比如动词，一般教材只标注动词，其实可以对不及物动词进行专门标记。在汉语中，及物动词数量巨大，属于"无标记"（unmarked）类，而且可以从母语中进行正迁移，可以不标。如"吃"的概念，不管是哪一种语言，都会关涉三个成分，一是动作本身，一是吃的对象，再就是动作的发出者，所以只要用"吃"这个词，就会涉及"吃什么"的问题，用句法呈现出来，自然就会出现宾语。而不及物动词在汉语中数量远远少于及物动词，不能靠语义、经验来预测，也不能靠母语帮忙实现正迁移，所以不及物动词实际上是"有标记"（marked）类，最好在教材中专门标记。这样做有助于提高教师对动词的下位类型、句法功能的意识，也有助于学生准确地使用动词，减少不及物动词带宾语的偏误。如：

　　＊他去年毕业大学。

　　之所以会出现这样的错误，是因为学生不能自觉辨识"毕业"是不及物动词，教材也不作专门的标记，如果教师强调得不够，出错就在所难免了。

　　再如离合词的标记。离合词突出的特点是可离可合，一般情况下合起来使用，但在一定的语用条件下可以用其他词语隔开。离合词中动词所占比例很大，一般都是不及物动词，学生在使用中往往以普通动词的特点来类推离合词，一类推就会出错，如：

　　＊我要见面朋友。
　　＊他和朋友聊天儿了一会儿。
　　＊大家鼓掌着欢迎新同学。
　　＊他帮忙过我，要谢谢他。
　　＊大家高兴地跳舞起来。
　　＊请你帮忙帮忙我。

　　如果教材能将离合词标注出来，学生就掌握了一个非常重要的知识，脑子里有了这根弦儿，使用中就能减少偏误。这种标记，对教师备课和授课也有提醒作用。

　　需要强调的是，这里所说的标注词类的下位类型，并不是指对所有的词类进行细化的标注，而是强调对学习者容易产生负迁移的词类进行分类和细化标注。大量的能够正迁移的词语小类，只需在教学中点到为止，不必花太多时间去讲解练习，但对于不能正迁移的词类，不仅教材要标注出来，教师也要花精力进行精细化教学，并适当地加强练习。

（五）关于兼类词的处理

汉语的兼类词较多，如名词与动词的兼类，动词与形容词的兼类，动词与介词的兼类等，这是汉语词类的一大特点。这个问题非常复杂，是汉语本体研究中的重要课题。在华文教学中，当涉及兼类词时，如果在理论上过多纠缠其概念和一个兼类词兼有某两种或三种词性，试图让学生一下子理解和掌握兼类词，势必使他们陷入"兼类词陷阱"，不仅会茫然不知所措，而且会对兼类词望而生畏。我们认为，汉语教学是以学生能够准确、恰切地使用汉语为旨归的，其实可以将兼类词分开来，作为几个词处理，不必考虑它在理论上是属于一个词具有多种词性。教材中遇到兼类词，就看它出现在什么样的句法环境中，按照此处出现的句法功能和语境标注词性即可。如"活动"一词，如果出现在"这项活动不错"中，就标注为名词；如果出现在"大家都来活动活动"中，就标注为动词。在教学中作为两个词来处理，不一定要明确指出两者之间的联系。这样处理，理论上可能有受英语等西洋语言词类观念影响的嫌疑，但实际上更容易使学生接受，化难为易，化繁为简。在华文教学中，是追求"理论严谨"还是追求"实效管用"，答案显然是后者。

三　一些语法教学观念之商榷

（一）语法不用教

有人认为，儿童在习得语言的过程中并不专门学习语法，照样可以掌握得非常地道、纯熟，所以在第二语言教学中也无须学习语法。这种推论忽略了语言学习的两个主要因素的区别，即学习者的不同和学习第一语言与第二语言的不同。而这两点又是密切联系的。从学习者来看，华文教学的教学对象不是咿呀学语的儿童，他们已经掌握了自己的母语，在第二语言的学习中就会不自觉地将母语的语法规则与第二语言的语法规则进行比较，比较的过程中就会类推，当母语与目的语语法规则不同时，类推往往会出错。所以母语的语法经常在第二语言学习过程中起干扰作用。出现偏误不进行纠正，就会产生各种各样的不合语法的表达方式，导致交际不能顺畅进行，甚或产生"化石化"现象。为什么要给第二语言学习者教"把字句"，教它的结构、语义、语用特点，而母语学习者则不必教呢？因为母语学习者自幼在汉语环境中长大，不断地听到和模仿"把"字句，经过不断刺激和反应的过程逐渐习得它的句法、语义、语用特点，并自觉运用，而二语学习者没有母语学习者这么好的习得环境，加上母语的干扰，必须靠老师讲解、有目的地练习来掌握"把"字句。换句话说，第二语言学习者必须依赖掌握目的语的语法规则来指导学习、运用，实现以简驭繁，尽快掌握目的语。这种语法规则或者依赖于课堂上老师的教授，老师怎么教，学习者就会怎么说，或者在教材上学习，教材怎么讲，学习者就怎么做。因此，第二语言学习中的语法规则必须通过讲解或解释进行灌输，通过练习加以掌握，这也是华文教学中学生希望规则越明确越好的原因。

（二）语法规则不需要解释

通常认为，华文教学中的语法教学宜遵循简单明确的原则，尽量少用语法术语，这无疑是正确的。但这一条并不是金科玉律，而要具体问题具体分析。在教学的初级阶段，因为学生的汉语基础薄弱，听力不好，掌握的词语很有限，如若教师对一个语法点讲解过多，学生根本听不懂，那就是浪费时间和精力，是无效的教学，而且会削弱学生的信心和积极性。何况这一阶段遇到的语法点非常简单，也没必要过多地解释，讲得越简单越好。但是，到了中高级阶段，情况就有所不同。这一阶段学生的汉语水平达到了一定的程度，听力提高了，表达欲增强了，而且学习内容的复杂程度也在提高，如果这时还不讲语法规则，仍然依靠学生自己去模仿或类推，有些语法规则就难以掌握。汉语中一些特殊的规则、特有的句式，对一些词语在语体、语用上的限制和要求，教材和教师必须讲授，以利于学生较快地掌握。如虚词的学习就是如此：与实词相比，汉语的虚词虽然数量不多，但在语言运用中起着"经络"的作用，而且虚词是封闭的，不能成批掌握，只能逐个学习。到了语言学习的中高级阶段，复杂的表达都离不开虚词，虚词会越来越多，如果教师对虚词的用法不作解释，学生恐怕很难掌握，尤其是近义虚词之间的差别。如：

> a 汤峪的风景很美。
> b 红河谷的风景更美。
> c 太平峪的风景比红河谷还美。

这三个句子，a 用了副词"很"，只是客观描写；b 用了副词"更"，表示比较；c 用了"还"，不仅表示比较，而且有了特殊的强调语气，如果此处仍然用"更"，句子在语法上也通，但就缺了那么一点东西，语用上大不相同了（这就是"对不对"和"好不好"的区别）。这是为什么呢？因为"还"既是一个时间副词，又是程度副词，还可以表达语气，所以它在做状语的时候，兼有程度副词、语气副词的作用，主观性很强，使用时有明显的预设：在说话人心目中，红河谷的风景已经很美了，但是太平峪比红河谷还美！相形之下，"更"只是单纯地表达程度的加强，主观性弱一些，用在句子中预设性不强。这些同类虚词之间细微的差别，如果不讲，学生恐怕很难自己体会出来，也就不能准确使用。

站在学生的立场上看，在华文教学中，学生大都希望从教材和老师那里获得一些明确的语言规则，希望学习的规则更加清晰、条理化。"教育心理学家有很多关于明确学习的成果报告，研究证实，成人明确的学习效果比较好，因为他们已经有抽象、逻辑、归纳、扩张等能力，所以有意识的明确学习或教师立场有意识的明确教学（explicit instruction），效果比较好。"这里的效果包括缩短掌握目的语的时间，也包括避免产生二语学习中的"化石化"现象。

当然，不论是教材的解释还是老师的讲授，都不能违背精讲多练的基本原则，不能大讲语法理论，而是针对学习的内容，将语法解释与语境结合起来，突出功能，在交际中解释语法。

（三）课堂听写止于字词

听写是华文教学中用来检验学习效果的有效手段，在华文教学的各个阶段，从零起点到高级班，都可以使用。据我们的调查，多数教师将听写用在生词学习上，检验学生是否掌握了生词，会不会写。这种做法固然没错，也有其实用价值。但我们认为，如果将它扩展到句子、语段的学习中，用于检验和巩固语法学习的效果，可能更有价值。词汇是语言的建筑材料，是静态的，句子是语言表达的最小单位，是动态的，词语的学习最终要落实到句子和篇章中，也只有在句子、语段和篇章中才能检验学生是否真正掌握了这些词语，是否能够正确得体地使用。而句子、语段、篇章都涉及语法，如词与词的搭配、组合，句与句之间的衔接等。因此，听写句子、语段的更大价值在于，让学生在动态表达单位的构建中掌握词语、语法规则、语用规则，达到一石数鸟的效果。如果能用学过的生词让学生听写句子或语段，不仅能检验学生是否掌握了生词，还能培养他们将词语运用到句子中的能力，更好地、更大程度地实现语言的交际功能，才符合教学效率最大化的目标。这正是我们教学的根本目标，也是每一个华文教师应追求的方法。笔者在华文教学的中高级阶段进行过实验，效果比较理想。

四 结语

华文教学有其特殊性，又有对外汉语教学的共同性。我们认为，共性是主要的，个性是次要的。本文所谈的语法教学问题，尽管针对的是华文教学的中高级阶段，其实对整个对外汉语教学都是有效的。

我们的总体认识是，第二语言学习的目标是实现好的、有效的交际。实践证明，第二语言学习者掌握了基本的发音规则和一定量的词汇，即使语法上问题多多，仍然可以进行简单的、日常的交际，但要高效地完成比较复杂的交际任务，就得掌握语法规则。要让学习者掌握语法规则，教材和教师就必须在这方面付出艰苦的努力。语法不仅要教，还要花大力气教好。

参考文献

1. 吕叔湘：《现代汉语八百词》（增订本），商务印书馆 1999 年版。

2. 屈承熹：《简易华语语法》，世界华语文教育学会编辑，"国立编译馆" 主编，五南图书出版公司 1999 年版。

3. 刘勋宁：《现代汉语研究》，北京语言文化大学出版社 1998 年版。

4. 刘月华、潘文娱、故韡：《实用现代汉语语法》，商务印书馆 2006 年版。

5. 邓守信：《对外汉语教学语法》，文鹤出版有限公司 2009 年版。

6. 沈家煊：《句法的象似性问题》，《外语教学与研究》1993 年第

1 期。

　　7. 朱德熙：《语法讲义》，商务印书馆 2004 年版。

　　8. 兰宾汉、邢向东主编：《现代汉语》，中华书局 2007 年版。

　　[作者简介] 周利芳（1965—　），女，内蒙古丰镇市人，陕西师范大学国际汉学院副教授。主要研究方向为对外汉语教学、汉语方言语法。

柬埔寨小学高年级学生
汉语作文语法偏误分析
——以干拉省加江市培英学校为例

骆奕良

【摘　要】本文在偏误分析理论和中介语理论的指导下，以笔者所在的柬埔寨华校干拉省加江市培英学校四、五、六年级学生为研究对象，搜集该校高年级学生汉语作文中出现的语法偏误，通过教学实例进行整理和归类分析，以此探究培英学校高年级学生的各类语法偏误的分布情况。同时根据传统语法偏误的四大类型来对偏误实例进行分类，并分析偏误产生的缘由，进而提出在高年级学生课堂上的教学建议。

【关键词】偏误分析；语法；柬埔寨；华文教育；对外汉语教学

一　引言

学者钟汉波在 2000 年撰写的文章《柬埔寨出现华文教育热》中，最早全面地介绍了柬埔寨的华文教育，从办学机构、教学体制、兴起原因等方面来概述华文教育在近几年的发展情况。洪群《柬埔寨华文教育的发展趋势——华校融入国家教育体系》的发表，更全面分析了近年来华校复课与华校生存的条件和趋势。汉语教师志愿者在华校实践过程中，通过研究撰写出一定数量的汉语习得相关的学术论文。其中在华文教材方面有华中师范大学王曼撰写的《柬埔寨金边华文教材分析》、广西大学陈世通《柬埔寨金边华文教育与教材使用情况调查研究》，主要以柬华理事总会编写的华文教材为例，探讨了中小学生、业余学习者所使用的华文教材的特征与不足之处。华中师范大学研究生曾苗撰写的《柬埔寨王国桔井省中山学校学生汉语习得情况及相关思考》、葛李勤撰写的《柬埔寨华校中小学生汉语趋向补语习得研究》均通过收集偏误语料，从而针对汉语语音偏误、语法偏误与文字偏误、汉语趋向补语的偏误作出研究与探讨。

笔者通过一年的汉语教师志愿者实践教学，对柬埔寨干拉省加江市培英学校的小学生汉语习得个案进行研究，意在填充对外汉语教学研究中针对柬埔寨华校的空白，并对汉语实际教学给予些许建议与思考。

二 柬埔寨华文教育及华校发展现状

柬埔寨王国人口约有 1400 万，华人、华侨多达 60 万。20 世纪 90 年代后华校复课，一时间华文教育迅猛发展。全国在教学体制上也顺应社会需求而形成了柬校、华校、英校各自为营的局面，并实行上、下午及晚上班的学制。即每一位学生每天奔波于不同地点的三校，疲于完成各校老师布置的作业。学生对汉语真正接触学习的时间是少之又少，仅仅一个上午或是下午的三小时学习时间。

柬校改革对华校教学也有很大影响。2014 年柬校的高考成绩不尽如人意，教育部大力改革，导致柬校为提高升学率，加大柬文补习力度。由此大部分高年级学生一周只能来华校三个或两个半天。有些学生由于选课情况不同，甚至一个半天中的三节课还会被柬校挤掉一节或两节。

然而近年在柬埔寨中文大热的情况下，家长依然认为汉语的重要地位不可替代，学习汉语的学生越来越多。除了华人子弟外，当地居民的孩子在经济条件允许下几乎都入读华校。

柬华理事总会更是在经济上全力支持华校教育。于 1990 年成立的柬华理事总会是华社民间服务组织，成立在五大会馆、各省柬华理事会、各宗亲会和全体会员的基础之上。各地华校均是由商会和会馆积极奔走筹募资金而兴建起来的。截至 2014 年统计，柬华理事总会下辖 78 所公立、私立华校，其中由汉办派出的汉语教师志愿者任教的华校共有 21 所。由柬华理事总会主办的当地最流行的中文报纸《柬华日报》，被视为当地华人华侨的喉舌，致力于对华文教育的大力宣传，例如报道或承办"汉语桥"世界中学生中文比赛、柬埔寨华裔青少年"寻根之旅"夏令营、全柬华校"大使奖"现场作文大赛等。

培英学校为柬华理事总会加江分会于 1997 年筹资创办。由于没有固定的专项拨款，财政紧张，师资匮乏，教学环境相较于金边的华校有着巨大的差距。由2010年开始汉办向该校派遣志愿者教师。该校现有四名志愿者、一名侨办教师、五名当地教师，全校设有六个年级八个班，学生入学总数608人。

笔者授课的对象为培英学校高年级学生，共107人。其中四年级学生56人，五年级学生24人，六年级学生27人。学生年龄差距较大，9—22岁的跨度在他们就读柬校的年级中也分布不均，甚至个别班级还有成人或和尚入学。

三 培英学校高年级学生语法偏误分析

笔者共收集到四年级作文45本、五年级17本、六年级21本，有效的语法偏误共138项。本文把所收集到的语法偏误按语言学传统分为四种形式：遗漏、误加、误代和错序等四类。

（一） 遗漏偏误

1. 结构助词"的""得"

结构助词"的"一般用于连接两个句子成分之间的助词，属于虚意成分。

> 例1：姐姐生儿子三个月了。（姐姐生的儿子三个月了）
> 例2：圣诞节老师发给我们吃东西很好吃。（圣诞节的时候，老师发给我们吃的东西很好吃。）

例1中定语为"姐姐生"，中心语为"儿子"，"的"字如若被遗漏在这两者之间，"姐姐生儿子"就有了歧义：分娩活动的持续时间。例2"老师发给我们吃"和"东西"两者之间必须有"的"字帮助构造句子完整性，如若遗漏，句子后面的"很好吃"就多余了。

> 例3：我们都喜欢中国老师，因为他教很好。（我们都喜欢中国老师，因为他教得很好。）
> 例4：我的美术好画吗？（我的美术画得好吗？）

例 3 句子原意指中国老师因为教学水平高，把学生们教得很好。错句遗漏了虚词"得"，程度补语"很好"无法作补充说明。

2. 能愿动词"会""能够"

例 5：我要是考成绩高分，爸爸妈妈奖励我。（要是我考出好成绩，爸爸妈妈会奖励我。）

例 5"要是"做假设成分，原句遗漏了情态动词表达可能意义的"会"，把意思变成了肯定的结果。

例 6：我陪妈妈去看病，所以明天我不去上课。（所以明天我不能去上课。）

例 6"陪妈妈去看病"是"我"不能去上课的客观原因，结果分句中表达的却是"我"主观上不去上课。情态动词"能"的遗漏，使得句义与学生请求老师谅解的请假初衷相违背。

3. 双音节实意词省略

例 7：两个相爱的人撑一把伞觉得很甜。（两个相爱的人撑一把伞觉得很甜蜜。）

例 8：衣穿了还要退还。（衣服穿了还要退还。）

汉语系统中的双音节词在古代汉语中往往是以单音节表现，这种现象至今仍然保留着这种古汉语遗迹的粤语与客家话中经常出现。比如，例 7"甜"表示"甜蜜"，例 8"衣"在粤语和客家话中通常表达为"衫"，同样是单音节。来自华人华侨家庭的学生受到方言影响，往往会不经意间产生这种偏误。

例 9：我怕女朋友生气，从来不跟女人说。（我怕女朋友生气，所以从来不跟女人说话。）

例 10：妈妈去市场卖鱼得十几。（妈妈去市场卖鱼得十几美金。）

例9"说"需要补足说明"话"，例10"十几"省略掉单位"美金"，这个偏误可以认为是学生在语言学习上的简化策略。

（二）误加偏误

1. "的"字误加

例1：我是好孩子的。（我是好孩子。）

例2：今天我不上课的。（今天我不上课。）

例3：在吴哥，我看见很多外国的人来旅游，有美国的人，中国的人，法国的人。（在吴哥，我看见很多外国人来旅游，有美国人，中国人，法国人。）

2. "了"字误加

例4：我对你的话题感了兴趣。（我对你的话题感兴趣。）

"了"字误加，动态助词"了"表示动作的实现或完成，兴趣却是一种持续状态。

例5：我喜欢了有趣的华文课。（我喜欢上了有趣的华文课。）

"喜欢"与"了"字的组合在原句中表达是一种状态的改变，并不是一种动作的完成。

（三）误代偏误

1. 副词误代

例1：什么也可以。（什么都可以。）

不定代词"什么"在肯定句中常跟"都"，副词"也"一般后面跟"不"组成否定。

例 2：你说的不错。（你说的没错。）

"不"表示主观意见，"不错"多指好的评价。原句表达应该为"你说的"是正确的客观事实。应该用"没"。

2. 动词误代

例 3：这个作业不拿。（这个作业不用批改。）
例 4：我拿这个舞蹈。（我要练这个舞蹈。）
例 5：妈妈拿我去学校。（妈妈带我去学校。）

"拿"字在柬埔寨学生造句中出现频率最高，通常包含多种与"拿"本义相关、相近的意义。

例 6：老师去中国了。（老师回中国了。）
例 7：放学后我去家。（放学后我回家。）

"去"和"回"的混淆，正如国内小学生在学龄期常常混淆的一对动词。

例 8：我对男朋友很灰心。（我对男朋友很失望。）

"灰心"与"失望"是近义词，希望落了空，失去信心叫"失望"，与"对"搭配。

例 9：昨晚，我做了美好的梦想。（昨晚，我做了美好的梦。）

"梦"与动词"做"搭配，"梦想"与做"梦"意思不同。

例 10：小明今天要请假，因为他有病。（小明今天要请假，因为他生病了。）

"有病"通常是形容身体或者精神有疾患，用在某种语境和语气表达上还可以表达鄙视或者责备，"生病"则是客观事实，符合"请假"缘由。

例11：哥哥姐姐成绩很好都去外国读书了，但是我不可以去。（但是我不能够去。）

例12：我也想跟您拍照但现在我停学了 所以不会跟你拍照。（所以不能跟你拍照了。）

能愿动词"可以"与"能够"、"会"与"能够"的混淆，是学生学习的重点难点。例11中我客观上因为成绩不够好，表达为能力上的问题，因此用为"能够"。例12"会"表示主观上不愿意，与原句意思不符合，应该为客观条件上的"能够"。

3. 名词误代

例13：他是傻傻，做事情很不好。（他是傻子，做事情做不好。）

例14：我去金边参加哥哥的结婚。（我去金边参加哥哥的婚礼。）

例15：我的家有两只狗：一只是男狗，一只是女狗。（一只是公狗，一只是母狗。）

例13"傻傻"是形容词，"傻子"是名词。例14"结婚"是动词，"婚礼"是名词。例15动物的"公母"相对应"人"应该为"男女"这种区别名词。

4. 形容词误代

例16：祝老师身体好。（祝老师身体健康。）

例17：我在这里读书久年了。（我在这里读书多年了。）

例16祝福语中"身体"通常搭配"健康"，除特殊情况外。例17"久"同义词为"长""多"。学生对这三个形容时间的词难以把握。

5. 关联词误代

例18：时我到家好了，马上就吃饭。（当我回到家以后，马上就吃饭。）

例 19：因为我不能去学校，所以我生病了。（因为我生病了，所以我不能去学校。）

关联词连接起来的两个分句，在逻辑上令学生理解困难。例 18 "时"应当是受英文单词 "when" 的影响，相对应的 "when" 在汉语中通常用"当……时"。例 19 中 "生病" 和 "不去学校" 之间的必然联系为因果关系，"生病" 是前因，故应紧接 "因为"。

（四）错序偏误

例 1：吃饭好了吗？（饭吃好了吗？）

常用语的表达不地道，语境也稍微有所不同。

例 2：糖不好吃，因为牙齿会坏。（吃糖不好，因为牙齿会坏。）

"好" 在原句意义上为 "应该"，放在副词 "不" 后否定的是 "糖" 这个名词，而不是 "吃糖" 的行为。

例 3：我爱老师死了。（我爱死老师了。）

表达程度的 "死" 放在宾语后面，修饰作用的对象颠倒了，本义应该为 "爱" 的程度之深，次序颠倒后的语义令人啼笑皆非。

例 4：我读在公立培英学校。（我在公立培英学校读书。）
例 5：我去金边爸爸一起。（我和爸爸一起去金边。）
例 6：有一些朋友在脸书都去外国留学了。（在脸书上的朋友都去外国留学了。）
例 7：我玩姐姐在今天。（今天我跟姐姐玩。）

以上几例是受英语语法的影响非常典型的错序偏误，例 4 "I study at Puy Eng Chinese School"；例 5 "I go to Phnom Penh with father together"；例 6 "Some friends played in face book all study overseas"；例 7 "I play with sister today"。汉语语法"玩"是动词，后面接宾语往往有不好的意义，指玩弄。

四　语法偏误成因及教学建议

（一）语法偏误成因

根据语言学的传统偏误理论，母语负迁移是偏误产生的最常见的因素。高棉族的小学生与华侨华裔学生的汉语学习环境有着很大不同。首先是受家庭经济影响，上学年龄较迟，导致在高年级就读的学生一般为十六七岁。其次是周边的语言影响，高棉族的学生家中成员之间通常只交流柬埔寨当地语言，在语言习得的环境下毫无优势。

柬埔寨有着殖民历史，加上华人南下创业生活，是各国语言的交汇处。当多种语言混合使用时，不同语言之间会相互干扰，这种情况下负迁移很容易产生。学生在不熟悉语言规则的情况下，根据自己所学到的目的语知识，牵强地组合或者替换。

约占柬埔寨人口5%的华人华侨，大部分来自广东潮汕地区和福建地区，他们家庭中使用的语言相对于现今中国的北方方言有着一定的差别。祖籍为中国的高年级学生在家庭和社会之中习得的语言，很大程度上受到了粤方言和闽方言的影响，依然有很多顽固的语法偏误。

（二）教学建议

1. 激发学生主体的积极性

对于学习成绩优秀的学生，华校会采取一定的鼓励奖学政策，譬如减免学费或书费。学生的学习动力也有一大部分受到奖学政策的影响。

即使有奖励政策，学生的积极性也会因为某些外力因素而受到影响。譬如柬校午休时间教师私自开课补习，学生在繁重的课业下很难再提起精力投入华校的学习中来。因此，教师最大可能地减少课外作业，最大限度地利用课堂时间完成强化练习和课堂作业，为学生争取更多的可自由分配的时间。每周两节作文课，也要求学生做到课内完成。只有在轻松自由的学习环境下，学生才能对新知识做到最有效的汲取。

2. 提高华文教师的汉语水平

除了汉办派出的178位汉语志愿者之外，还有国务院侨办派出的47

位公派教师。尽管支援华教的中国教师都有一定的教学优势，但在数量上相对众多的华文学习者来说，明显僧多粥少。

当地华文教师的汉语水平参差不齐。高棉族教师自华校毕业后任教，教学技能及语言熟悉程度明显较差；而华裔教师祖籍大部分源自广东潮汕地区或福建地区，南方口音比较严重。尽管语音的差别对语法的学习和运用影响并不太大，但是从严格角度来说：粤、闽这两种南方方言与北方方言有很大的差别。光从语法来讲，在语序方面就有着很多不同。例如：北方方言"给我钱"，同样的意思在南方方言中语序必须作调整"给钱我"。因此并不能排除操南方方言的当地华文教师对语法教学有一定的负面影响。

3. 注重教与学的结合

华校作文课没有指定教材，教师结合华文课、说话课和常识课的讲授、讲读，梳理出学生容易造成偏误的语法点，再整理成为新的教学课件。

作文结构的完整性并非强制要求，教学的侧重点在于固定句型的不断重复操练。备课阶段，教师提前把教学材料准备齐全，即句型的选用和编排需要合理且有针对性。作文课一开始，教师即引导学生从身边最简单的事情说起：什么人，做什么，怎么做。如有学生从父亲每天做的事情总结出来："我爸爸""卖鱼""卖三条"。教师让学生把三个要素拆分开来写在事先准备的白纸上，全班同学随即帮忙把白纸上的要素排列顺序，教师适时引导，避免语序出现错误。根据板书上句型"谁干了什么"的提示以及同学们的帮助，造句的学生很快就能把自己的句子意思表达正确："我爸爸卖了三条鱼。"这是学生根据自己的亲身经历提炼出的素材，从而加深了对固定句型的印象。这时教师可把余下同学的造句素材也逐一板书出来，句子板书到一定数量即可全班一起进行口语操练。一般作文课设置为连续两个课时，第一个课时教师与学生互动提炼出自己写作需要的句子；第二个课时要求学生根据自己的句子来安排一个小故事，复述这个发生在自己身边的小故事即可成为一篇小作文。在训练句型的同时，也达到了写作文的目的。

学生在作文课上被要求使用固定句型。在教学设计中安排好虚拟情境，引导学生代入句型，根据自身的学习经验来进行句子组合或者词汇替换。例如四下班《纪昌学射》这篇课文，出现的常用成语有"聚精会神""百发百中""功夫""到家"。学生对词语解释的字面理解能力有限，造句错漏百出。这时候教师尝试模拟校园生活情境："体育委员学习打篮球，聚精会神地听体育老师讲课。他下功夫学习投篮球，练得相当到家。他在比赛的时候投篮百发百中。"四句话的模拟情景描述中包括了要求运用到的词语。同时贴近生活的举例说明，使得学生兴趣盎然，造句的语法偏误也相对减少。

参考文献

1. 黄伯荣、廖序东：《现代汉语》（增订三版），高等教育出版社2002年版。

2. 刘珣：《对外汉语教学引论》，北京语言大学出版社1997年版。

3. 江河：《柬埔寨的华文教育》，《八桂侨史》1996年第1期。

4. 司艳艳：《近三十年来对外汉语偏误分析研究综述》，《聊城大学学报》2011年第2期。

5. 曾苗：《柬埔寨王国桔井省中山学校学生汉语习得情况及相关思考》，硕士学位论文，华中师范大学，2011年。

6. 吕必松：《对外汉语教学概论》（讲义），《世界汉语教学》1992年第2期。

7. 曹艳婷：《柬埔寨留学生汉语语音偏误分析》，《青年文学家》2013年第10期。

8. 迈尔哈巴·谢然甫：《柬埔寨华校学生汉字书写偏误调查及分析》，硕士学位论文，华中师范大学，2014年。

9. 野泽知弘：《柬埔寨的华人社会——华人与新华侨的共生关系》，《南洋资料译丛》2009年第4期。

10. 宋鹏：《柬埔寨留学生汉语比较句习得研究》，《和田师范专科学院学报》2011年第3期。

11. 梁德惠：《近30年来汉语作为第二语言语法习得考察与分析》，《云南师范大学学报》2012年第1期。

12. 陆俭明：《对外汉语教学中的语法教学》，《语言教学与研究》2000年第3期。

作者，骆奕良，广西防城港人。陕西师范大学国际汉学院2015届专业硕士。国家汉办2014—2016年度赴柬埔寨汉语教师志愿者，任教于加江公立培英学院。

从心理词汇研究看在泰汉语教学

夏 宁

【摘 要】心理词汇最早由语言心理学家 Treisman 提出，并在语言学领域得到应用。近些年关于"心理词汇"的研究越来越多。本文以中国学生的心理词汇为基础参照，通过对泰国学生及在华留学生的心理词汇比较，探讨了汉语心理词汇在不同学习群体中的不同特点，由此得出了对泰国汉语教学的部分反思与启示。经过问卷调查，说明在泰汉语教师在缺乏目的语语言环境的客观条件下，需要进一步帮助学习者构建目的语环境。汉语教师可通过"绝处逢生"的旧词重提法、"扬长避短"的语音刺激法、"深入浅出"的字形联系法帮助学习者有效建立二语心理词汇的网络。

【关键词】心理词汇；汉语教学；教学启示

一 关于心理词汇

心理词汇在心理语言学领域中目前还相对较新，很多学者尝试从语言心理学角度去研究词汇教学。心理词汇（mental lexicon）或称内部词汇（internal lexicon）是指存储于人脑的有关语言中词的知识的心理表征，是词汇知识在永久记忆中的组织。

心理词汇可以反映个体在学习二语过程中对刺激词汇的理解与掌握能力，同时通过刺激词、反应词的整体表征又可以进一步体现学习者二语心理词典构建方式的特点。同样为二语学习者，在目的语环境中学习汉语和在母语环境中学习汉语，学习者对汉语词汇的掌握及心理词汇的分布特点有何异同？笔者通过实验的方式来获取在华留学生以及在泰汉语学习者的基本情况。

　　笔者通过自由联想测试的方法，以母语为汉语的中国学生为参照标准，通过两个不同语言背景下的二语学习群体之间的对比分析，讨论泰国学生在其母语背景下，学习汉语过程中心理词汇的特点以及阻碍心理词典构建的因素，以便寻找更好的在泰汉语词汇教学方法。

二　关于心理词汇的实验

　　实验对象分为三部分：（1）在陕西师范大学学习汉语1—2年的在华留学生群体（40人）；（2）泰国那空那育学校高二年级中文专业学生（28人）和暖武里河王中学孔子课堂高三年级中文专业学生（15人），泰国学生均为已学习汉语1—2年的高年级中文专业班学生；（3）陕西省汉中市南郑一中高二年级中国学生群体（35人）。

　　通过《汉语水平词汇与汉字等级大纲》，从中随机抽取甲级乙级词汇共25个，均为常用词语，覆盖动词、形容词、名词、副词等类别，先进行了个别测试，但是表明部分词语不符合测试要求，经过删减最后得到20个词语（本文将其称为刺激词）。受试者通过已给出的刺激词的汉字及拼音，根据自身对这些刺激词的掌握情况而自由联想依次将所想到的词语填写在指定位置。

　　被抽取进行测试的20个常用词如表1所示。

表1　　　　　　　　　　　　　　　抽测常用词

类别	名词	动词	形容词	副词	其他
数量	6	5	5	1	3
词语	药、体育、中国、咖啡、爸爸、蓝色	回、吃、学习、下、雨、喜欢	累、安静、幸福、热、可爱	非常	上、旅行、大家

　　受试者基本情况：重在了解学生学习汉语的动机。测试主体内容：首先，给出一个范例，使学生明白测试方法；其次，20个刺激词乱序排列，每个词给出相应的拼音及六个填写反应词的空间。测试时间为50分钟；测试卷有效评定标准为：在规定时间内，20个刺激词所预留的空白处写有相应反应词即为有效测试卷。

　　根据表1的测试内容，本实验共测试泰国学生43名，在华留学生40名，中国学生35名。一共收回90份有效测试卷，泰国学生收回30份，在华留学生收回 30 份，中国学生 30 份有效问卷调查作为参照。

本文将问卷中所给的 20 个词语称为刺激词。每位实验对象通过刺激词在脑海中出现并填写在问卷上的词语，本文统称为反应词。收集所有反应词，筛选重复及错误的，将实验对象根据刺激词最终得到的能辨别读音或字形的无重复的反应词，本文统称为收集词。

其中中国学生所收集到的反应词数量为 3480 个，所得到的收集词数量为 2351 个；泰国学生根据刺激词所填写的反应词，共计 1487 个，这其中包括同一刺激词中，重复出现的反应词；共收集词语数量为 505 个（同一词语重复多次只记一次）。相对于泰国学生，在华留学生的测试结果为：共收到反应词数量为 2400 个，收集词语数量为 1258 个。泰国学生所达到的反应词数量仅占中国学生反应词数量的 42.5%，而收集词的数量泰国学生仅占中国学生的 21.5%。在华留学生所达到的反应词数量占中国学生反应词数量的 69%，而在收集词方面，在华留学生占中国学生的 53.5%。

表 2　　　　　　　　　　　　　实验结果概况

学生分类	反应词	收集词	拼音书写	汉字书写
中国学生	3480	2351	0	3480
在华留学生	2400	1258	29	2371
泰国学生	1487	505	218	1269

通过表 2 我们首先可以看出：泰国二语学习者群体与在华留学生学习群体心理词汇数量上的巨大差异。在给泰国学生测试过程中，笔者也发现大部分测试者在看到刺激词时首先能够写出一个词语，在完成一个后，速度明显开始变缓，测试者迟疑和停顿的状态交替出现，竭力搜集其整个心理词典网络中与之可能有联系的词语。

表 3　　　　　　　　　　　　　高频词汇

编号	刺激词	泰国学生反应词	在华留学生反应词
01	幸福	玩 15、吃 10、	快乐 12、高兴 11、开心 7、家庭 8
02	上	上海 19、上课 21、上午 15	上课 16、上班 10、上学 10、上车 9、上楼 8、上面 6、上海 6、上网 4
03	回	回家 22、回来 21、回答 12	回家 23、回国 20、回来 12、回答 11、回去 9

编号	刺激词	泰国学生反应词	在华留学生反应词
04	吃	包子 22、饭 15、面包 18、面条 11	吃饭 25、吃饱 8、吃惊 6、好吃 6、用餐 4
05	旅行	中国 16、泰国 14、日本 11	旅游 9、飞机 6、游客 4、花钱 4
06	学习	汉语 24、英语 15、泰语 16、语法 10	汉语 11、努力 8、学校 7、老师 7
07	下雨	伞 16、冷 4、家 4、朋友 4	雨伞 18、下雪 7、冷 6、睡觉 5
08	喜欢	中国 16、吃 15、花 13	爱好 16、爱 8、朋友 5、恋爱 4
09	药	中药 20、泰药 7、西药 6、吃药 4	生病 12、医生 11、医院 9、苦 7
10	体育	体育课 13	运动 9、健康 7、足球 7、体育场 5
11	中国	中国人 10、茶 5、上海 5、汉语 4	汉语 8、北京 6、万里长城 4、中国人 4
12	咖啡	喝 14、牛奶 13、茶 3	咖啡厅 9、咖啡馆 4、喝 5、美式 5、茶 4
13	蓝色	车 14、花 6、绿色 4	天空 18、海洋 8、云 6、红色 10、白色 8
14	爸爸	可爱 19、妈妈 6	妈妈 14、家庭 6、父亲 3
15	累	妈妈 2、爸爸 2、老师 2	睡觉 11、工作 9、疲劳 6、学习 6、困 5
16	安静	房间 7、家 6、宿舍 4	睡觉 5、图书馆 5、教室 5、上课 4
17	热	太阳 15 、我 13	夏天 13、太阳 6、热情 6、咖啡 6、热门 4、天气 6
18	可爱	妈妈 14、老师 10、	小狗 13、孩子 7、小猫 7、漂亮 4、
19	非常	好 11、	很 10、特别 9、太 3、十分 3、挺 3
20	大家	学生 17	大众 4、大家好 4、各位 4、朋友们 4

根据在泰学生与在华留学生的测试结果（见表 2），我们可以知道泰国学生和在华留学生心理词典的构建还有较大的差异，无论从心理词汇的存储方面，还是从心理词汇的提取及输出方面，泰国学生都有与在华留学生心理词汇反应不同的特点。国内在华留学生汉语教学方面相对较为成熟，同时留学生处在目的语环境中，对目的语心理词典的构建能力自然相对较强。我们作为赴泰海外汉语教师，应反思如何有效而快速地提高汉语教学能力，在较短时间内有效地增加泰国学生心理词汇的存储并增强有效提取能力。通过实践，汉语教学工作者应快速找到有效的教学方法，促进在泰词汇教学的发展。

三　关于泰国汉语词汇教学的讨论

根据我们对两个不同语言背景下学习群体与中国学生的测试，我们可以知道，虽然泰国学生对刺激词是认识并理解的，但在词汇认识的深度上还不够，因此很难激发学生对刺激词在语义关系即聚合关系上的反应。在测试中很多受试者，无法有效地产出语义上有联系的反应词，这也说明了心理词典的构建必须要有对词汇深度掌握的要求。即使他有可能在大脑中储存了很多汉语词汇，但认识深度不够，缺乏相应的联想知识，无法在储存的词语之间构成联系组成一张词汇网络，自然也无法在刺激词出现时有效地提取和刺激词相关的各种关系的反应词，这样也就无法有效地构成心理词典。

我们在泰国汉语词汇教学过程中所要做的并非只是让学生认识一个词，知道一个词的基本意思。我们需要刺激学生，将词语置于恰当的语境之中，使学生充分地理解语义及词语用法。在母语环境中，学生缺少对所学词汇的练习、反复刺激，所以在泰汉语教师应该采取相对应的补救措施，如不断利用生词卡片或生词表来给学生进行练习，让学生在老师不断地提醒下能够更精确地理解已学生词的词义、用法等。只有当老师和学生相互配合通过刺激反复地记忆、听、读、写，自己创造一个相对较为真实的语言环境，这样在出现类似语言环境时，词汇会更大概率地被有效提取。

除此之外，汉语教师在教学过程中需要主动引导学生，使学生能将词语顺利储存，有效输入，这对于在泰汉语教师有一定难度。我们都知道泰国对教育相当重视，教师相对来说是一个地位较高的职业。我们的汉语教学相对来说较为独特。在泰国，汉语教学虽然占据了很大的面积优势，除泰国本土的汉语教师外，每年大批志愿者进入泰国被分配到各个学校进行汉语教学，低至小学，高至大学都有汉语课程，但在泰国的大部分汉语实际教学过程中有多方面的阻碍，主要表现在两方面：（1）客观条件——汉语在泰国教育体制下的艰难处境：泰国汉语教学虽然分布较广，但在教学的重视度上并非如英语一般重要。汉语的被重视程度仍远远落后于英语和日语。（2）学生学习汉语的主观态度——泰国学生学习汉语的目的不明确。在关于汉语学习目的的选择上，泰国学生（共30人）在测试中5

人选择兴趣，其余均选择其他，主动选择汉语专业的学生人数以及今后大学选择想要继续学习汉语的人数，结果是 4 人和 3 人。尽管学生主观态度及学校体制方面存在阻碍汉语词汇教学的地方，甚至我们在汉语教学过程中有时似乎走入绝境，但是我们还是需要不断地寻找新方法刺激学生，重点在于增强学生对汉语现状的了解，使学生对汉语产生较为浓厚的兴趣，有多一点的主观能动性，这样才能更有效地推动汉语词汇教学的发展。

　　泰国学生在学习语音方面比汉字更易掌握一些，大部分学生较怕接触汉字。根据泰国学生的特点，可以首先给泰国学生建立精确的语音表征。"精确的语音表征本身就是中文心理词典建构的目标之一。"泰国学生对于汉字的敏感度明显没有对拼音的敏感度高。所以学生在学习汉语时对拼音的需求较为强烈，对汉字的反应就是"无反应"。语音刺激法的扬长避短并非只给学生建立精确的语音系统，而忽略汉字教学。有研究发现"精确的语音对在短时间记忆中保持字形、词义也起着重要作用"。这是语音刺激法的优点所在，我们通过精确语音使学生掌握所学汉语词汇的音与义，在学生对语音还处在较为熟悉的阶段时引入与音义相对应的字形，则可以使学生较为清晰地在汉语音、形、义之间构成练习，无须同一时间接受与泰语系统不同的汉语音—形—义，这已是在学习汉语过程中难度的较大降低，同时也方便学生记忆。

　　但需要注意：泰国学生在某些语音辨识上存在一些问题，所以汉语教师在建立语音教学时可以从学生最易混淆的声调开始，之后进行声韵母教学，教师若想让学生心理词典构建的成功率加大，那么在语音刺激方面就需要多下功夫，如果学生在汉语语音方面与泰语语音含混不清，则会影响学生对汉语语音的正确编码，这不仅会造成语音交流上的误解，同时还会影响与精确语音相对应的汉字字形的存储与输入。在泰汉语教师在进行教学时，需要不断反复进行语音刺激与纠正，以促进学生心理词典的顺利构建。

　　"心理词汇必须兼顾大容量存储和有效提取两个方面。"在成熟的心理词典中，大量词汇主要以语义网络的形式存储于心理词典中，"语义网络由相互连接的要素组成，这些要素就是概念和节点，它们通过各种关系彼此连接"。在教授汉字时，汉字难教、汉字难学是一直以来很多汉语教师在教学过程中的感受，但近些年，研究一直强调尽量避免给学生强调"汉字难学"这一观点，我们在教授汉字时先由语音引入，降低汉字记忆的难度。很多汉字在字形上很相似，很多学生容易将他们混淆，分不清楚。这一点不要避开不谈，我们应该将易混淆字形主动教授给学生，同时进行对比，根据字形的不同点加以区别，使学生形成深刻记忆，之后在反复练习中则可形成较强的区别意识，然后书写或认读过程中便能顺利区别开来。例如：之前给学生上课讲眼睛的"睛"和晴天的"晴"时，直接给出学生两个汉字，学生常常容易混淆，反复几次依然分不清楚。后来在讲解时就改变了直接写字的方法，突出两个字形不同之处，加以强调。先在黑板上画出简笔太阳，告诉学生此为"日"，突出"日"即指"太阳"有太阳，天气很好，就是"晴天"。同样，画出简笔眼睛，同时给出字形"目"，使学生明白"目"即指双眼，则说"眼睛"。之后在复习、加强记忆时先不直接出现"睛、晴"，先给出学生"目、日"让学生说出这两个字所表示的意思，之后再给出"睛、晴"学生就更容易掌握了。不知不觉，我们既涉及汉字的发展，也通过简单的方法区别了相似字形。同时汉语教师可以运用这样的方法来加强学生的自主能动性，教师可将几组相似字形作为任务布置给学生，让学生通过找区别、组词、造句的方法来加强对汉字的认读与记忆。使学生将原本易混淆的字通过不同点各自建立语义联系区分开来。

本文以中国学生心理词汇的积累为基础参照，通过对泰国学生及在华留学生的心理词汇比较，探讨了汉语心理词汇在泰国学生及在华留学生不同学习群体中的不同特点，由此对在泰的汉语教学有若干反思与启示。泰国学生与在华留学生心理词汇的巨大差异，使我们在泰汉语教师深刻明白"汉语教学任重而道远"。这不是一蹴而就的事情，需要学生与老师共同努力。客观环境的现实已经限制了汉语作为二语的心理词典的构建，所以我们在主观方面应该做到"勤能补拙"。

我们必须重视词汇教学，将学生汉语心理词汇的大量存储与有效提取，以及心理词典的成熟构建作为自己的重要任务。在词汇教学过程中努力帮助学生建立二语心理词汇的网络，激发学生的想象能力以及记忆能力，发挥学生主观能动性将词汇在大脑中储存。汉语教师在缺乏目的语语言背景的客观条件下，需要不断反复刺激学生，激发学生对目的语的敏感力，增强学生对心理词汇输入输出的能力。这样，汉语词汇教学才能达到更好的效果。作为汉语教师我们有义务督促学生及刺激学生对词汇的学习，使二语学习者有能力朝着更高阶段发展。

参考文献

1. 袁扬华、张明：《心理词汇研究对外语词汇教学的启示》，《安徽教育学院学报》2007 年第 1 期。

2. 《汉语水平词汇与汉字等级大纲》，北京语言学院出版社 1992 年版。

3. 徐彩华：《中文心理词典理论与对外汉语词汇教学》，《第七届国际汉语教学讨论会论文汇编》，北京师范大学汉语文化学院，2002 年。

4. 周小兵：《对外汉语教学入门》，2004 年。

5. D. W. 卡罗尔：《语言心理学》（第四版），缪小春译，华东师范大学出版社 2007 年版。

6. 马玉汴：《放射状词汇教学法与留学生中文心理词典的建构》，《云南师范大学学报》（对外汉语教学与研究版）2004 年第 2 期。

个人简介：夏宁，陕西汉中人，陕西师范大学汉语国际教育专业，曾赴泰任教一年，现为陕西师范大学国际汉学院兼职汉语教师。

华文教育中小类双音复合词词义
识解度及其制约因素研究

崔言燕

【摘　要】华文教育中汉语词汇教学一直是重中之重，而词义理解的程度（即"词义识解度"）对 CSL 学习者的词汇学习有重要影响。双音复合词"可 V/可 A"是由助动词"可"与一个实义动词性或形容词性语素构成的复合词，其内部不同复合词之间存在词义识解的梯度，构词语素的特点、语义透明度及词汇化三方面因素均对词义识解度产生影响。

【关键词】词义识解；CSL 学习者；可 V/可 A；语义透明度

一　引言

在北京语言大学"HSK 动态作文语料库"中，CSL（Chinese as a Second Language）学习者（以下简称 CSL 学习者）出现了以下偏误：

（1）失败不是很怕的东西，而是好的东西。(可怕①)

（2）我的母亲，性格热情，有时候当然很怕，严格地教训我。（可怕）

（3）在日本的时候，我认为这些都是母亲应该做的事，很可靠她。（依靠）

（4）这篇文章里的丈夫，看到妻子的病情后非常可悲。(悲伤)

（5）可能人家一看就要可笑。(笑)

通过观察上述误例我们发现，学习者在使用"可怕、可靠、可悲、可笑"等词时均有偏误，如将"怕"误用为"可怕"，说明学习者认为

---

① 括号中为当用词，不标语别。

"怕"与"可怕"的词义相同；将"悲伤"误用为"可悲"，说明学习者认为"可悲"的词义就是"悲伤"，在使用"可靠、可笑"时也产生了类似偏误，即 CSL 学习者在词义识解时忽略了"可"在词中的意义。为什么会出现这种现象呢？"可怕、可靠"等双音复合词"可 X"的词义是否存在特殊性？学习者在理解其他"可 X"时是否也会产生类似的偏误呢？在华文教育领域中，海外汉语学习者是否也存在类似偏误呢？

双音词"可 V/可 A"是由助动词"可"与一个实义动词性或形容词性语素构成的复合词，如"可爱、可怕、可贵"。其中助动词性语素"可"，义为"值得"。《说文》："可，肯也。"《广韵》："可，许可也。"《韵会》："可者，否之对也。""可"的本义应为"许可"义，为动词；根据《现代汉语词典》（第 6 版）（下文简称《现汉》）和《现代汉语八百词》（增订本），"可 1"做助动词时，表"许可或可能""值得"义，"可 2"表转折，与"可是"意思相同，"可"经历了语法化的词义演变过程。

董秀芳（2002a）提出，助动词结构"可 V"词汇化后意义并没有太大变化，如"可爱、可怜"，且由于汉语中形容词与动词在句法功能上的差异不明显，因此其词汇化后范畴的改变也不明显，可能出于这个原因，学界对"可 V/可 A"的研究很少，也尚未见前人对双音复合词"可 V/可 A"进行系统的、有针对性的研究，此领域仍有巨大的拓展空间。因此，本文将研究范围缩小为双音复合词"可 V/可 A"，首次聚焦在一个小的词语类聚内研究词义识解度的问题，考察 CSL 学习者对此类复合词的词义识解度，以期对华文教育领域中的词汇教学有所帮助。

二　CSL 学习者双音复合词的学习情况

（一）双音复合词"可 V/可 A"的确定

本文的研究范围为双音复合词"可 V/可 A"，首先在《现代汉语词典》（第 6 版）（下文简称《现汉》）中得到 36 个双音复合词"可 X"。由于本文是面向 CSL 学习者的研究，根据《汉语国际教育用音节汉字词汇等级划分》（2010），从 36 词中又筛得 20 个双音复合词"可 X"，它们是：

一级（初级水平）：可爱、可靠、可能、可怕、可是、可以

二级（中级水平）：可见、可怜、可惜、

三级（高级水平）：可悲、可耻、可观、可贵、可口、可谓、可恶、可笑、可信、可行、可疑

其中三级中的"可口"是比较少见的"可"与名词性语素构成的复合词，仅此一例，故暂不将其纳入研究范围。一级中的"可能、可以、可是"三词，前两个是助动词，"可是"为表转折意义的连词，与大部分双音复合词的"可 X"的词性和意义都不同，我们也暂不将这三个词纳入研究范围。剔除以上四个词，我们最终得到 16 个双音复合词"可 V/可A"作为研究对象，它们是：

一级（初级水平）：可爱、可怕、可靠

二级（中级水平）：可见、可怜、可惜

三级（高级水平）：可悲、可耻、可观、可贵、可谓、可恶、可笑、可信、可行、可疑

为了观察学习者对"可 V/可 A"的词义识解和使用情况，我们采用了语料库筛查法和问卷调查法进行考察和分析。

（二）双音复合词"可 V/可 A"的语料库筛查

在中介语语料库穷尽性筛查"可 V/可 A"后获得的偏误分布情况见表 1。

表 1 　　　　 10 个①双音复合词"可 V/可 A"的语料库偏误分布

可 V/可 A	误例	误用词	数量	比重（%）
可怕	26	害怕②	20	76.9
		怕	5	19.2
		恐怕	1	3.8

① 由于"可怜、可谓"等6个"可 V/可 A"未见误例，因此不参与偏误分析。

② "害怕"与"怕"在很多语境中都可互换，因此如果是当用"害怕"或"怕"，学习者却误用了"可怕"，这种情况下我们根据语境和韵律，选择最合适的词，因此数据并不绝对。

续表

可 V/可 A	误例	误用词	数量	比重（%）
可贵	9	珍贵	5	55.6
		宝贵	4	44.4
可靠	6	依靠	6	100
可见	5	看见	5	100
可爱	4	爱	4	100
可惜	3	珍惜	2	66.7
		爱惜	1	33.3
可笑	3	笑	3	100
可悲	2	悲伤	2	100
可恶	1	恶	1	100
叫行	1	可以	1	100

通过观察表1，我们认为"可 V/可 A"的具体偏误分布有以下特点：

（1）多数"可 V/可 A"都与其误用词同素，即误用词的构词语素中都含有相同的后位语素"V/A"，如"可怕"的误用对象有"害怕、怕、恐怕"，均含有后位语素"怕"，与"可怕"同素。

（2）CSL 学习者多将"可 V/可 A"与其后位语素"V/A"产生混淆。如"可怕"的误用词"怕"在整个误用词中的比重为19.2%，"可爱"的误用词"爱"的误用比重为100%，"可笑"与"笑"、"可恶"与"恶"都是同样的情况。

（3）某些"可 V/可 A"有多个误用词，同素也使这些误用词之间多为同/近义关系，如"可怕"有三个误用词："害怕、怕、恐怕"，这三个词均含有后位语素"怕"，"害怕"与"怕"为近义词；又如"可贵"的两个误用词"珍贵"与"宝贵"是近义词，"可惜"的两个误用词"珍惜"与"爱惜"也是近义词。

我们认为上述偏误特点的产生原因是学习者在识解"可 V/可 A"的词义时将其拆分，将"V/A"的意思当作整个词的词义，并自动关联学过的其他同义词，如将"可怕"误用为"怕、害怕"；如果"V/A"是不成词语素，学习者便会联想含有相同构词语素的同义词，并将其当作"可 V/可 A"的词义。这说明学习者在词义识解时只能识解出后位语素

"V/A"的意思，而无法正确识解或直接忽略"可"的意思。学习者对大部分"可V/可A"词义识解都产生同类偏误问题，足以说明"可V/可A"自身的构词存在某种特点，导致学习者无法正确识解其词义。

（三）双音复合词"可V/可A"的问卷调查

（1）调查的目的与设计

为了最大限度地降低语料库筛查中的干扰因素，我们将采用问卷的方式进一步调查，目的是更详细、全面地了解汉语学习者对双音复合词"可V/可A"的使用和理解情况。问卷主要考察CSL学习者词义识解情况，分为两大部分，其中第一部分重点考察学习者对六个初级和中级水平"可V/可A"的词义理解情况，主要测试了"可爱、可靠、可怕、可见、可怜、可惜"，题型为"选择词语完成句子"和"用给出的词语完成句子"，如：

这个女孩子眼睛大大的，很＿＿＿＿＿＿，她的家人都很＿＿＿＿＿＿她。（爱、可爱）

第二部分重点考察了十个高级水平的"可V/可A"："可悲、可耻、可观、可贵、可谓、可恶、可笑、可信、可行、可疑"，题型为选择题，即"选择正确的句子意思"，如：

"那个男人很可疑"，这句话什么意思？（　　）
A. 那个男人很疑惑，他有不明白的问题　　　B. 那个男人看起来值得怀疑
C. 那个男人经常怀疑别人

（2）调查结果分析

问卷回收数量为50份，有效问卷数量为50份。通过观察问卷结果我们发现，16个双音复合词"可V/可A"，每个词在同一道大题中的正确率和偏误比重均不同，说明CSL学习者在识解"可V/可A"的词义时有不同程度的困难和问题；下面将在表2中对16个"可V/可A"的问卷调查结果进行比较。

表 2　　　　　　　　　　　16 个双音复合词 "可 V/可 A" 的问卷
调查结果（数据单位:%）

可 V/可 A	第一题		第二题		第三题		平均比重	
	正	误	正	误	正	误	正	误
可怕	90	10	76	24	81.9	18.1	82.6	17.4
可怜	/	/	100	0	/	/	100	0
可靠	100	0	88	12	/	/	94	6
可见	96	4	82	18	/	/	89	11
可爱	100	0	100	0	/	/	100	0
可惜	98	2	96	4	/	/	97	3
可笑	/	/	/	/	86.4	13.6	86.4	13.6
可悲	/	/	/	/	77.3	22.7	77.3	22.7
可恶	/	/	/	/	72.7	27.3	72.7	27.3
可行	/	/	/	/	95.4	4.6	95.4	4.6
可贵	/	/	/	/	59.1	40.9	59.1	40.9
可谓	/	/	/	/	90.9	9.1	90.9	9.1
可观	/	/	/	/	95.4	4.6	95.4	4.6
可耻	/	/	/	/	72.7	27.3	72.7	27.3
可信	/	/	/	/	90.9	9.1	90.9	9.1
可疑	/	/	/	/	40.9	59.1	40.9	59.1

　　总体来看，除了 "可疑" 以外，每个词在不同大题中的正确率都要高于偏误率，说明参与调查的学习者对 16 个 "可 V/可 A" 的整体掌握情况还是比较稳定的，都能大概明白其词义。而 "可疑" 的正确率为 40.9%，低于偏误比重 59.1%，说明大部分学习者不能理解 "可疑" 的词义，词义识解上存在比较严重的问题。具体到其他 15 个 "可 V/可 A" 的平均正确率和偏误比重，每个词的差距也比较大。

　　从具体的偏误情况来看，根据问卷结果，初级组和中级组在第一、二大题上均出现了偏误，且偏误倾向很明显，都是将 "可 V/可 A" 的词义拆分，只识解出 "V/A" 的含义，但并非在所考察的 6 个 "可 V/可 A" 上都有词义识解问题，而是集中在少数几个词上，如第二大题中出现的偏误：

> 这个小孩子不敢摸小狗，因为<u>很可怕被咬</u>。（可怕）

很明显此例是将"可怕"的词义识解为"怕"。再如：

> 麦克考完试很不高兴，<u>可见他的表情不好</u>。（可见）

此例中学生将"可见"理解为"可以看见"，将其拆分，却不知其经过词汇化后，词汇意义演变为"根据前面的事实，作出判断或者得出结论"，须整体识解。

通过具体偏误我们能看出很多问题：对于 6 个初级和中级水平的"可 V/可 A"，CSL 学习者在识解"可爱、可怜"时偏误率很低，然而在"可怕"的词义识解上却有很高的偏误率，三道大题的偏误率均超过10%，这种现象说明，虽然是已经学习过、很常见的初、中级词，学习者对某些"可 V/可 A"的词义识解仍存在问题，对整体词义及构词语素义的理解都不清晰。据此，我们推测，学习者在遇到未接触过或不熟悉的"可 V/可 A"时，如"可耻""可贵""可疑"，只能识解或猜测其后位语素的含义，这也说明学习者对于"可"的语素义的感知度很低。那么究竟16 个"可 V/可 A"的词义识解度应当如何确定？其词义识解的难度序列又该怎样排列？以及影响其词义识解度的制约因素和内部机制是什么？这些问题我们都将在后文逐步探究。

三　CSL 学习者双音复合词"可 V/可 A"的词义识解度

我们拟采用赋值的办法，为"'可 V/可 A'与'V/A'混淆的误例占语例总数的比例"以及"问卷调查结果中'可 V/可 A'的平均偏误比重"两项赋值，为了方便与等级高低相对应，学习者的偏误率越高，说明词义识解越困难，那么我们所赋的值就越低，则该词的词义识解度就越低。

经过分析和计算，具体赋值办法和赋值分数如表 3 所示。

表3 词义识解度赋值表

赋值项	赋值来源	偏误比重	分值	可V/可A
一	语料库分布	7%以上	1	可怕、可贵、可靠
		2.5%—7%	2	可恶、可悲、可笑
		0—2.5%	3	可爱、可惜、可行、可见
		0	4	可怜、可观、可谓、可信、可耻、可疑
二	问卷调查	30%以上	1	可疑、可贵
		14%—30%	2	可悲、可恶、可怕、可耻
		7%—14%	3	可谓、可信、可见、可笑
		0—7%	4	可怜、可观、可爱、可惜、可行、可靠

我们规定，偏误比重越低，分值越高，词义识解度越高。因此最高分为4分，最低分为1分。根据前文的数据，运用表3的办法分别进行赋值以后，每个"可V/可A"的所得值见表4。

表4 16个"可V/可A"赋值结果

可V/可A	可怜	可观	可谓	可信	可爱	可惜	可行	可耻	可见	可笑	可疑	可靠	可悲	可恶	可怕	可贵
赋值项一	4	4	4	4	3	3	3	4	3	2	4	1	2	2	1	1
赋值项二	4	4	3	3	4	4	4	2	3	3	1	4	2	2	2	1
总值	8	8	7	7	7	7	7	6	6	5	5	5	4	4	3	2

由于我们规定值越高，词义识解度越高；值越低，词义识解度越低。不同的值可以帮助我们区别"可V/可A"内部不同的词义识解度，然而相同的值并不说明词义识解度一定相同，我们认为，不同的词汇等级、语料库筛查以及问卷调查中不可抗的干扰因素都会影响到赋值的最终结果，总值相同的一组"可V/可A"内部其词义识解度也一定存在差异，由于精力所限，同一等级内部每个词之间词义识解度的差异，有待后续更加细化、深入的研究。

通过观察表4中的总值，我们认为"可V/可A"的词义识解度等级可分为容易识解、较易识解、较难识解、难以识解四级[①]，则16个双音复合词"可V/可A"的词义识解度等级序列为：

---

① 感谢张博先生在词义识解度等级问题上给予的建议。

词义识解度等级：容易识解（8）＞较易识解（7）＞较难识解（5—6）＞难以识解（2—4）

可 V/可 A：可怜—可观 > 可谓—可信—可爱—可惜—可行 > 可耻—可见—可笑—可疑—可靠 > 可悲—可恶—可怕—可贵

总值：　　　8　8　　7　　7　7　7　7　　6　6　　5　5　5
4　4　　3　2

四　CLS 学习者双音复合词"可 V/可 A" 词义识解度的制约因素

我们拟从构词语素特点、语义透明度及词汇化三方面入手，综合探讨"可 V/可 A"词义识解度的制约因素。

（一）同一语素对不同复合词词义识解度的影响

结合表1中"可 V/可 A"与其误用词的分布及序列一我们发现，词义识解度为"较难识解、难以识解"的九个"可 V/可 A"，或有多个同素的常用双音复合词，或其后位语素"V/A"可单独成词。

以"可怕"为例，表1中显示，"可怕"的误用词有三个："怕、害怕、恐怕"，均与"可怕"同素，且都是常用词，同时后位语素"怕"本身是成词语素，因此"可怕"很容易与这三个词产生混淆，导致学习者无法正确识解"可怕"的词义，而想当然根据后位语素"怕"将其理解为其他三个词的词义，这就使得"可怕"的词义识解度很低；通过观察序列一中大部分"难以识解"和"较难识解"的"可 V/可 A"，我们发现大部分都是类似"可怕"的情况，即有单个或多个同素的误用词。序列一中"难以识解"等级有 4 个"可 V/可 A"，即"可悲、可恶、可怕、可贵"，其中"可悲"，与其同素的常用双音词有"悲伤、悲哀"等，学习者很容易将这三个词混淆；"可贵"，与其同素的常用双音词有"珍贵、宝贵"等；"可恶"，与其同素的双音词有"厌恶、恶心①"等。

通过观察和对比不同词义识解度"可 V/可 A"构词语素的特点，结

---

① "恶心"中的"恶"与"可恶"中的"恶"并非同一语素，但同形，问卷调查中考察"可恶"一词时设置了干扰选项"恶心"，确实有不少学习者将两者混淆，因此列出。

合词汇等级，我们认为常用的同素复合词会干扰学习者对"可 V/可 A"的词义识解，使学习者更容易将整体词义理解为同素词，更容易忽略"可"的含义，因此同一构词语素是制约复合词词义识解度的重要因素之一。

（二）复合词的语义透明度对词义识解度的影响

从整个"可 V/可 A"词族来看，根据序列一，"难以识解"和"较难识解"的"可 V/可 A"数量为 9 个，多于"容易识解"和"较易识解"的，说明学习者在识解"可 V/可 A"词族时很容易产生问题；同时通过观察第二部分中"可 V/可 A"的语料库分布情况和问卷调查结果分布情况，我们能明显发现学习者对 16 个"可 V/可 A"的词义识解情况存在同样的问题，即词义识解时学习者将"可"与后位语素"V/A"拆分，只识解出"V/A"的意思，而无法准确识解或直接忽略"可"的意思。该问题导致学习者无法准确理解"可 V/可 A"的整体词义，在使用词义识解度较低的"可 V/可 A"时便很容易产生偏误，将其当作"V/A"或"V/A"的同义词使用。那么是什么原因导致学习者无法识解"可"的意义呢？我们认为是"可 V/可 A"的语义透明度直接影响了学习者对整个词语特别是"可"的识解。

语义透明度（Semantic Transparency）指的是合成词的整词词义可以从其构词语素义所推知的难易程度，表现为学习者理解及掌握词语的难易程度。李晋霞、李宇明（2008）据此将复合词的词义透明度分为四类："完全透明、比较透明、比较隐晦、完全隐晦"。对比我们所研究的"可 V/可 A"，例如"可怕"，词义为"令人害怕"，其中"害怕"可以从后位语素"怕"推知，但"令人"义却并不能从"可"的语素义中推知，一般人也不了解"可"的致使含义，因此我们认为，若参考李晋霞、李宇明（2008）对语义透明度的划分，"可 V/可 A"词族的语义透明度应为"比较隐晦"。

由于"可 V/可 A"的整体词义并不简单等于"可"与"V/A"的加和，其"令人……"的致使义无法简单从构词语素"可"推知，其构成语素"可"与"V/A"的语义明晰度不平衡，导致"可 V/可 A"的整体语义透明度不清晰，属于"半透明词"。那么为何"可"会产生"令人……"的致使义？我们认为当从"可 V/可 A"自身的构词特点溯源探析。

（三）词汇化对词义识解度的影响

双音复合词"可 V/可 A"是"可 X"词族中数量最多的一类，其构词很有特点，最初都是由助动词"可"参与组成的助动词结构，在长期使用的过程中发生词汇化，词汇化路径也较为一致。董秀芳（2002a，2002b）对"可 V"式双音词的词汇化进行了简单考察，其最初都是表"值得"义的助动词"可"与其后的动词性成分构成的，例如"可恶"，"可恶"原是表"值得"义的助动词"可"与表"憎恶、厌恶"义的动词"恶"组成的助动词结构：

> 食之可欲，忍而不入；死之可恶，然而不避。（《战国策·楚策》）
>
> 见其可欲也，则必前后虑其可恶也者；见其可利也，则必前后虑其可害也者，而兼权之，孰计之。（《荀子·荣辱》）

词汇化后"可恶"黏合为一个形容词，义为"令人厌恶的"。

值得一提的是，"可 V/可 A"结构不断词汇化的过程，同时也是"可"字不断语法化的过程。表"值得"义的助动词"可"与其后的动词性成分组成助动词结构，在长期的使用中逐渐词汇化为"可 V/可 A"词族，其中"可"的值得义逐渐演变为表"令人……"的致使义，且由于"可 V/可 A"的词汇化程度较高，该致使义逐渐弱化并隐藏于整体词义当中，无法简单从构词语素"可"所推知，整个词的词义更多倾向于"V/A"的意义上，而学习者在学习和习得时大多采用整体认知的方式，并不容易察觉"可"的含义。例如："可爱"是学习者非常熟悉并较早习得的一个初级词，但很少有人能回答出"可爱"是"令人喜爱"的意思，即便能回答出，也很难将"可"与整体词义中"令人"的致使义相结合，因此在遇到一些高级水平的"可 V/可 A"如"可贵"时，便更加无法识解出"可"的致使义。"可 V/可 A"中的"可"与"V/A"的语义明晰度不同，影响了"可 V/可 A"整体的语义透明度，并间接制约了学习者对"可 V/可 A"的词义识解度。

五 结语

本文根据《现汉》及《汉语国际教育用音节汉字词汇等级划分》（2010），确定了 16 个双音复合词"可 V/可 A"作为本文的研究对象。在此基础上，我们采用对封闭式语料库进行穷尽性筛查以及问卷调查的方法，全方位考察了 CSL 学习者"可 V/可 A"的词义识解情况。

CSL 学习者在理解双音复合词"可 V/可 A"时很容易产生偏误，其偏误特点为无法准确识解其中"可"的意义，而将后位语素"V/A"的意思当作整个"可 V/可 A"的词义来理解和使用；但学习者在理解某些"可 V/可 A"如"可怕、可贵"时很容易产生偏误，理解其他"可 V/可 A"如"可怜、可爱"时则相对准确。通过对"可 V/可 A"在语料库和问卷调查中的偏误比重赋值，我们将 16 个"可 V/可 A"的词义识解度分为四个等级：容易识解 > 较易识解 > 较难识解 > 难以识解。根据偏误分布及等级分布情况，我们从汉语本体角度深入挖掘了"可 V/可 A"词义识解度的制约因素，认为构词语素的特点、语义透明度及词汇化均对其有影响。"可 V/可 A"的同素词很容易干扰学习者对"可 V/可 A"整体词义的识解，从而制约其词义识解度；语义透明度是制约"可 V/可 A"词义识解度的直接因素，对"可 V/可 A"词族而言，词汇化过程使"可"的致使义隐藏于整词词义当中，使"可 V/可 A"整体语义透明度不高，从而间接制约了词义识解度。

参考文献

1. 陈昌来、占云芬：《"多少"的词汇化、虚化及其主观量》，《汉语学报》2009 年第 3 期。

2. 陈昌来、张长永：《"由来"的词汇化历程及其相关问题》，《世界汉语教学》2010 年第 2 期。

3. 池昌海：《〈史记〉中助动词"可"和"可以"语法功能差异初探》，《语言研究》2004 年第 2 期。

4. 丁喜霞：《中古常用并列双音词的成词和演变研究》，语文出版社2006 年版。

5. 董秀芳：《跨层结构的形成与语言系统的调整》，《河北师范大学学报》1997 年第 3 期。

    6. 董秀芳：《论句法结构的词汇化》，《语言研究》2002a 年第 3 期。

    7. 董秀芳：《词汇化：汉语双音词的衍生和发展》，四川民族出版社 2002b 年版。

    8. 董秀芳：《"X 说"的词汇化》，《语言科学》2003a 年第 2 期。

    9. 董秀芳：《论"X 着"的词汇化》，《语言学论丛》2003b 年第 28 辑。

    10. 董秀芳：《"是"的进一步语法化：由虚词到词内成分》，《当代语言学》2004 年第 1 期。

    11. 李金满、王同顺：《词汇化和语法化的接口——"X 们儿"的演变》，《当代语言学》2008 年第 1 期。

    12. 李晋霞、李宇明：《论词义的透明度》，《语言研究》2008 年第 3 期。

    13. 李晋霞、刘云：《论定中 V 双 + N 双词汇化的制约因素》，《当代语言学》2003 年第 4 期。

崔言燕，女，陕西师范大学国际汉学院院聘教师，北京语言大学语言学及应用语言学硕士研究生，研究方向为词汇学及对外汉语教学。

Email：757847464@ qq. com

汉语类词缀的生成及其
华文教学的对策研究

贾泽林

【摘　要】类词缀是构成新词的重要手段之一，也是留学生拓展汉语词汇量的一种重要方式。本文从概念生成及表达的角度分析了类词缀形成的动因，同时认为语用创新和省力原则在类词缀形成过程中发挥促动作用，并指出类词缀的生成过程表现在隐喻、语法化、语言接触三个方面。在对类词缀生成过程分析的基础上，我们从语义组配、类词缀的语义特点、词根的语义特点三个角度提出类词缀在华文教学中的对策。

【关键词】类词缀；概念化；生成；华文教育

一　引言

类词缀范畴在现代汉语中是一种新兴的语法语义范畴，也是华文词汇教学的重要内容之一。根据《现代汉语词典》（第六版）的收词来看，如果一个词（或语素）在现代汉语中发展出类词缀用法，一般会被视作该词（或语素）的一个义项。所以，用作类词缀的义项在词典中出现的次序总是比较靠后，该义项是由实词或实语素发展而来的。例如：

（1）【化】①变化；使变化：化脓、泥古不化。②感化：教化、潜移默化。③熔化；融化。④消化。⑤烧化。⑥（僧道）死。⑦指化学。⑧后缀。加在名词或形容词之后构成动词，表示转变成某种性质或状态：绿化、美化、恶化、电气化、机械化、水利化。

（2）【非】①错误：是非。②不合于：非法、非礼。③不以为然；反对；责备：无可厚非、非难、非议。④不是：答非所问。⑤前缀。用在一些名词成分的前面，表示不属于某种范围：非金属、非晶体。

例（1）中作为后缀（按：类后缀）⑧的用法很明显与①之间存在密切的关系。例（2）中⑤作为前缀（按：类前缀）的用法，与①②④之间存在联系。显然，类词缀义项与同一词条下其他义项之间在意义上存在引申关系。

本文试图对影响类词缀形成的因素进行剖析，并在此基础上分析类词缀的生成机制，最后结合上述研究提出类词缀在华文教学中的对策。

二　汉语类词缀形成的动因

（一）类词缀是概念化的产物

Langacker（1987/1991：56）指出："认知语法在语言描述中重视心理现实性这一目标。"人类的思维过程是一个不断形成概念并运用概念的过程，现代汉语类词缀正是在思维中产生的象征性结构，且在思维和表达中不断被提取和反复使用。

现代汉语类词缀是依据概念表达的需要而产生的。概念化过程包括对世界的客观描述和人自身主观感受的表达两个部分。除了空间、时间、身体部位等可以直观感受到的原始范畴外，其他的认知范畴都是在此基础上经过不断抽象化而形成的。随着人对客观世界认识的不断深化和思维方式的多样化与复杂化，概念的内容和结构形式都不断丰富。在这个过程中抽象思维起着举足轻重的作用，其中旧的概念和概念结构对新的概念和概念结构的形成具有关键性的作用，新的概念和概念结构又在接下来的思维过程中变成了基础的概念和概念结构。正是通过这样循环往复，人类的认知网络不断完善。在人类的概念网络中，存在一种可以反复套用、所指比较固定，形成概念时有章可循的固定模式，这不但表现在约定俗成的概念的形成过程方面，而且更重要的是体现在一些即时概念的创造上，这种概念形成的外在表现就是类词缀，它最突出的表现就是作为一种约定俗成的稳定结构，不断地即时生成新词的能力，而它的产生很显然是具有强大的心理基础的，是用类词缀这种稳定的象征性结构来不断生成新的象征性结构，而依靠它则能够不断地根据思维和表达的需要进行套用，这一过程本身就体现为创造性思维和表达的过程，在语言方面就表现为新的象征性结构（语言和语言结构形式）的不断生成。更重要的是，在语言理解上，由于类词缀是一种人所共知的约定俗成的形式，依靠它对相关的表述也可以达到充分理解的目的。例如：

（3）员：公务员　保管员　质检员　播音员　出纳员
（4）感：负罪感　恐惧感　挫败感　成就感　立体感
（5）门：水　门　伊朗门　情报门　虐囚门　解说门
（6）非：非样本　非结盟　非政府　非常规　非主导方面

很明显，根据我们日常的语言知识和语感，以上所列的四个类词缀所具备的生成能力绝不仅限于例中所列的词语，"员"与相关的工作属性相加就可以表示某一类从业人员，"感"与表现人类某种感受的词语相加表示相关的感受，"门"是专门用来表现"丑闻"的一个类词缀，与某一丑闻相关的词汇相结合就会称述该丑闻，"非"是用来表示否定的类前缀，与相关的名词和形容词结合就可以表示相反的情况。由此不难发现，类词缀是固定在人类思维和表述系统中具有无限生成能力的一种语言单位。

（二）类词缀是一种高效的表达方式

类词缀在生成概念的过程中的表现与它自身的条件也是分不开的，本文将它称作"高效的表达形式"。根据人类的认知习惯和生活经验，受"利益"的驱使，人类总是会将对自己有重要意义（或帮助）和具有方便高效使用价值的人和事物通过某种方式保存在易于获得和提取的位置，以便随时提取使用，而且在使用的技巧和熟悉程度方面要比与自己无关的人或事物熟练得多。语言是一个价值系统，具有高效率特征的语言形式必然会引起人的重视而被保存下来，比如基本词汇和最常用的句型会长时间地保存下来。在现代汉语中，类词缀作为一种高效的语言形式，必然会储存在说话者的思维和话语组合系统中的。类词缀的高效性特征主要表现在：

1. 用法固定，容易掌握

用法固定主要表现在形式和意义两个方面，特定的类词缀总是位置固定，与特定的语义表达相关联，造成的新词人们通过其固定的理解方式可以完全掌握其内涵。

2. 以简练的形式记录丰富的意义

虽然语言学界关于类词缀认定的观点并不统一，但是以现在所能统计到的所有类词缀来看，类词缀主要是以单音节语素为主，形式非常简练，但是与其他语素相结合却可以表达非常复杂的概念内容和特定的色彩意义，因此类词缀在思维中和语言表现中的地位是难以取代的，它在思维和语言表达过程中所表现出的准确度和选择视角的独特性不可替代。如果要对它所构成的词进行恰当的解释，必须用一个句子或一个短语，难以找到一个同义词。比如：

（7）时装秀：（流行）时装表演。
（8）文艺界：从事文艺工作的成员的总称。
（9）世界观：对于世界的看法。

类词缀在使用中的高频率也能说明人在思维和表达过程中对类词缀的依赖程度。例如：

（10）只有超常规思维才能实现跨越式发展。（《人民日报》2006年6月14日）
（11）全球"汉语热"的"冷思考"：对外汉语如何本土化。（《人民日报》2010年7月2日）
（12）如此广泛的关注度说明了这一问题的普遍性和紧迫性。（http：//forum. home. news. cn）

显然，类词缀已成为我们表达思想和称述抽象概念不可或缺的一种语言形式了，他在表义方面的优势是显而易见的。

3. 表意的科学性和精确性

科学性和精确性使得类词缀在科学精神不断凸显的今天备受关注。马庆株（1995）曾经举例论述过这一问题，马先生的研究认为词缀（按：指类词缀）的语义功能的一个表现是，类词缀使词能够更准确地表达概念。例如"语法""领导""记录"都可以用来表示不同的概念，但是在它们后面分别加上"学""者""员"构成的"语法学""领导者""记录员"就确定地只表示一种概念了。

三 制约汉语类词缀形成的语用因素

(一) 语用创新和类词缀的形成

Leech（1981：319）在《语义学》中区分了语用学和语义学，认为"从最普遍的意义上来说，语用学研究语言符号及其使用者之间的关系。使用语用学这一术语一般意味着要区别对待语言本身，即抽象的语言能力，跟说话人对抽象的语言能力的运用。因此，语义学和语用学之间的区别大体上就是意义（meaning）和用法（use）之间的区别，或更一般地说，就是语言能力（competence）和语言运用（perrformance）之间的区别"。我们从类词缀的形成对其进行回溯式的考察，可以发现类词缀是从即时的"用法"发展到表达某种固定概念的语言形式的。我们通过几个类词缀的实例来具体观察。

比如否定性类前缀"零"："零"具有"数的空位"和"没有数量"等义项，它可以进入一些专科性的词语，如"零声母音节""零主语句"等词语中表示在数量上该系统中的缺项特例，这一用法是来自对英语词汇的译介。而随着它的这种用法引起语言使用者的注意，大量的词就通过模仿被造出来了，如"零风险、零投诉、零库存、零增长、零首付、零容忍"，这些词的内容已经明显突破了数量范畴，而是表示对原有存在状态和变化过程进行否定。

又比如有专业集体性质的类后缀"坛"："坛"原指"古代举行祭祀、誓师等大典用的台"，后来多指"讲学或发表言论的场所"，如"讲坛""论坛"等。随着"场所"义的抽象化，出现了"文坛""诗坛""体坛"等，这一用法得到了进一步扩大而突破了文艺界和体育界的范围，出现了"科坛""网坛""足坛""乒坛"等。

根据上面所举的例证以及分析，可以看出类词缀在发生之先是原来的惯用义在某种语境下发生的偏离，但是这种用法具有较强的表现力，表达方式在语用层面上也表现出新颖的特征，所以这种创新往往会引起进一步的创造性套用，类词缀的形成也由此开始，发展至一定的阶段，即作为新用法已经从数量上和使用频率方面在语言中有足够大影响力的时候，我们就会将它的意义和构词形式与词典中所给的惯用义区分开来，加以重新分析，固定在我们的语言系统里，看作语言的现成要素，以备随时提取，表述新概念和生成新词语。在这一过程中，伴随着类词缀的形成，对于语言使用者来说也是习得新义项的过程。

关于类词缀的形成过程的外在表现，除了构词位置固定、语义泛化弱化之外，在表达层面也有一个重要表现，一个产生之初的类词缀构成的新词往往要加用引号，但是随着语言使用者对其认知程度的加深，使该词缀构成的词都变成认知系统中可以正常识别的词语，这一过程是语用法发生了语法化变化的一个具体表现。

因此，我们认为任何一个类词缀的用法最先总是作为一种语用现象出现的，这种语用法具有表现力强（可反复使用）的特征，是受欢迎的表现方式，人们会尝试将其使用在其他的语言表述场合，进一步扩大其作用范围，增强其表述功能。同时我们必须指出，类词缀的适用范围的扩大和意义的虚化是同一个过程，我们从这个角度对类词缀的意义方面的表现也可以提供解释。

（二）省力原则是类词缀形成的现实推手

省力原则（the Principle of Least Effort），又称经济原则（the Economy Principle），可以概括为：以最小的代价换取最大的收益。在语言学研究中，"省力原则"是制约语言使用的一项重要的语用原则，突出表现在"单一化力量跟多样化力量之间的妥协"。

汉语类词缀的发生、发展和形成的最直接原因应该是来自语言运用中的省力原则，因为汉语类词缀在表达概念时集中体现了类化的特征，将能够纳入某一概念类型的词都通过类词缀与具有和它存在潜在组合能力的词语结合不断创造出新词来，但同时，创造出来的新词的意义内涵各不相同，上文中我们已通过分析指出了"如果要对它所构成的词进行恰当的解释，必须用一个句子或一个短语，难以找到一个同义词"。类词缀是单一化力量和多样化力量之间完美结合的表现，集中反映了"以最小的代价换取最大的收益"的省力原则的作用。

四　现代汉语类词缀的生成机制

本节试图从认知语言学角度出发，继续对类词缀的生成机制进行细致深入挖掘，描写分析类词缀形成的一般过程。

（一）隐喻机制与类词缀的形成

隐喻是人类的基本认知机制，在我们的思维中有非常重要的作用，语言的表达也离不开隐喻机制的作用。隐喻（metaphor）理论是认知语言学最重要的理论之一，该理论来源于 Lakoff 和 Johnson 合著的《我们赖以生存的隐喻》。该理论认为隐喻是从一个具体的概念域向一个抽象的概念域的映射，提出隐喻是思维方式和认知手段。他们（Lakoff & Johnson1980/2003：247—248）认为隐喻理论的最基本的证据来自两个领域的研究："系统的多义现象……关于推理模式的概括……"可见，隐喻理论重视始源域与目标域之间的关系的探究。有人认为隐喻是人类运用联想和想象，依据心理空间的相似性，将彼心理空间映射到此心理空间。相似性是隐喻的基础，指始源域与目标域这两者之间具有彼此相像的特征或特性（王文斌，2007：229—231）。

汉语类词缀作为一种语义标记，它的用法是从原语素中发展演变而来的，它的用法和语义都表现为对原语素的某种偏离，与原语素具有较大的差异。马庆株（1995：174）在研究中指出了这一点，他认为："语素的多义性、不断产生的新义，使旧有的语素孕育准词缀这个新的生命，新生命的发育可能导致分娩，导致对准词缀和原有语素同一性的否定，准词缀的出现是语素变异性的一个表现，说明语素的同一性是相对的。"在类词缀形成过程发生的种种变化之中，隐喻机制发挥了重要的作用。具体来讲，可以从意义和形式两个角度来观察。

认知语言学认为人类语言中的种种概念都是从最基本的概念中逐渐引申出来的，隐喻机制就是引申的重要途径之一，人以自己为重心，对世界展开认识，因此人类所具有的种种概念，从具体的到抽象的，都是人将与自己密切的概念投射到新的认知域的过程。Hein（1991）、乌菊艳、王文斌（2009：17）等曾将人类认识世界的认知域排列成一个由具体到抽象的序列，其认知域之间映射的一般顺序为：

人→物→过程→空间→时间→性质

这个序列既符合一词多义发展的规律，也符合实词虚化为语法成分的一般规律。汉语类词缀表达的是人对世界和各种概念抽象的结果，但是我们却可以发现它的来源和延伸的过程。类词缀范畴是一个语义标记范畴，往往反映某种共有特征或性质，我们可以利用 Hein 研究的这一个映射序列对导致类词缀发生和形成的隐喻机制加以揭示。比如：

（15）族：暴走族　追星族　打工族　炒股族　绿卡族
（16）界：文学界　艺术界　思想界　学术界　新闻界
（17）亚：亚热带　亚文化　亚健康　亚标准　亚状态

例（15）类后缀"族"在汉语中表示具有某一共同社会特征的群体。《词典》中对"族"的解释有"家族；种族、民族"等，可见，它的本意是指具有共同血缘关系的群体，是人类的概念中最朴素的认知成果和概念。作为类词缀的"族"在隐喻机制的作用下，提取出了［＋共同特征］［＋人群］两个重要义素，从而突破原来意义的外延。

例（16）"界"是用来区别不同职业人群之间界限的类后缀。"界"最基本的意思是"界限"，最常见的是"地界""边界""国界"等词语，这些概念在国人的思维中占有很重要的地位，也属于基本思维范畴之列。而类词缀和它的原义之间的隐喻关系也是显而易见的。

例（17）类前缀"亚"的作用表现为：根据标准，对某事物及其状态的达标程度的一种判定。"亚"在《词典》中的释义有"较差；次一等"，类前缀的用法和其本义具有引申关系。

（二）语法化机制与类词缀的形成

从来源方面讲，汉语类词缀范畴主要是自源型的（马庆株，1995；贾泽林、王继中，2010），它在语言表达需要和各种心理机制的引导下，通过语法化过程，逐渐演变形成了现代汉语类词缀的主要面貌。类词缀在表义方面有虚化的特征，更准确地说应该是语义泛化。比如以最具代表力的类词缀"性"为例，最常用的义项是"性格"，类词缀"性"所代表的意义只是"性格"义项的引申（原来专门用于指人，经过隐喻机制转化至表物）和适用范围扩大，应该说是语义泛化。这一点与汉语中的词缀不同。

类词缀在表义方面发生的变化过程我们将其归结为语法化。从历时的角度来看，它体现了一个逐渐演变的过程；从共时的角度来看，则体现为某一时期同时存在不同的变异形式，形成一个连续统。在类词缀化的过程中，句法位置的改变和词义变化以及语境影响三者之间不断相互作用，促使类词缀从原语素中脱离出来，成为一个独立的义项或义素。从发生学方面考察，汉语类词缀的发生往往是由某一语素的构词位置发生改变，进而导致语义偏离原义项（或语素义）。这种变化发生后，由于受语境的调适或构词搭配方面的语义适配性的作用，理解不会造成问题，反而会带来新颖独特的语言效果。如此，这种语义方面的变化往往容易被人们所接受，构词位置方面发生的变化也容易被固定下来，形式和意义两方面的变化共同造成类词缀化过程的完成。试以类后缀"感"举例分析："感"原是被用作动词，指人的主观感觉和认识，因此引申出名词"感觉"的意思来，名词"感觉"在句法中的位置很灵活，可前可后，但是最常用的应该是描述人所感知的种种感觉，比如"亲切之感""幸福之感""恐惧之感"等，而根据语法化的重要原则，语法单位发生语法化的概率和程度同它的使用频率成正比，在表述人的种种感觉的过程中，"感觉"总是置于具体感官词之后，如果有人将"亲切之感/亲切的感觉"表达成"亲切感"，由于有语义适配性机制从中调和，不会造成理解方面的困难，反而是这种表述方式显得极精练，会引起人的注意和青睐。语言的最大功能就在于能够准确表达所指，具有一定表达功能和引用价值的形式或内容往往会被反复引用和推广。因此在这种发展趋势的引导下，"感"极容易发生变化，用来同各种表达具体感觉的词结合使用。类词缀"感"的形成过程基本可以描述如下：

感（觉得）→感觉（亲切之感/亲切的感觉，……

……之感/的感觉）→亲切感（……感）

正如上面所分析的，类词缀的形成过程是语素的构词位置发生了某种变化，导致它在表义方面具有某种鲜明的特征（大部分会发生变化），进而使位置固定化，为扩大表意范围服务，最终发展成为类词缀。

通过上面的分析，我们不难看出自源型类词缀的形成过程是一个连续渐变的过程（连续统），这一方面符合语言演化的规律，但另一方面必然会对我们判定类词缀造成一定的困难，我们试图说明，传统的研究在这一方面做出了大量的努力，但收效甚微，对于刚刚开始类词缀化的一些语素或类词缀化程度尚浅的语素的判定始终难以达成一致意见。如果按照汉语词缀的判定标准，"感"很难被认定为类词缀的，原因主要是它在表义上的虚化程度不够，与"感觉"的意思难以区分开。我们认为，汉语类词缀范畴的作用不必体现在它的意义是否完全虚化，因为它在构词方面与词缀的功能追求是不同的，它是人类认知心理中的范畴化的结果，是对客观世界和主观世界从认知角度进行分类的结果，客观地说，类词缀的意义不会朝着不断虚化的方向走下去，它是根据表达的需要，随着构词能力的增强和适配范围的扩大，意义方面必然将发生的一种变化，即语义泛化。

（三）语言接触与类词缀的形成

在类词缀范畴中，大部分都是自源型的，来自汉语本体的语素，这种类词缀的形成遵循我们上面讨论的一般发展规律。除了自源型类词缀外，汉语中还存在数量不少的他源型类词缀，比如"吧、秀、门、主义、反、软、亚、非、零"等。贾泽林、王继中（2010）的研究根据产生条件的不同对他源型类词缀进行了分类，该文将直接来自外来语的类词缀和受外来语影响形成的类词缀都纳入他源型类词缀的范畴进行讨论，可以视作广义的他源型类词缀范畴。本文主要着眼于对狭义的他源型类词缀范畴，即对通过译音方式形成的类词缀进行分析。

他源型类词缀与自源型类词缀在生成方式上有差别。他源型类词缀的语法化过程一般都比较短，因为由汉语中的实语素语义发生泛化是一个新的语言习惯逐渐形成的过程，经历的时间必然很长。但是他源型类词缀来自译音成分，依据汉民族的心理习惯，容易对每一个音节赋予意义，这一现象被称为译音成分的"语素化"，就是给非意义载体的译音成分赋予一定的意义，让它看起来像汉语中的语素一样，并且可以用它构成新的词语。比如"的士"是粤语区对"taxi"（出租车）一词的音译，动词"打"和"的士"进行组合形成一个词组"打的士"，进而简化为我们熟悉的"打的"，如此"的"这一个译音成分就被赋予"taxi"的语义。有必要强调，译音成分的"语素化"过程往往伴随着减省音节的手续，比如"的士"中的"士"这一个音节就被减省掉了。这样的音译语素有"模（模特）""吧（酒吧）""门（水门）""巴（巴士）"等。另外一部分是译音成分是对外语中的整个一个词或语素的翻译，是和意义对应的，如"秀（show）""主义（－ism）"等。这些译音成分被赋予意义后往往容易被用来构成新词，表现就如同汉语中的语素一般。比如：

> （21）"板儿的""小巴""面的""夏利的""奔驰的"……在大街上往来穿梭。尽管如此，仍不能适应一些人的快节奏生活。（《中国消费者报》1993 年 2 月 20 日）

下面我们试以类词缀"门"为例，阐述他源型类词缀的语法化过程。类后缀"门"在现代汉语中用来指称"丑闻"，可以与各类丑闻事件的相关名称结合指称丑闻事件，比如"伊朗门、情报门、虐囚门、艳照门、解说门"等，数量之多，不胜枚举。"门"来自"Watergate（水门事件）"，"水门事件"是 20 世纪 70 年代震惊全美的一个政治丑闻事件。"水门"是对"Watergate"的中文仿译形式，"门"只是一个音素而已，没有任何意义。但是一提到"水门"，人们就会想到上述政治丑闻，因此门很自然地被赋予特定的含义"丑闻事件"，几乎同时在英语和汉语中成为一个构词能力很强的类后缀。

通过上面的分析，我们大致可以看清译音成分词缀化的过程，即经历了从无意义的字符到由省略形成的实词或实语素再到虚化成类词缀的语法化过程。

五　类词缀的华文教学建议

类词缀构词能力较强，是汉语学习者拓展词汇量的途径之一。类词缀在构词时虽然位置是确定的，形式特征较为明显，但在构词时还具有灵活性的特点，即以特定类词缀为基础，能够构成一系列的词，其中涉及的语义组配、类词缀的语义特点、词根的语义特点等问题都是华文教学中需要重点关注的问题。下面我们将结合类词缀的生成过程及语义变化，为类词缀的教学提供一些建议。

（一）教学要点一：凸显类词缀意义的泛化特征

类词缀与词缀不同，它的意义较为实在，但却是一种泛化的意义。因此，在华文教学中，需让学生理解类词缀与其源语素（词）之间的语义关联，又明白类词缀独特的语义特点。

（二）教学要点二：区分自源类词缀和他源类词缀

自源类词缀和他源类词缀的语义来源不同，在向学生讲解时应对不同来源的类词缀作不同方式的引导讲解，使学生更好地理解其意义。自源类词缀，如"－家"（收藏家、指挥家）一类词缀应结合相关实词或实语素的意义来引导学生理解。而他源类词缀，如"－的"的意义是由 taxi 的在粤语中的翻译"的士"省缩而来，并可与各种出租性质的交通工具组合，产生类词缀的用法，这一种类词缀则要结合音译与省缩等来向学生讲解。

（三）教学要点三：探索语义组配的规律

类词缀与词根结合可以构成新词，但是并非任意的词根都可以进入类词缀前的词根槽位，因此向学生揭示每一个类词缀组配的词根的语义特点则非常重要，例如能放在"－家"前的词根槽位的语素或词都是必须表达行业、需掌握特定专业意义的词。

参考文献

1. 董秀芳：《汉语词缀的性质与汉语词法特点》，《汉语学习》2005年第 6 期。

2. 贾泽林、王继中：《现代汉语类词缀的形成及其与外来词的关系探究》，《云南师范大学学报》（对外汉语教学与研究版）2009 年第 2 期。

3. 姜望琪：《Zipf 与省力原则》，《同济大学学报》（社会科学版）2005 年第 1 期。

4. 马庆株：《现代汉语词缀的性质、范围和分类》，《中国语言学报》1995 年第 6 期。

5. 沈家煊：《"语法化"研究综观》，《外语教学与研究》1994 年第 4 期。

6. 沈家煊：《语用法的语法化》，《福建外语》1998 年第 2 期。

7. 沈孟璎：《汉语新的词缀化倾向》，《南京师大学报》1986 年第 4 期。

8. 王洪君、富丽：《试论现代汉语的类词缀》，《语言科学》2005 年第 5 期。

9. 王文斌：《隐喻的认知构建与解读》，上海外语教育出版社 2007 年版。

10. 邹菊艳、王文斌：《英语"类词缀"的认知阐释》，《外语与外语教学》2009 年第 1 期。

11. 中国社会科学院语言研究所词典编辑室：《现代汉语词典》（第 6 版），商务印书馆 2012 年版。

12. 朱彦：《创造性类推构词中词语模式的范畴扩展》，《中国语文》2010 年第 2 期。

13. Heine, *Grammaticalization：a Conceptual Framework*, Chicago：The Chicago University Press, 1991.

14. Lakoff, G. & Johnson, M., *Metaphors We Live By*, Chicago：University of Chicago Press, 1980.

15. Langacker, R. W., *Foundation of Cognitive Grammar*, Vol. I, II. *Stanford*, Stanford University Press, 987/1991.

16. Leech, G. N. (second edition), *Semantics：The Study of Meaning*, Penguin Books, 1981.

作者简介：贾泽林（1986—　），男，甘肃宁县人，陕西师范大学国际汉学院讲师，文学博士。主要研究方向为现代汉语语法、对外汉语教学。

华文教育中的汉字教学刍议

刘 琳

【摘 要】华文教育中汉字教学的内容主要包括汉字的基础知识及常用汉字的教学。汉字基础知识可分为构形知识、技巧知识和扩展知识。本文的主要观点是：1. 在笔画的教学中要重视复合笔画、笔形和笔画的组合；2. 在汉字结构的教学中半包围结构是难点；3. 在汉字的部件教学中，教学内容不应仅限于部首，还应该包括常用的声符；4. 在常用汉字的教学中，选取教学内容时既要考虑字形的难易程度，也要考虑汉字作为部件参与构字的频度，同时兼顾与精读、口语课的配合。

【关键词】华文教育；汉字教学；构形；部件；常用字

华文教育不同于一般对外汉语教育的特殊性，在于其教学对象是有着中华文化渊源的华裔学生。就汉字教学而言，华裔学生在家庭或社会生活环境中接触汉字的机会较多，对汉字的形态比较熟悉，因此在初始学习阶段的认读能力要强于非汉字文化圈的国际学生，但由于汉字书写的特殊性，没有专门进行过书写训练的华裔学生并不占有优势，尤其是相较于自幼接受书写教育的日韩学生。因此华裔学生的认读能力要强于书写能力，是华文教育汉字教学的一个基本事实。

华文教育中汉字教学的内容主要包括汉字的基础知识及常用汉字的教学。汉字基础知识可分为构形知识、技巧知识和扩展知识。构形知识包括笔画和笔顺、独体字和合体字、汉字的结构方式、汉字的部件和部首、形声字的形旁和声旁、汉字的造字方法、多音字、同音字、形近字等。技巧知识包括怎样写好汉字、汉字的书写规律、查字典和词典的方法、错别字的辨析等。扩展知识包括汉字的字量、常用汉字的书写和识读、汉字的形体演变、汉字的字体介绍、简体字和繁体字、正体字和异体字、汉字的传播、汉字的文化等。汉字教学的内容丰富繁杂，限于篇幅，本文无法一一涉及，仅就笔者多年从事华文教育和汉语国际教育的经验，谈谈在汉字教学中应注意的几个问题。

一　汉字的笔画教学

在汉字的构形教学中，笔画的教学要扎实。现代汉字字形有三个层面：笔画、部件、整字，汉字教学也与这三个层面一一对应。整字由部件构造而成，部件由笔画组合而成，因此笔画教学是汉字教学的起点。与笔画相关的有四个要素：笔形、笔画的组合、笔顺和笔画数。在这四要素的教学中，有以下几个问题值得注意。

（一）要重视复合笔画

写字时从落笔到提笔留下的痕迹叫一笔或一画，汉字的笔画可分为基本笔画和复合笔画。基本笔画有六个：横、竖、撇、点、捺、提。复合笔画是多个基本笔画顺势连在一起写成一笔的笔画，数量多而书写稍难。在初级教学中，应该特别注意复合笔画中使用率比较低但复杂程度高的笔画，如"竖折撇"（如"专"字的第三笔）、"撇点"（如"女"字的第一笔）、"横折折折钩"（如"乃"字的第二笔）等。

笔者在教学中发现学生往往会把"女"字与"放"字中的"女"、"处"字中的"夂"混淆，其实这三个形似构件从笔画上就能区别开，"女"字的笔画是撇点、撇、横，"女"的笔画是撇、横、撇、捺，"夂"的笔画是撇、横撇、捺。其他如"乃"字的第一笔横折折折钩和"及"字的第二笔横折折撇的混淆，"阝"的第一笔横撇弯钩和"了"字的混淆，"风"字第二笔横弯钩和"几"字第二笔横折弯钩的混淆，"小"字第一笔竖钩和"犭"第二笔弯钩的混淆，都是复合笔画的笔形差别掌握不够清楚造成的。因此，教师必须重视复合笔画的书写教学，不能把复合笔画看作基本笔画的简单加合，认为只要训练好基本笔画就可以了，而应该让学生完全掌握每一个复合笔画的笔形。

（二）要重视笔形

笔形是笔画的形状，即笔画书写的样态，指粗细变化和笔势的方向感。如撇，上粗下尖细；捺，上细下粗；提，起笔重粗而收笔轻细；钩，起笔粗，收笔尖。笔形的教学需要教师专门的提点和训练，靠学生的自主观察往往不易掌握。

在华文汉字教学中我们发现学生最容易混淆的笔形是横、撇和提，横的书写是水平方向左起笔右收笔，左右粗细一致；撇的书写是从右上向左下，起笔粗而收笔尖细，笔画稍有弧度；提的书写方向与撇正好相反，从左下向右上，同样起笔粗而收笔尖细，但没有弧度。这些笔形的特点需要教师清楚地解释给学生并反复进行书写训练，掌握了基本笔形，如"犭"和"扌"之类近似的形体就能区别开来，不会出现"小狗"写成"小拘"的错误。其他容易混淆的笔画还有捺和长点，如"大"和"头"的末笔，二者的区别在于捺的收尾尖细而长点收尾粗；竖折和撇折，如"乐"和"东"的第二笔，二者的区别在于竖和撇的方向不同。

（三）要重视笔画的组合

笔画的组合有三种类型：相离、相接和相交，很多形近字的区别就在于笔画组合方式的不同，如"八、人、入""己、已、巳""王、丰""天、夫""午、牛"等，不胜枚举。因此在汉字教学中要重视笔画相离、相接和相交的不同组合方式，笔画位置稍有不同，就可能构成完全不同的汉字。

在笔画的相离组合方式上，不仅是笔画书写时要分离的问题，还要注意笔画的排列位置和书写方向。如"产""头""举""心""黑"五字中都有相离的点，但排列方式均不相同，"产"字中间的两点是倒八字形方向相反的分离排列；"头"字的两点是纵列同右向的分离排列；"举"字上方的两点是横排同向右，第三笔则是很容易与点混淆的短撇；"心"字的三点分别位于左方、上方和右方，第一点与第二、三点方向相反；"黑"字下方的四点是第一点向左而第二、三、四点向右。

此外，横笔参与组合时的长短差异有时也是汉字的一个区别特征，最典型的代表就是"土、士""末、未"等形近字。一个汉字中包含多个横笔时，通常位于组合最下方的横笔书写最长，如"三、丰、天、看、干、于"等，这与中国人追求均衡平稳的审美观有关，但也有例外，如"言"字就是第一横最长，诸如这种例外的书写习惯，就需要教师在总结规律之后特别指出。

（四）不应过于重视笔顺

笔顺即书写汉字时下笔先后的顺序，它是人们正确书写汉字的经验总结，按照笔顺规则书写汉字，不仅字形美观而且书写便利迅速。但是汉字的笔顺书写规则众多，一般教材都会总结五六条甚至八九条，如"从上到下""从左到右""先横后竖""先撇后捺""先进门后关门""从外到内""先中间后两边"等。即便有了这么多规则之后还有例外，如"子""我"的笔顺都不符合通常的规则。此外，当规则有冲突时还有优先原则，如"上"的笔顺是竖、横、横，不符合"先横后竖"的规则，因为"从左到右"的规则优先。因此，笔顺的教学一直是汉字教学的难点，要么学生死记硬背条条框框，写一个老师没有教过的汉字时纠结于用哪个规则，要么干脆无视规则，书写顺序完全随意。

我们认为，在华文教育的汉字教学中，笔顺规则应该简化，以让学生能够顺利写出汉字为主要目标，美观和快捷可以在日后长期的书写中逐渐实现，不能让笔顺成为学习汉字的障碍，过于强调笔顺的正确往往会打击学生的自信心，使学生失去书写的兴趣。

笔顺规则的总原则是书写方向从左上到右下，最基本的规则是"从上到下""从左到右""从外到内后封口"。比较特殊的规则是"先中间后两边"和"突出的笔画后写"，这两条特殊规则都有相对明确的使用范围，"先中间后两边"的规则适用于左右对称而中间是突出的竖画的汉字，如"小、业、山、水、办、永"等；"突出的笔画后写"的规则需要判断何为"突出的笔画"，主要指位于字形中间的横或竖，如"中"字的竖笔后写，"子"字的横笔后写，此外还有位于右上方的点，如"我、武、钱、找"等字的点后写。

学生的书写只要符合基本原则即可，有些规则不必过于强调，尤其是笔画简单的字无须太过严苛。如"义"字，先写点，再写撇、捺，符合"从上到下""先撇后捺"的原则；先写撇、捺，再写点，也符合"突出的笔画后写"的特殊原则。写"忄"时先点再竖后点，符合"从左到右"的规则；先竖再左点后右点，符合"先中间后两边"的规则，那么学生选择哪一种顺序都是可以接受的。按照严格的笔顺规则，"乃"字的书写顺序是横折折折钩、撇，而与之形近的"及"字则是撇、横折折撇、捺，要向学生解释这种书写顺序的区别是非常困难的，不如统一按照"从左到右"的原则进行书写，就能够避免师生双方的困扰。

二　汉字的结构教学

汉字的形体结构分类一般指独体字和合体字。独体字是只有一个完整独立部分构成的汉字，由笔画和笔画直接组合而成。学生对于这样的概念理解起来有困难，所以需要与合体字进行对比来教学。合体字可以拆解成基本结构（如"讠""宀""扌"等）和独体字，而独体字只能拆解成笔画。初学汉字的学生常常会用字形的繁简程度来区分独体字和合体字，虽然大多数合体字由于部件的数量而笔画较多，但也有字形简单的合体字，如"各""什""早"等，同样也有笔画繁多的独体字，如"我""事""弟"等。因此，我们认为比较好的方式是对常用汉字中的独体字进行逐一教学，例如按照笔画数量的递增顺序来进行独体字的学习。经统计，常用 800 字中的独体字有 129 个[①]，一来这些独体字本身就是常用字，二来也是参构合体字的常用部件，所以专门的学习非常必要。

合体字的结构类型可分为左右结构、上下结构、包围结构和品字等特殊结构几类，其中左右结构最多，上下结构次之，二者相加占汉字总数的86%[②]，所以掌握了这两种结构就基本上掌握了合体字的结构。但对于学生来说，数量较少的半包围结构才是学习的难点，尤其是两面包围的结构，如左上包围的"房""厅"，右上包围的"可""包"，左下包围的"边、起"等，不仅难于辨认，也难以准确地书写，稍不注意就会写成左右或者上下结构。因此在对这种结构的汉字进行教学时，教师对书写的要求要更为严格。此外，左右结构的字如果部件间隔过大，也会造成字和词的混淆，如"明"字写得太分开就成了"日月"，"好"字写得太分开就成了"女子"等，所以书写训练时使用田字格会对学生掌握方形架构有很大帮助。

---

　　① 此数据是对《汉语水平词汇与汉字等级大纲》中 800 个甲级字的统计，参见白梦婉《HSK 甲级字的汉字字形记忆教学研究》，广西大学汉语国际教育专业硕士论文，2012 年，第 11 页。

　　② 参见柳燕梅《汉字速成课本》，北京语言文化大学出版社 2001 年 6 月第一版，第 50 页。

三 汉字的部件教学

汉字的部件是一个比笔画大比整字小的构形单位，可以反复在不同的汉字中使用，如"土"在"地、场、坚、墙、壁、坏、城、吐、钍、杜、肚"等字中都存在，或表义或表音，因此部件对于识字、辨义、猜音都有重要的作用。汉字部件教学的重要性已经有过很多论述，不少汉字教学理论都把部件教学作为重点。我们认为常用部件的教学非常重要，可以起到提纲挈领的作用，用一个部件串联起一组意义相关或者声音相近的汉字，可以大大提高学生的学习效率，认识更多意义相关或声音相近的汉字，而通过比较相似字的不同部件来区别汉字，也有助于得到更深入的理解。如通过分辨"清""睛""请"了解到"氵"与水有关，"目"与眼睛有关，"讠"与言语有关，那么在阅读中遇到"溺""没 mò""眶""睫""询""谎"等生字，在上下文的帮助下就不难猜到它们的意义了。

通常部件教学都是以偏旁部首为主要对象，因为部首是经过汉字长期发展演变而来的构字率最高的部件，的确应该是汉字教学的重点，虽然有些常用部件的对应独体字并非常用字，如可构成"阳、陈、际、阿、院、陕"等字的"阝"旁，可构成"那、邻、邮、邓、邵、郑"等字的"阝"旁，可构成"红、绿、经、纸、累、系、紧"等字的"纟"旁，可构成"狗、猫、狐、狸、狼、獭"等字的"犭"旁，左"阝"、右"阝""纟""犭"对应的独体字"阜""邑""糸""犬"都不是现代汉语中的常用字，但由于其参构的汉字数量多且常见，所以也很有教学的必要。

除此之外，我们认为常用部件的教学不应该仅限于部首，还应该包括常用的声符。形声字在现代汉字中所占比例高达 90％以上，虽然很多不能准确表音，但同声符的汉字会给我们指示声音的线索，如"者"字构成的形声字"都、诸、猪、煮、著、渚、箸"等都不读 zhe，但并不是没有规律，除了"都"读作 du 或 dou，其他都读作 zhu，这就给我们一个提示，当遇到"翥""褚""帾"等生僻字时，读成 zhu 的正确率会很高，在字典中查检也会比较容易，因此声符的教学也很重要。但声符很多都不是常用字，如"钱、浅、线、笺、贱"等字中的"戋"，"底、低、抵、砥、邸"等字中的"氐","喝、渴、竭、褐、葛"等字中的"曷",所以在声符的教学中教师要避免纠缠于非常用字的字义和用法,仅就其声符的身份进行教学即可。

四　常用汉字的教学

在初级阶段的汉字教学中,常用汉字的教学通常是伴随着汉字构形知识的学习而进行的,如教笔画时选择含有这个笔画的汉字,教笔顺时选择适用这种规则的汉字,教结构时选择属于这个结构的汉字。现代汉语共有7000—8000个通用汉字,其中最常用500字的覆盖率为75%左右,如果学会了1000—1200个最常用的汉字,在阅读时的识字率就会达到90%以上,如果识字数量达到2500个,则阅读覆盖率会上升到99%以上。① 从这些数据不难看出,教学内容的选择是一个非常重要的问题,汉字教学应该首先从最常用的500字中选择字例。

在"最常用"这一大原则之下,选取教学内容时还要考虑字形的难易程度,以及参与构字的频度,同时兼顾与同阶段其他课型如精读课、口语课的配合。学习汉字应该从易到难,从笔画少的汉字到笔画多的汉字,这是不言而喻的通则,但同样笔画数的汉字很多,在教学时间有限的情况下,选择字例时就要考虑其参与构字的能力,比如同是三画的字,"干、工、山、门"参与构字的频度要远大于"之、已、久",在教学上应该优先选择。此外,选择字例的时候还要考虑常用词和短语,有些笔画多字形复杂的汉字如"对不起、谢谢、姓、请、你、我、留"等,在初级精读课、口语课上很早就出现了,学生有识读的必要。再如学生生活中常遇到的一些字,如"警察、教学楼、办公室、超市、银行、食堂、网络"等,虽然字形较为复杂,但出现频率高,会对学生的日常生活造成影响,也应适当选择进行教学。

汉字的文化教学可以在常用汉字的教学中潜移默化地进行,其中古今构形变化不大的象形字和会意字就非常适合通过字形分析来让学生了解早期汉字的构形原理、汉字发展的脉络以及现代汉字字形的来源依

---

① 该数据来源于陈作宏主编的《体验汉语写作教程初级1》,高等教育出版社2007年3月第一版,第67页。

据，从而自然地获得古人的社会状况、生活情况、思维方式等文化知识。如"学"字，与繁体字"學"的差异只有字形上部的简化，最早的古文字构形与繁体"學"字相同，甲骨文作學，会合子、宀、手、爻等构件，用孩子在房子里摆弄算筹表示学习之义。再如"休"字，会合人、木构成，甲骨文作休，构形与现代汉字完全相同，以人靠着树表示休息之义。解释汉字的源流发展，有助于学生更好地理解和记忆汉字，更深入地认识汉字。当然，汉字的文化阐释对于初级阶段的学生来说比较艰深，不能过多展开，也不能解释所有生字，必须谨慎地挑选合适的字例进行文化阐释。

以上我们从汉字的笔画教学、结构教学、部件教学和常用字教学等方面讨论了华文教育中汉字教学的内容和需要注意的问题。当然汉字教学各方面的内容是互相联系不能截然分开的，常用字的教学就贯穿于汉字基础知识教学的各个方面，笔画教学则是所有汉字书写的基础，搞不清笔画就无法正确认识结构，而结构实为部件之间的组合方式。因此，汉字教学必须按照科学的方式循序渐进地进行，以汉字知识为骨架，以常用字为骨肉，有层次、有系统地构建一个合理的教学体系。

参考文献

1. 李香平：《华文基础汉字教材中汉字知识的选择与编写》，《海峡华文教学论丛》第一辑，暨南大学出版社 2013 年版。

2. 覃俏丽：《对外汉语的汉字教学理念和策略》，《语文建设》2013 年第 29 期。

3. 白梦琬：《HSK 甲级字的汉字字形记忆教学研究》，硕士学位论文，广西大学汉语国际教育专业，2012 年。

4. 张智慧：《基于对外汉字教学的汉字构形理论应用研究》，博士学位论文，河北师范大学汉语言文字学专业，2010 年。

5. 肖莉：《海外汉字入门阶段的笔顺教学初探》，《语言文字应用》2006 年第 S2 期。

6. 王瑞锋：《对外汉字教学研究——基础汉语教材的汉字教学内容分析》，硕士学位论文，北京语言文化大学课程与教学论专业，2002 年。

7. 崔永华：《汉字部件和对外汉字教学》，《语言文字应用》1997 年第 3 期（总第 23 期）。

　　刘琳（1979—　　），女，陕西宝鸡人。北京师范大学博士研究生，陕西师范大学国际汉学院讲师。主要研究方向为汉语言文字学、汉语国际教育。

华文教育视野下的大陆字形规范条例研究

孙建伟

【摘　要】自20世纪50年代以来，大陆的汉字规范工作不断推出新的规范成果，然而诸多规范成果中始终缺乏一套详细的字形规范规则，致使规范成果在推行和使用中常出现种种问题。除了大陆外，中国台湾、日本、越南等汉字使用地区或国家都对汉字字形进行过规范。尤其是台湾地区，在汉字规范上用力甚勤，成果甚丰，其归纳出的160条规范原则对大陆的字形规范工作而言，有很高的参考价值。虽然大陆地区没有官方发布的规范规则，学者们却进行过积极的探究。这里我们将学者们关于大陆地区汉字规范的条例加以归纳和对比分析，以期为大陆字形规范规则的制定提供一定参考。

【关键词】汉字；字形；规范；条例；比较

从汉代许慎的《说文解字》开始，对于汉字的规范便一直持续到现在，这也是汉字始终保持其生命力的原因之一。不过针对大陆汉字的规范，始终没有官方发布的统一的规范规则，这显然是非常值得我们深思的。不管是社会用字，还是课堂教学，都非常需要有这样的一套规则出来。如果有系统的规范规则，当学生问起"内""内"的关系时，老师就可以给出既权威又系统的解答。

事实上，中国大陆汉字、台湾地区汉字，越南语汉字、韩语汉字、日语汉字，以及中国少数民族语言借用的汉字，在规范上都可参考彼此的规范规则。整体来看，台湾地区的汉字规范有非常细致的规则，典型地表现为40条通则和120条细则。这160条规则非常明确地规定了各类汉字的规范写法和变异写法，有很大的参考价值。

反过来看，关于通用字形的规范，大陆官方仅发布了规范字形表，字形规范的原则只有《印刷通用汉字字形表〈说明〉》中的"整理字形的标准"这一简要原则，没有详细的规范条例。不过，一些学者对部分条例进行了归纳和探讨。一是 20 世纪 60 年代陈越的《谈字形规范化问题》（1—4），二是 2000 年傅永和的《字形的规范》。虽然官方没有发布细则，但鉴于陈越、傅永和的特殊身份①，他们对大陆字形规范条例的归纳便带有了官方的性质。下面就大陆字形规范的总原则和学者们归纳的条例分别进行考察。

一　大陆通用字字形规范总原则分析

大陆通用字字形规范总原则集中体现在《印刷通用汉字字形表》（1965 年）的说明中，1988 年国家又颁布了《现代汉语通用字表》作为大陆字形规范的标准，替代了《印刷通用汉字字形表》。《关于发布〈现代汉语通用字表〉的联合通知》中明确指出："《现代汉语通用字表》是在《印刷通用汉字字形表》的基础上制定的，字形标准未作新的调整。《现代汉语通用字表》依据《印刷通用汉字字形表》确定的字形标准，规定汉字的字形结构、笔画数和笔顺。字表发布后，印刷通用汉字字形即以此为准。《第一批异体字整理表》中的 15 个字，也将作相应调整。《现代汉语通用字表》自发布之日起施行。古籍出版和有其他特殊需要的，可以不受这个字表的限制。"可见，二表遵从的字形原则完全一致。

大陆通用字字形规范总原则为："同一个宋体字有不同笔画或者不同结构的，选择一个便于辨认和书写的形体；同一个字宋体和手写楷书笔画结构不同的，宋体尽可能接近手写楷书；不完全根据文字学传统。"按此原则，大陆对字形进行了整理。由上可知，大陆通用字字形规范总原则含以下一些信息：（1）异体字的选取原则：取便于辨认、便于书写的形体。（2）宋体楷化的原则：宋体字形尽可能接近于手写楷体。（3）字形整改原则：照顾但不完全根据文字学传统。

---

① 陈越是《印刷通用汉字字形表》的主要研制者之一。傅永和从 1966 年起在国家语委工作，历任中国文字改革委员会汉字处处长、国家语委秘书长、副主任，教育部语言文字信息司司长，后任国家督学，国家语委咨询委员会委员。曾主编《汉字属性字典》《现代应用文体及经典范例全书》，主持制定《现代汉语常用字表》《现代汉语通用字表》等多种语言文字规范标准。

二 大陆通用字字形规范现有条例分析

陈越《谈字形规范化问题》总结了《印刷通用汉字字形表》在字形处理上的相关理论问题，并对字形规范的部分条例进行了归纳。傅永和《字形的规范》以《现代汉语通用字表》为对象，对通用字字形规范的条例和理论进一步作了概括和总结。由于《现代汉语通用字表》承袭了《印刷通用汉字字形表》的字形标准并有所发展，故上面两种条例虽为不同时段、不同研究者所做，但本质上仍属于同一性质的规范条例。下面我们就两家的规范条例逐条进行比较，以展示近半个世纪的时间里，大陆在字形规范条例方面的发展成果。

（一）点与非点

1. 陈：短竖、短横、短撇和短提改为侧点，如**之**—之：乏；**永**—永：咏。

傅：把印刷宋体字形中的长方点、斜方点、横点、竖点和撇点一并改为侧点，如之→之：泛、乏、贬；永→永：泳、咏、脉、漾。①

二者的不同在于对应变部件的称呼存在系统差别。陈越所说"短竖""短横""短撇"和"短提"在具体情况下不太好理解，"短"到什么程度算短，什么程度又不算短，操作时比较难以把握。傅永和的说法则相对好操作，容易跟竖、横、撇、提相区分。

2. 陈：部分单字和偏旁处在字的左方或内部时，捺笔按书法习惯改为点。如颁、料、囚、医、飓等，但"辶"和"宀、人、乂"下方有构件时例外。

傅：①部分单字或部件处在非包围结构合体字左方时（含左上、左下），捺笔变成侧点。如木→木：札、朽、朴，又→又：艰、难、双。②部分单字或部件出现在非包围结构合体字上方时，末笔捺变成侧点。如大→大：奇、椅、倚，乂→乂：希、稀、杀。③部分非包围结构的单字或部件出现在合体字内部和镶嵌结构中，末笔捺变成侧点。如人→人：囚、闪、巫，大→大：因、咽、姻。

---

① 条例分别引自陈越《谈字形的规范化问题》（1—4），傅永和《字形的规范》。下同此。

由上可见，傅永和对变异条件重新进行了定位。陈越只说单字或偏旁处在字的左方或内部，而傅永和则认为应该是处在"非包围结构合体字"的左方、上方、内部和镶嵌结构中。一者为"字"，一者为"非包围结构合体字"，区别甚明。

傅永和将陈越提出的两种情况扩增为三种情况。陈越只提到左方和内部，而傅永和归纳为左方（含左上、左下）、上方以及内部和镶嵌结构。

傅永和没有提到因何而变为点，而在陈越看来，是依照书法习惯所致。

傅永和的条例中，没有明确指出"辶、⺆、人、乂"下方有构件时例外。相反，傅永和在"部分单字或部件出现在非包围结构合体字上方时，末笔捺变成侧点"条下，就举"乂→乄：希、稀、杀"为例。

3. 陈：字右出现重捺现象时，两捺邻接，上捺按书法习惯改为点，如：迷、迷、迟；但两捺之间夹有其他构件时例外，如：遂、杂。

傅：两个捺笔紧邻，需避重捺，将其中的一个捺笔变成侧点。如乂→乄：爻、驳、赵，反→反：返。在通用字范围内，未避重捺的字有：佘、汆、众、籴、森、鑫、褰、蹇、鏊。此外，两个捺笔之间夹有其他完整部件的不避重捺。如：逢、透、途、逾、逢、蓬、缝、篷。但透、遴两字例外，本可不避而避了捺。

由比较可知：陈越的提法在变异定位上比傅永和的具体。如他明言重捺出现位置为"字右"，变化的部分为"上捺"；傅永和则只说两捺笔紧邻，其中一个捺笔变侧点。细味傅永和之说，应该指的也是上捺笔，但表述的严谨程度上似不如陈越。

关于例外的条件，陈越认为是夹有其他构件，傅永和认为夹的是其他完整部件。关键在于一个是"构件"，一个是"完整部件"。陈越只说两捺之间夹有其他构件时例外，这个"其他构件"有点宽泛，可以指成字构件，也可以指非成字构件。以常理解之，只要两捺之间夹有别的构件，不论是成字的，还是非成字的，上捺就不用改为点。结合傅永和所举的例子来看，所谓"完整部件"，应该是指成字构件。傅永和还指出"透""遴"两个字是例外，本不避而避了。

此外，陈越明确给出了通用字范围内未避重捺的9个字：佘、汆、众、籴、森、鑫、褰、蹇、鏊。

（二）平撇与横

陈：①平撇改为横。如：

丰—丰：艳（艳）、蚌（蚌）、害（害）、峰（峰）、契（契）、彗（彗）

丰

耒—耒：邦（邦）、帮（帮）、绑（绑）①

耒：谋

耒

耒：耕

②横笔改为平撇。如：

舌—舌：敌、适、括（"舍"例外）

反：板

反

反：返

傅：①把部分单字或部件中的平撇改为横笔。如丰→丰：蚌、蜂、锋、逢、蓬，邦→邦：帮，耒→耒：耕、耜、耗、耘、耙。②将部分单字或部件中的横笔改为平撇。如反→反：叛、返，舌→舌：括、适（"舍"字中的"舌"，其中的横不变，属例外）。

关于平撇和横的关系，陈越和傅永和的归纳基本一致，不过傅永和在应变体前加了"部分单字或部件"。这种表述方法使得归纳出的条例更加严谨。二人在所举例子上存在区别，陈越将初级变体再按二级变体分类。如"反"在平撇和横的关系类下，首先横"反"变为平撇"反"，平撇"反"再根据变易条件分为"反"和"反"两类，"返"中的"反"为避重捺而上捺变点。这样做能更加明确地显示字形的变异关系，似较妥。

（三）横与提、竖折钩与竖提

1. 横与提

陈：部分单字和偏旁处在字的左方时，末笔的横笔一般变作提笔，

---

① 上面括号里面的宋体字原文章中无，为了便于比较，我们在切图后面用括号注明经过形变以后的标准形体。下文中同类者仿此。

如：巧、野；少数偏旁例外。

傅：末笔是横的单字或部件，当其处于合体字左边时，将其末笔的横变成提。如，工→工：功、巧、项，王→王：玻、璃、理。

关于横变提的条件，二者都认为是处在字的左方时。尽管陈越没有说为合体字，但其用意仍指合体字而言。此外，傅永和指出"丹"字在合体字左边时不变体；"王"字在通用字范围内，只有"琴、瑟、琵、琶、徵"五个字不变提；"车"字末笔虽不是提，但需要变，如轮、辆等；"牛"的情况同"车"，如物、牲；"黑"亦如此，比如黠、黝等。

2. 竖折钩与竖提

陈：左偏旁末笔的竖折钩改为竖提，如改切（不是提土旁）。"创、饧"例外，避免同"忄"旁混淆。

傅：末笔是竖折钩的单字或部件，当其出现在非包围结构合体字的左边、左上角、左下角或偏旁的左上角、左下角时，将其末笔的竖折钩变为竖提。如己→己：改、凯、剀，匕→比：比、顷、倾。

两家分析竖折钩变竖提的条件时详略不同，在范围上亦有区别。陈越所说的左偏旁比较概括，理解上存在多种可能性。但就作者所举的"改""切"两例来看，应该仅仅指左右结构的合体字的左边构件而言。而傅永和则包括两类：①"非包围结构合体字"的左边、左上角、左下角；②偏旁的左上角、左下角。

此外，同横变提一样，在规定横折钩变体的条件时，傅永和强调是"非包围结构的合体字"。比如"翘"和"旭"的"乚"都没变竖提，这一点，陈越在两条下都没提到。

（四）竖撇与竖

陈：竖撇改为竖。如临—临，非—非：韭、菲、绯、匪。

傅：把部分单字或部件的竖撇改为竖。如非→非：排、靠、匪，处→处：咎、绺、耆。

竖撇变竖这一条，两家的分析全同。傅永和的举例中又分类分析了"月→月"和"用→用"的具体变异情况。

（五）竖钩与竖、横折钩与横折

1. 竖钩与竖

陈：①竖钩改为竖。如不—不：杯、丕，弔、弔—弔：姊、第。②竖改为竖钩。如：

示一：禁、标

示

礻—礻：礼

木：本、未、李、集（独用和用于上、下方的基本形式）

木朩：村、樊（用于左方的变体）

木—朩：乐、东、东、亲、杂、杀（只限用于这些草书楷化字和偏旁）

条、寨、茶、余（用于避免一字重捺的变体）

傅：①把部分单字或部件的竖钩改为竖。如不→不：杯、胚、坏、坯、抔，歩→歩：姊、秭。②规定将部分单字或部件中的竖改为竖钩。如示→示：标、祭，糸→糸：系、紧。

竖钩变竖，竖变竖钩这一条也全同。

2. 横折钩与横折

陈：几在上方去钩。如：

殳　　　　投、芟

殳

殳　　　　没、殁

朵：躲

朵，朵

朵：剁

傅："几"出现在字或部件上方时，去掉末笔的钩。如殳→殳：没、设、投、芟、役、骰，朵（朵）→朵：躲、剁。

该条区别有二：一为变异条件详略，陈越较略，傅永和较详；二为举例略显差别，陈越揭示了不同类的归并，傅永和则没有。而这两个特色也分别贯穿于两家规范条例的始终。

（六）省略部分单字或部件的笔画

陈：笔画省略。如辶—辶：近、随，者—者：睹、箸、煮、都。

傅：省略部分单字或部件的笔画。如辶→辶：近、进、迈、追、迫、达、随，者→者：都、诸、绪、渚、煮、褚、著。

此条亦同。

（七）连接或分离部分笔画

1. 连接部分笔画

A. 连接本分离的笔画

陈：笔画连接。如 艹—艹：草（"蘭"简作"兰"），敖—敖：傲、熬。

傅：艹→艹：草、花、菜、苹、蔡、蓿、蔼、蔓、慕，敖→敖：傲、熬、厫、璈、聱、嗷、鳌。

此条同。只是陈越把此条和分离部分连接的笔画合放在"笔画连接或分离"条下。

B. 连接折笔中的断笔

陈：竖折、斜竖折、撇折、竖提均作一笔处理，转折处尽量避免出头，不要误认为两笔。如：世、山、凶、发、乐、东、讠、扌、钅、长、以等。

傅：把部分折笔中的断笔改为连笔，作一笔处理。如 牙→牙：芽、迓，牜→舛：舜、舞、桀。

此条亦基本相同，只是陈越把傅永和所说的"折笔"具体分为竖折、斜竖折、撇折、竖提等几类。此外，陈越把连接折笔中的断笔、竖折钩变竖提、折笔改为直笔三者合称为"折笔作一笔处理"，傅永和则分别在三条下厘之。为了便于比较，在与台湾规范条例比较时，我们采用傅永和的做法分为三条，分别比较之。

2. 分离部分连接的笔画

陈：笔画分离。如 厶—云：弃、充、育、流，粤—粤：聘。

傅：分离部分单字或部件中相连的笔画。如 厶→云：弃、充、统、铳、育，粤→粤：聘、骋。

此条同。只是陈越把此条和连接部分分离的笔画合放在"笔画连接或分离"条下。

（八）缩短或延伸部分笔画

1. 缩短部分笔画

陈：笔画缩短。如 彐—彐：灵、刍、急、寻、雪（"彐"当中无插笔穿过，第二笔左右两端不出头），彔、录—录：剥（"象、彝、彘"等例外）。

傅：缩短部分单字或部件中的笔画。如ヨ→彐：帚、扫、妇、雪、彗、慧、灵、刍、急、稳、隐，丑→丑：扭、纽。

此条同，只是陈越把此条同延伸部分笔画放在"笔画缩短和延伸"条下。

2. 延伸部分笔画

陈：笔画延伸。如肀—聿：唐、庸、事、聿、建、妻、秉、争、隶、康、尹、君、庚（"聿"当中有插笔穿过，第二笔左右两端出头），另、另—另：别、拐。

傅：延伸部分单字或部件中的笔画。如电→电：绳、蝇、掩、淹、鹌（"龟"字例外），另（另）→另：别、捌。

此条同，只是陈越把此条同缩短部分笔画放在"笔画缩短和延伸"条下。

（九）改换部分构件或笔画

1. 入改为人

陈：入尽量改为人。如內—内：纳、芮、肉，俞—俞：偷、愈。

傅：部分单字或部件中的"入"改为"人"。如內→内：芮、讷、钠、纳，俞→俞：愉、输、偷。

此条亦同。

2. "八"或"八"改为"丷"

陈：八尽量改为丷。如益—益：溢、谥〔諡〕，兼、兼—兼：谦、廉〔廉〕。

傅：部分单字或部件中的"八"或"八"改为"丷"。

此条略有区别，陈越只列举了 种情况，即"八"改为"丷"，傅永和又增加了"八"也变为"丷"。实际上这是傅永和对字形的细化。

3. "儿"改为"八"

陈：儿改八。如冗—穴：罕、深，坴—坴：睦、逵、廑。

傅：部分单字或部件中的"儿"改为"八"。如冗→穴：究、窖、窒，坴→坴：睦、逵。

此条亦同，只是陈越把该条放在"儿和几、勹、八、乃的变化"大条下。我们为了方便比较，也将其分组排列。

4. "乄""儿"改为"丷"

陈：儿、乄改丷。如鬲、鬲—鬲：隔、融，产—铲：铲、彦。

傅：部分单字或部件的"乄""儿"改为"丷"。鬲→鬲，鬲→鬲，产→产。

此条全同。

5. "儿"改为"几"

陈：儿改几（"兜"从兒例外。"凳"本从几）。如微—微：薇，亮—亮：喨。

傅：部分单字或部件中的"儿"改为"几"。如亮→亮，秃→秃：颓。

此条亦同。只是傅永和举"秃"例时，在初级变体下又分出二级变体，即"秃"先变为"秃"，"秃"又依据竖折钩变竖提分为"秃""秃（颓）"两种情况。

陈越在分析"儿"变体时，还有一种，即省略掉"儿"，如奂—奂：换、痪。傅永和将其归在"省略部分单字或部件的笔画"一类下。可从。

6. "爫""夂""夊"改为"⺈""夕"或"夂"

陈：上方的爫、夂和内部的夊，分别改为⺈、夕；但"然"本从肉，不作"然、然"。如：

爪：爬、笊

爪

爫—⺈：爱、淫、舀（iao、ao 韵的字不从"臽"）

争—争：挣、筝、静

傅：部分单字或部件中的"爫""夂""夊"改为"⺈""夕"或"夂"。如爱→爱：援、暖、缓、湲，舀→舀：稻、蹈、韬。

此条两家似有不同。陈越认为，"爫、夂"变为"⺈"，"夊"变为"夕"；傅永和认为"爫"变为"⺈"，"夂"变为"夕"，"夊"变为"夂"。细考二家的看法，似乎陈越分得更细。实际上"夕"跟"夂"是有区别的，前者点在内部，后者点与横折相交。前者如将—将：将、蒋、锵，后者如囱—囱：窗。

另外，陈越指出"然"本从肉，不作"然、然"，属例外。

7. "刀""⺈"改为"勹"

陈：刀、⺈尽量改勹。如召、舀—舀：掐、阎（ia、ian 韵的字不从

"畓"），兔—免：馋、挽、兔（兔）、逸、冤、菟。

傅：部分单字或部件中的"刀""⺈"变为"⺈"。如召、畓→臽：陷、馅、焰、阎，兔、兔→免：晚、挽、勉、兔、逸、菟。

此条同。

8. "皿"改为"皿"、"冊"改为"册"

陈：个别处理的字形。如冊—册：删、栅，皿—皿：温、氲、蕴等。

傅：个别整理的字形。如冊→册：栅、珊、跚、删、姗，皿→皿：温、瘟、愠、韫、蕴。

此条二人亦同。

9. 折笔改为直笔

陈：折笔改为直笔。如吳、吴—吴：娱、虞，眞、真—真：滇、颠。

傅：部分单字或部件的折笔改为直笔。如吳→吴：娱，直→直：值、植、置。

此条两家亦相同。

（十）改变单字的结构方式

陈：部分汉字中偏旁结构的方位需发生改变。如鼺—鼯（"鼠"旁的字，一律不作包孕字处理），黙—默（"黑"旁的字，一律不作包孕字处理）。

傅：鼺→鼯，黙→默。

此条大同，只是陈越在所举例字后面，进行了类推性说明。如䗪—磨（"麻"旁的字，一律作包孕字处理）。

（十一）移动部分笔画方位

陈：部分单字和偏旁中某些笔画的方位，分别作如下处理。凡、卩—卂：讯、迅，承—承。

傅：移动部分单字或部件中笔画的方位（有的同时改变笔形）。如卩（凡）→卂：汛、讯、迅，承→承。

此条略异。傅永和明确指出除了移动笔画外，有时还需改变笔形。

（十二）以读音分化形近部件

陈：部分单字和偏旁按字音或字源分化为不同的形式。如：

巳—已：祀、汜、圯、熙、异、导、包、巷、巽（不属"己、已"的字一律从"巳"）

间：涧、裥、锏、简（jian音的字从"日"）

阇，阗

闲：痫、娴、鹇（xian音的字从"木"）

市：肺、沛、霈、旆（ei韵的字从"市"）

市

市：柿、铈、闹（shi音的字和会意字"闹"从"市"）

傅：按读音分化形近部件。如读ei韵的字用部件"市"（肺、沛、旆）；读shi音的字用部件"市"（柿、铈）。只有"闹"字例外。

此条亦同。只是陈越举例分析较详，傅永和较简略。

三 大陆关于通用字字形规范的基本特色

这里我们在总结陈越、傅永和对于大陆字形规范条例认识的基础上，进一步审视大陆字形规范条例的现有研究成果。

（一） 陈越、傅永和关于大陆字形规范细则的异同

整体来看，陈越《谈字形的规范问题》和傅永和《字形的规范》所归纳的大陆通用字字形规范条例之异同如下：

首先，二者在本质上是一致的。因为它们针对的材料是同质的，《印刷通用汉字字形表》和《现代汉语通用字表》的字形标准是一致的。

其次，二者分析详疏有别。陈越的条例表述比较粗疏，举例分析比较详细；傅永和的表述比较详细，举例分析相对粗疏。陈越举例的时候，很多例子都是分多个层次，考清其形变轨迹。比如"朵、朶"变为"朵"，"朵"再变为"朵（躲）""朶（剁）"。傅永和说明形变范围时，会习惯性的加上"部分"这一修饰语，如分离部分单字或部件中相连的笔画等。这样的表述显得更加理性、准确。而这两个特色也分别贯穿于两家规范条例的始终。

最后，二者对条例的类聚不尽全同。陈越共分18条，但有些条事实上包含几个分则，傅永和则把这些分则分别提出作为一条，共25条。

（二）大陆通用字字形规范条例再审视

进一步来看，大陆通用字字形规范原则除总原则外，主要表现在以下几个方面：

1. 宋体楷化。该原则是从印刷宋体尽可能和手写楷书统一的角度而言的，如 关→关、豕→豕、酋→酋、兼→兼、兑→兑、曾→曾、关→关、平→平、半→半、穴→穴、卯→卯、杰→杰、爰→爰、鬲→鬲、产→产等。

2. 字形结构和笔势尽量照顾横写的需要。随着大陆印刷行款由竖排变为横排，整理字形时势必要考虑这种变化。汉字的撇笔跟从左到右的笔势方向是不相符合的，故需要把部分字的平撇改为横，如耒→耒、呈→呈等；重撇改为点提，如弱→弱、羽→羽等。

3. 折笔变为直笔。部分字的曲折笔画既不便于书写，同时也难于识记，将折笔变为直笔则易于书写和识记。如吴→吴、直→直、真→真、亘→亘、木→木、贞→贞、俞→俞等。

4. 连接或分离部分笔画。这样做一方面使得字形结构更加系统化，便于书写，另一方面也便于识记。连接断笔的如 艹→艹、艹→艹、开→开、羊→羊、象（象）→象、兔→兔、兔（兔）→兔、兔（兔）→免、制→制、敕→敕、建→建、奂→奂、叟→叟、关→关等；分离连笔的如 厶→云、粤→粤、皋→皋。

5. 删去部分笔画。某些汉字的笔画，人们在书写时容易忘记；也有一些汉字的某些笔画本来是没有的，但人们在书写时却无中生有，不经意之间增加笔画。为求得汉字内部的系统性，在保持原有形体轮廓的前提下，适当删去可有可无的笔画。如辶→辶、者→者、蚤→蚤、黄→黄、吕→吕、奥→奥、良→良、艮→艮→艮、业→业、晋→晋、冈→冈、奂→奂等。

6. 合并部分偏旁，精简偏旁数量。有些汉字的偏旁在形体上非常接近，易于混淆；有的汉字在发展过程中存在多个变体，难写难记。适当合并一些偏旁，既精简了偏旁数量，也便利了书写、识记。比如"月、月"，分别合并了以下几个偏旁：月（月、月），月亮的月，朔、期等从此；月（月、月），古凤字，鹏、棚、崩等从此；冃（月），古帽字，冒的变体，甲胄的胄从此；月（月、月），肉的形变，脂、有和华胄、胄子的肯等从此；月（月、冃），舟的省写，前、勝、朝、俞等从此。把上面月、冃、月、月、月、月等六个偏旁合并为月、冃两个，既便于书写，也减少了书字过程中的错误。另外，如"夂""夊"合并为"夂"，"匚""匸"合并为"匚"，"网"的变体"冈、門、网、罒"合并为"罒"，"尢"的变体"冘、尣、兀"合并为"尢"等。

7. 合理利用按音分化的原则。如读 ei 韵的字用部件"市"（肺、沛、旆）；读 shi 音的字用部件"市"（柿、铈）。

8. 改变部分单字的结构方式。如畧→略、羣→群等；部分左右包孕的字改为左右结构，如醮→醮、黙→默等；部分上下包孕的字改为上下结构，如盛→盛、惑→惑等。

四　结语

从上面的分析我们可以看出，大陆字形规范的条例是有一定研究基础的，但与台湾字形规范的 160 条规则相比，这种基础又显得非常薄弱。此种情况一方面不利于规范字形在社会上的推行和使用，另一方面也不利于汉字的教育教学。这就需要我们从大陆字形规范的背景和事实出发，全面归纳现有字形规范规则的研究成果，系统探究相关字形在规则内和规则外的文字学、书法学理据，从而制定一套完善的大陆字形规范的规则，以进一步提升汉字作为汉语辅助交际的符号功能，进一步发挥现行汉字在国家发展战略中的作用。

参考文献

1. "教育部""国语"推行委员会编：《国字标准字体修订原则》，台湾"教育部" 1997 年版。

2. 陈越：《谈字形规范化问题》（1—4），《语文建设》1965 年第 3—5 期。

3. 傅永和：《字形的规范》，语文出版社 2009 年版。

4. 中国科学院语言研究所汉字字形整理组编：《印刷通用汉字字形表》，文字改革出版社 1986 年版。

5. 国家语言文字工作委员会汉字处编：《现代汉语通用字表》，语文出版社 1989 年版。

作者简介：孙建伟（1984—　），男，陕西师范大学国际汉学院讲师，博士。主要研究方向为文字词汇学、汉语国际教育。

基金项目：国家语委"十二五"科研规划 2015 年度重点项目"清末民国汉字简化研究信息库建设及相关研究"（ZDI125 – 59）。

华文汉字教学模式探索

——以"即"和"既"为例

张 喆

【摘 要】本文认为第一语言为非汉语的华人华侨是华文教育的主要教学对象，针对他们的华文汉字教学应充分考虑到他们的身份特点、知识结构和思维习惯。同时认为华文汉字教学应从"形体""理据""功用"三方面展开，并以"既"和"即"的辨析为例，探索将这三个方面融入汉字教学的具体方式。

【关键词】华文；汉字教学；形体；理据；功用

一 华文教育的教学对象

谈到华文汉字教学，就不能不谈到华文教育的教学对象，根据目前对华文教育这一概念的共识，华文教育的教学对象涉及三个名称，即"华人""华侨"和"华裔"。根据《中华人民共和国归侨侨眷权益保护法》，"华人"是指取得所在国国籍的祖籍中国的外国公民；"华侨"是指尚未加入外籍，但长期生活在外国的中国公民；"华裔"是指已加入所在国国籍的"华人"或"华侨"的后裔。从这三个名称出发，人们对华文教育的定义也不尽相同，比如："开展海外华文教育，即对海外的华人华侨子女进行中国语言文化教育。"（孙浩良，2007）"所谓'华文教育'，是指以母语或第一语言非汉语的海外华侨华人为主要教学对象开展的中国语言文化教育。"（贾益民，2012）"海外华侨华人子女在居住地实施的中华民族通用的现代汉语语言文化教育。"（李方，1998）"华文教育主要是面向海外华人、华裔进行的以汉语作为目的语的第二语言或外语的教学。"（于逢春，2014）以上概念中，对华侨教育的教学对象存在三种说法：1. 华人华裔；2. 华人华侨子女；3. 华人华侨。可以看出第一种说法的范围最小，没有包括华侨，这显然是不全面的；第二种说法将教学对象限定在了华人华侨的子女，从第一语言的角度讲，第一代取得所在国国籍的华人和未取得所在国国籍的华侨的第一语言都是汉语，而他们子女的第一语言就不仅仅是或不是汉语了，所以华文教育的主要教学对象确实是华人华侨的子女，但是这种从亲属关系角度进行的范围限定，存在很多不严密的地方，比如有些华人和华侨虽然自己的第一语言是汉语，但是有可能离开中国的时候年龄比较小，长时间生活在所在国，对第一语言已经生疏，后又产生继续学习的需要，对他们的汉语教育，仍属于华文教育；第三种说法的范围是针对华人华侨的教育，我们认为这个范围是最全面的，表述也最严密，因为华人华侨的子女从大的范围来说也是华人或华侨。

　　根据华人华侨的第一语言状况，我们可以将华人华侨划分为：第一语言为汉语的华人华侨、第一语言为汉语与所在国语言的华人华侨、第一语言为所在国语言的华人华侨。第一语言为汉语的是生活在所在国的第一代华人华侨，虽然他们已经具备汉语能力，但不排除继续学习汉语及文化知识的需要，对他们的华语教学，更接近于中国语文和文化知识的教学；第一语言为汉语与所在国语言的华人华侨，是第一代华人华侨的子女，他们可能在家庭环境中接触汉语，在学校及社会上接触所在国语言，所以汉语和所在国语言都是他们的第一语言，只是他们所学到的汉语是偏向于口语的、零散的，对他们进行的华语教学，重点是书面语和相关的语言文化知识；第一语言为所在国语的华人华侨，是第二代、第三代之后的华人华侨子女，随着之前几代华人华侨融入当地的生活，他们在家庭内部也越来越少使用汉语，这些华人华侨在语言上、生活习惯上、思维方式上，已经与所在国的国民无异，因此对他们的教学，已经基本上等同于针对外国人的对外汉语教学了。

　　由此可见，我们在进行华文教育时，必须根据教学对象的实际情况，选择教学重点和教学方式，尤其是在目前越来越多华人华侨的第一语言已经不是汉语、思维观念知识结构已经完全不同于国人的形势下，要使华文教育取得长远的发展，就要将对外汉语教学的理念和方式引入华文教学。"不尊重华人子女的兴趣和选择，过分强调华文教育'认祖归宗'的目的，反而会引发抵触的情绪，在教学方法和教材选用上，还沿袭国内的传统，也不符合学习者的接受习惯。因此淡化民族情节、增强国际意识，将华文教育与汉语国际教育并轨，才是华文教育的出路。"

二　华文汉字教学的三个方面

华人华侨子女在学汉语时，汉字书写是很重要的学习内容，华文教育应该重视汉字教学，尤其是针对第一语言非汉语的华人华侨，汉字是必不可少的教学任务。同时，汉字也是汉语教学的难点，如何教汉字、教哪些汉字成为华文汉字教学研究必须面对的问题。吕必松先生（1999）提出："汉字教学是汉语教学的组成部分。……正确认识汉字和汉语的特点是改革汉字和汉语教学的关键。"

汉字的特点是从汉字跟字母文字的比较中概括出来的，李运富先生（2014）认为："讨论汉字的总体特点，应该兼顾汉字的形体、理据和功用三个方面，从三个角度比较不同文字之间的异同，然后综合表述彼此的特点。"从这个角度出发，我们可以看出，"英文是用具有表音功能或者表音的同时兼具表意功能的构件拼合单字以记录英语单词的线型符号系统，而汉字是用表意构件（含象形、表义、标示构件）兼及示音和记号构件组构单字以记录汉语语素和音节的平面方块型符号系统"。根据汉字的特点，华文汉字教学可以从"形体""理据""功用"三方面展开：

首先是汉字的"形体教学"，应该包括笔画教学、字根教学以及全字教学。其次是汉字的"理据教学"，也可以称为"构件教学"，汉字的构件有的起象形作用，有的起标识作用，有的起表义作用，有的起示音作用，原来具有某种功能由于字形或语言发生变化而失去了功能的构件，我们把它归为代号构件。最后是汉字的"功用教学"，汉字记录汉语的情况比较复杂，汉字的单字记录的则是汉语的语素或音节，字跟词不完全对应，只有当单语素作为词使用时，记录语素才等于记录词。尽管形体构造时对应的是某个特定的语词，但实际使用中，除了本用外，还有兼用和借用，加上所记某些语言单位的性质变化，造成汉字不仅可以记录词，也可以记录语素，还可以记录纯音节，汉字的功用如此不确定，单字与语言单位没有固定对应关系，一字多用、多字同用，这是汉字在功用方面最大的特点，也应是教学的重点。

我们发现，目前华语汉字教学的重点主要集中在"形体教学"和"构件教学"，"功用教学"没有得到普遍重视，以至于出现学生虽然会识字写字，但不会用字，或者不理解报刊书籍中字的实际用法。这就需要我们的汉字教学，首先，得让留学生知道，汉字不等于汉语，单字不等于单词，光认识一个一个的字，并不一定能够理解包含多个字的词语的意思。其次，要让留学生知道，汉字的使用，并不是简单的一字一用，而是普遍存在一字多用和多字同用的复杂现象。特别是汉字的借用，突破了汉字的形义关联，是造成汉字职能纷乱的重要原因。

三　华文汉字教学案例分析

从"形体""理据""功用"三个方面进行汉字教学，并不是每一个汉字都要刻板地从这个三个方面进行按部就班的讲解，而应结合汉语教学的进度和学生的实际水平，根据所讲汉字的难易程度、构形特点和使用情况，巧妙地穿插安排，可以在专门的汉字教学课本中系统讲解，也可以在综合课的教学中灵活运用。以下我们以"既"和"即"为例，尝试对这两个字从字形、理据、功用的角度进行讲解辨析，在实际讲解的过程中，我们是从"字形""字音""字义""用法"这四个层面去进行的。增加了"字音"是因为"字音"虽然不是汉字本身的要素，而是来源于汉字所记录的语素，但它是学生在学习汉字时必须掌握的。

（一）辨析"既"和"即"的字形

在《北京的四季》那一课的作业中，有同学写了这样的句子，大家看看他写得对不对，PPT 展示学生之前的作业：

她即漂亮又大方。

作业中把"既"写成了"即"。板书"既"和"即"，请学生观察两个字写法的区别，字形左边的构件相同、右边的构件不同。

（二）辨析"既"和"即"的字音

提问：这两个字读音相同吗？分别怎么读？

答案：读音不同，一个读四声（既）、一个读二声（即）。

在板书的两个字上分别标注拼音，先由老师领读两遍，再请学生读两遍。

请学生听一段微信，PPT 展示对话的文本并引导学生通过回答问题说出"立即"：

达西：老师？

老师：达西，有事吗？

达西：老师我想请假，我的同学打篮球受伤了，我要____送他去医院，不能去上课了。

老师：好的，快去吧！

提问：达西找老师干什么？　　　　答案：请假。

达西为什么请假？　　　　　　　　要送同学去医院。

他们什么时候去医院？<u>立即去</u>。

请一位学生在白板上写出"立即"，之后请其他学生判断这位同学写得是否正确；如果不正确，请另外一位学生写出正确的词。根据板书上的读音，请学生们判断，达西微信中"立即"的读音（立 jì）是否正确，最后请大家一起读出正确的读音（立 jí）。

（三）辨析"既"和"即"的字义

"既"和"即"的字形和字音容易相混，同时这两个字在汉语中的用法也不一样，为了更好地区别两个字的用法，我们可以先了解它们字形本身表示的是什么意思。

PPT 展示"即""既"的楷书形体：

即　　　　　既

课堂活动：PPT 展示"即""既"右边构件的古文字形体，请一位学生坐在讲台前事先准备好的椅子上，根据图片做出动作。

即　　　　　既

课堂活动：教师拿出事先准备好的高脚果盘（类似古食器的形状）放在学生的面前，请学生配合做出很想吃以及吃饱了不想再吃了的动作。展示 PPT"即""既"的古文字形。

即　　　　　　既

通过以上活动，使学生明白，“即”的古文字形是一个人靠近餐具里的食物，表示事情将要发生；“既”的古文字形是一个人吃饱了，扭过头去，表示事情已经发生。

（四）辨析“既”和“即”的用法

PPT 展示“即”“既”的辨析表格（见表 1），其中“用法”一栏为空白，带领学生将已经学过的几种用法（立即、即使、既然、既……又……）补充进表格：

表 1　　“即”“既”的辨析

	字音	古文形体	字义	用法（已学）
即	jí		事情没有发生、将要发生、发生得很快，也表示未知的情况。	立即、即使
既	jì		事情已经发生、已经成为事实。	既然、既……又

词语句型操练一：

该部分是教师引导下的单句对话操练，强调对词义的理解和运用。

教师根据 PPT 展示的图片，设置情境，引导学生逐个运用“立即、即使、既然、既……又……”说出句子：

老师：我太胖了。　　学生：我要立即减肥。

老师：如果明天下雨，你来上课吗？　学生：即使明天下雨，我也要去上课。

老师：我太累了，作业还没写怎么办？　学生：既然太累了，就明天再写。

老师：你们觉得陕师大的老师怎么样？　学生：陕师大的老师既漂亮又耐心。

词语句型操练二：

该部分是教师引导下的整段对话操练，强调对词语的选择运用。

展示图片一

老师：这个女孩儿怎么样？（提示学生用"既……又"造句）

学生：她既年轻又漂亮。既漂亮又可爱。

老师：她这么漂亮，如果你没有女朋友，你会怎么办？

学生：我会立即追求她。（提示学生用"立即"造句）

老师：如果她已经有男朋友了呢？（提示学生用"即使"造句）

学生：即使她有男朋友，我也要追求她。

展示图片二

老师：她有男朋友，而且她的男朋友特别帅，怎么办？（提示学生用"既然"造句）

学生：既然她的男朋友这么帅，我就不追求她了。

展示图片三

老师：可是听说，她和她的男朋友分手了。（提示学生用"既然""立即"造句）

学生：既然她们分手了，我就立即追求她。

词语句型操练三：

该部分是学生自主完成的整段对话操练，强调词语的选择运用和语句衔接。

学生两人一组，教师把事先准备好的话题纸条发给大家，根据纸条上的提示，运用"立即、即使、既然、既……又……"进行对话表演。

话题内容：

①你的朋友推荐你去一家饭馆吃饭，说这家饭馆的饭很好吃，还很便宜，但是有点远。

②你想租房子，你的同学已经租了一套，有一个房间可以出租，你们在商量这个事情。

以上从"即"和"既"这两个汉字"形音义用"四个方面的不同出发，对"立即"等词语进行讲解和辨析，是从字的"形音义用"到词的理解和使用，突破了传统汉字教学只注重"笔画"和"构件"教学的局限，引入了"汉字功用"的教学，使学生完成了从字到词的衔接。

参考文献

1. 孙浩良：《海外华文教育》，上海人民出版社 2007 年版。

2. 吕必松：《华语教学新探》，北京语言大学出版社 2012 年版。

3. 贾益民：《华文教育概论》，暨南大学出版社 2012 年版。

4. 于逢春：《华文教育概论》，华中科技大学出版社 2014 年版。

5. 谢育芬主编：《华语作为二语与外语的教学——探索与实践》，南京大学出版社 2014 年版。

6. 李运富：《汉字的特点与对外汉字教学》，《世界汉语教学》2014 年第 3 期。

作者：张喆，陕西师范大学国际汉学院讲师，主要研究方向为汉语言文字学、汉语国际教育。

初级汉语课堂互动教学效果研究

——以加拿大布莱尔克雷斯特学院为个案

苗 宇

【摘　要】本文以加拿大布莱尔雷斯特学院的汉语作为外语教学（TCFL）作为研究个案，基于社会文化学理论视角分析初级汉语课堂互动教学效果。基于维果茨基理论的基本观点，结合初级汉语课堂观察与实践，试图通过实证的方法来探讨互动教学对初级汉语习得的影响。根据教学效果进行反思，提出教师教学观及教师角色转变的建议。建议语言教师充分利用多种中介手段，将科学概念和日常概念结合起来，根据学生实际水平，激发学生最近发展区，引导学生向潜在水平发展。这种发展包括认知和情感两方面，以期取得良好的教学效果。

【关键词】中介；课堂互动；教师角色；课堂观察

一　引言

由于海外汉语教学的特殊性，海外汉语教学机遇与挑战并存。正如美国俄亥俄州立大学中文旗舰工程青岛中心主任简小滨所说的："世界上越来越多的人渴望学习中文，渴望与中国交流这样的一个世代已经无可置疑地到来，但并不等于中文学得好能有效与中国人交流的外国人会越来越多。作为从事对外汉语专业教学的专业人员，如果我们的工作只是产出观众和球迷，那实在是说不过去，这种局面也不应该继续下去了；如果我们有志于培养球员，现在正是换个角度换种思路的最佳时机。"

简言之，"换个角度换种思路"即深度思考如何教学以期取得良好的教学效果。吕叔湘曾指出："语言教学的科学研究开始于外语教学，在中国和西方国家都是这样。这是不奇怪的，因为用不同的方法教外语，收效可以悬殊。"教学法的选择，正源于教师的教学观。而教师与学生作为教学因素的两大主体，师生间互动也成为课堂活动的主要模式。课堂互动教学研究与习得的研究，同样是关注的热点问题之一。因此，本文以社会文化学视角切入，研究初级汉语课堂互动的教学效果。

二　小组活动课堂案例观察分析

（一）课堂案例简介

此案例根据 30 分钟的教学录像作为分析对象，以社会文化学理论的视角去分析互动教学。

教学目标：学生能根据提供的教具，说出教具名称，并能说出包括两个及两个以上的教具名称的句子。

教学内容如表 1 所示。

表1　　　　　　　　　　复习语法和词汇

助词	的（表示从属关系）
代词	她、他、它、他们、她们、它们、这……
动词	是、不是、有、没有
数词	0—100
量词	个、只
动词	唱歌、玩游戏、听音乐、打球、喜欢……
名词	亲属称谓：妈妈、爸爸、哥哥、姐姐……

教学方法：互动法

教具：代词卡片、数词卡片、动词卡片、人物玩偶、家谱图及六根绳子

教学时间：30 分

互动模式：师生互动

（二）课堂活动简介

教师根据学生的不同语言水平及性格，把全班 20 人分成三组。把前六课学过的所有生词教具放在桌子上，每组桌子上放三条绳子，代表阶

梯。学生站在桌子两侧。

活动规则：学生说出一个词，就把代表这个词的教具放在第一阶梯内。说两个词，搬到第二阶梯。第三阶梯，学生需要说出含有三个教具的句子。比如"我有三个哥哥"。学生需要把所有的生词搬到第三阶梯。学生说完，无论学生说得正确与否，教师都重复说一遍正确的发音。上一阶梯的词可以重新利用。

两名教师，还有一名助教，三人做裁判，判断学生是否可以把生词搬到下一梯级。规则是：学生需要发音准确，并且拿对生词卡，否则，这次不可移动生词卡。学生要按顺序轮流说。哪个小组先把所有卡片在 30 分钟内搬到第三梯级，哪个小组获胜。每名裁判在一个小组 10 分钟，然后去别的组监督指导。

（三）课堂活动评析

30 分钟内，三个小组造出的句子分别是 33 个、39 个、56 个。学生造的句子语序正确，出现的问题主要是语法。学生们混淆了"不"和"没"的用法。

这项任务的成功，归结于以下几个原因：

1. 大量教具的使用

各种卡片及人物玩偶等教具的使用，前 6 课的生词共计 70 个左右。提供了大量的视觉辅助信息。这些教具，对学生认知的发展起到了中介作用。

2. 教师根据学生的实际水平，进行课堂活动设计

教师根据学生的实际水平设计教学活动，设计适合教师与学生、学生与学生互动的任务，根据最近发展区原则实施有效教学。在积极的互动中，学生不断地从教师和同伴中获取知识，达到下一层知识水平。

3. 同伴之间的合作性学习

教师提供学生之间的合作学习机会。比如这个学生拿起玩具说"这是狗"，而另一个同学忘记了"狗"的发音，那么通过同伴互助，就可以重新学习。这样能力较差的成员会从他们能力较高的同伴中获得间接帮助。学生们在认真听取其他同学的句子的基础上，共同完成任务。大家不断说"加油"，并为说了一个长句子的同学鼓掌，这样既活跃了课堂气氛，同时也鼓励了同伴，同伴很有成就感。这体现了维果茨基的认知与情

感是不可分的观念。

4. 教师的指导性参与活动

在课堂互动中，教师通过计划、监控、检查、评价、问题解决来促进学生的学习和发展，同时，教师也要提供指导性的参与活动，提供适合学生当前能力的帮助性的暗示与指导，并监控学习者的进展情况，逐步把更多的心理活动交给学习者。教师在活动中，不断给予肯定式反馈，"很好"。比如，一个学生拿起数字卡"19"，玩偶"老太太""婴孩"，学生说的第一个句子是"老太太不是婴孩"，第二个句子是"老太太19个婴孩"，这时，教师把婴孩放在老太太的怀里，说"老太太有19个婴孩"，学生连忙点头表示同意。

5. 恰当的教师角色

教师担当活动组织者、监督者、高级伙伴、参与者等角色。

三　初级华语教学反思与启示

维果茨基所提出的"文化—历史"发展理论认为：人的高级心理机能亦即随意的心理过程，并不是人自身所固有的，而是在与周围人的交往过程中产生与发展起来的，是受人类的文化历史所制约的。

这个发展理论包括两条基本规律：第一，人所特有的高级心理机能不是从人内部自发产生的，它们只能产生于人们的合作活动和人与人的交往之中；第二，人所特有的高级心理过程，首先必须在人的外部活动中生成，随后才可能内化。维果茨基将认知发展定义为社会共享活动内化过程的动态迁移。因而，个体与社会是紧密联系的，文化以及社会情景在认知发展中起着重要作用。

社会文化学强调社会交往对个体发展的影响，强调个体与社会环境的互动。因而，我们可以从社会文化学的角度，来审视教学中的主要因素及其相互关系。

（一）汉语教师在教学中作用的性质

1. 教师具有中介性

中介是社会文化学理论中的核心部分。维果茨基认为，在儿童的成长过程中，低级心理机能向高级心理机能的转化，是通过文化制品（如语言、符号、工具等）作为中介来实现的。对教学而言，新知识获得过程是高级心理机能发展过程。教师需要通过语言符号与学习者互动，或通过设计课堂互动活动为学生提供互动机会。教师的中介作用，就是根据学习者的现实水平选择最适合的中介形式，帮助学生实现知识的内化。语言学习一般常用的中介形式，包括课堂互动活动、教具、教材、视频材料、师生对话等。

2. 教师具有动态性

"最近发展区"是动态发展的，指学习者"实际发展水平"和"潜在发展水平"之间的差异。前者指独立解决问题的能力，后者指儿童在成人或能力较强的同伴指导下所能达到的解决问题的能力。

维果茨基认为，儿童的认知发展过程要经历三个阶段：客体调控、他人调控和自我调控阶段。这个过程是从外部到内部，是依赖外部到个体自立的过程。就二语学习者而言，在不同阶段，对语言符号的掌控能力不同，赖以理解第二语言的心理机制也不相同。在第二语言的初级阶段，学习者主要采用客体调控的方式，主要依赖外物或者物质媒介来学习语言；在他人调控阶段，学习者主要依靠言语学习；而在高级阶段，学习者能自主地学习语言。

因此在不同阶段，教师的作用具有变化性，教师的作用具有动态性，应该根据学习者的发展变化而提供相应的指导。

3. 教师具有示范性

维果斯基认为，"儿童通过模仿从合作中获得发展，模仿是儿童产生一切人类特有的意识特点的源泉，来自合作的发展，来自教学的发展则是基本事实"。儿童通过模仿来获得发展，因而教师的指导实际上具有示范性。学生作为新手，需要教师的示范性指导。

（二）华语教师在华语教学中教学观转变

正如 Rod Ellis 教授谈到为什么中国在外语课堂设置、教材编写、新教学方法推广，以及教师专长发展方面做了大量工作，但中国学生仍然不能很好地与外国人进行流畅和深入的交流。问题出在哪儿？华语教学也存在类似问题。Rod Ellis 教授认为是教学观的问题。"教育界一直存在两种不同的看法，一是把语言看作工具，二是把语言看为实体。看为实体的教学观就比较强调背诵。把语言当作一个实体，把它分解成小块，然后记单词，记语法，记词组等。亚洲的学校之所以不能那么成功地教会学生自信、熟练自如地使用英语，是因为他们没有足够地将英语当成一个工具来教与学"，他强调语言教学是将实体和工具相结合的过程。

David Nunan 教授认为，语言教育发展历程经历了三个阶段。第一阶段是看为实体的阶段；第二阶段看为交流工具；第三阶段语言习得是一种个人和文化层面的转型。第三阶段才是语言学习的核心，它贯穿于整个学习的过程中。

社会文化学理论认为，语言习得是一个参与社会过程，是将科学观念和生活观念相结合的过程。维果茨基认为，科学概念和生活概念在学生的学习生活中都扮演了角色。维果茨基这样论述在实际教学中出现的问题："实践经验告诉我们直接教授学生观念是不可能也是没有成效的。老师试图这么做经常会导致无用功和空谈套话，学生鹦鹉学舌，模拟相关观念，实际上在掩饰真空。"实际上，科学观念经常成为语言教学的目标和主体。记住规则和定义并不是培养观念，成为师生的目标。

因而，教师应该从教授科学概念的教学观，转变为将科学概念和生活概念相结合的教学观念，将单向传授转变为多向建构交流互动的过程。

（三）教师教学角色转变

教师的中介性和动态性决定了在教学过程中，教师不再是单一的传授者和演讲者，而是转变为互动活动的组织者、参与者及监督者，学习者知识建构的帮助者及指导者。教师不再是传统的传递语言知识的权威，而是转变为学生的高级伙伴或合作者。教师也是文化交流使者、课堂活动示范者。尤其是在初级阶段，也是游戏组织者。

以上的角色可以诠释如下：

1. 教师成为组织者、参与者及监督者

互动活动的组织者指教师根据教学目标和学生的实际发展水平，组织相关教学活动，帮助学生理解和掌握新知识。参与者是指教师在某些互动活动中需要参与师生互动，如讲解活动规则，给学生提供支架式帮助，成为学生探索知识的辅助者。创设良好的互动环境，学生在这种互动环境中可以通过实践、自主探索、合作学习等方式学习。监督者，指的是教师在活动实施过程中，查看课堂活动的进行情况并加以管理，使活动结果达到预定的教学目标。教师的职责主要是引导学生心理认知发展从初级阶段向高级阶段发展。

2. 教师成为学习者知识的帮助者和指导者

教师应当积极地建构互动环境，通过中介工具来激发学生的学习兴趣，增强学生的学习动机。通过创设情境，以及不断将学过的旧知识合理融入新知识，帮助学习者温故知新。教师应该尽力组织合作学习，展开讨论交流，进行有意义的协商，同时，对合作学习过程加以引导，以期达到预期教学效果。

3. 教师成为学生的高级伙伴或合作者

传统的教师权威式角色通常是师生间单向交流，教师主要职责是传授知识。教师转变为学生的高级伙伴或合作者，使知识的学习过程变成双向交流，共同建构的过程。

4. 教师成为文化交流的中介者

教师是文化的体现者和实践者，是文化知识的传授者。正如 David Nunan 所表达的"教师扮演的只是一个中介人（mediator）的角色"，"文化是需要人们去了解并体验的"，"文化是动态的，变化的，模糊的。假如我们对文化进行深层次的剖析，那么，其实文化是每一种语言的核心"。

教师不仅有语言教学的责任，还有责任提升学生的目的语国家文化意识。学习语言不是将一种语言符号转变为另一种语言符号，传统的翻译过程，而是融入新的文化的过程，按照目的语国家行为规则实践的过程。正如美国人类学家、语言学家 Michael Agar 1996 年在 *Language Shock：Understanding the Culture of Conversation* 创造了"languaculture"这个词语。把 language 和 culture 合为一个词。他认为，语言和文化不可分离，与他人交流的关键是，要理解语境和文化。我们的语言文化塑造了我们，同时也决定了我们应该和别人建立怎样的关系，即社会文化学倡导的学习发展应该与社会文化相结合。

5. 教师成为示范者

教师在设计课堂活动时，首先自己要预讲一遍，头脑中想象学生上课的情景，如果教师自己完不成这种课堂任务，就不要把任务分配给学生。

四　小结

正所谓"教学有法，而无定法，贵在得法"。如何"得法"基于教师的教学观，因而，教师的教学观与时俱进至关重要。教学观指导教师的教学实践。建议教师教学基本原则要根据学生实际水平，引领学生进一步发展。这种教学过程是对话性的、动态的。教师不仅要注重师生互动活动，也要充分利用生生互动，使对外汉语课堂成为动态的发展的课堂。可以说，充分发掘研究第二语言习得过程和作为教学活动主体，教师与学习者两大因素之间的关系，对促进初级汉语教学效果具有重要意义。

参考文献

1. 简小滨：《"老"问题新思路代序》，载吴伟克主编《体演文化教学法》，湖北教育出版社 2010 年版。

2. 吕叔湘：《叔湘集》，中国社会科学出版社 2001 年版。

3. 余震球译：《维果茨基教育论著选》，人民教育出版社 2004 年版。

4. 蒋荣：《基于社会文化理论的汉语学习者词汇习得研究》，北京语言大学出版社 2013 年版。

5. 郑新民：《语言教育新概念：海内外学者访谈录》，安徽大学出版社 2011 年版。

6. Freeman，D. & Johnson，K. E.，"Reconceptualizing the knowledge - base of language teacher education"，*TESOL. Quarterly*，32，1998.

苗宇，女，吉林省前郭县人，陕西师范大学国际汉学院教师，东北师范大学汉语国际教育研究生，研究方向为二语习得与汉语教师培训。

Email：hannah. miao@ aliyun. com

论华文教师教育培训

邵　英

【摘　要】中华民族重视教育是亘古不变的传统。到 20 世
纪，华文教育已经成为在中国本土之外的一支重要的中文教育力
量。进入 21 世纪以来，全球的华文教育和世界汉语教学更是同
步发展。但是由于政治历史等原因以及条件所限，华文教师的教
学水平参差不齐。若要提高华文教师的整体教学水平，找到问题
所在并有效解决这些问题是至关重要的。对华文教师的培训，应
多视角、多层次，有深度、有实质内容、有文化逻辑地进行培
训，避免从语言要素到语言要素的原地转圈式的"补习"。解决
好"艺"与"术"的关系是走出培训效益不显著瓶颈的最好
出路。

【关键词】华文；教师；教育；培训

华文教育主要是指海外华人社团和企业兴办的面向华人、华裔青少年
的中文学校教育。重视教育是中华民族亘古不变的传统，无论身居何地。
早期华人，在争取生存的同时也为受教育的基本权利与所在国政府抗争，
既争取同等的受教育机会，也不忘记对子孙的母语文化传授。如东南亚华
人，他们克服了各种困难，坚持不懈地兴办起各种形式的华文学校，在华
文教育方面取得了骄人的成果。到 20 世纪，华文教育已经成为在中国本
土之外的一支重要的中文教育力量。进入 21 世纪以来，全球的华文教育
和世界汉语教学更是同步发展。然而华文教育和世界汉语教学毕竟不同。
由于政治历史等原因以及语言环境等条件的限制，华文教师的教学水平参
差不齐，影响着华文教育质量的提高和华文教育事业的进一步发展。因
而，解决好华文教师教育的培训工作显得尤为重要。

一　历史回顾

因为华文教育几乎遍及世界，但相关的历史文献比较有限，所以我们以知网上看到的有关华文教育的文章为参考，对华文教师教育作一简单回顾。我们搜集到的主要是 20 世纪 60 年代至 21 世纪的前 15 年发表的文章，故以此来进行统计分析。可以看到 1961 年至 2015 年所发表的论文，在数量上，呈上升趋势；在国别上，逐渐由东南亚向其他区域扩展；在内容上，直到 2011 年才有学者关注到华文教师的培训问题。经我们统计，2011 年至 2015 年，关注华文教师培训的文章仅有 14 篇，而有关华文教育的文章是 660 篇，华文教师教育的文章是 174 篇。可见，直到近五年，专门研究华文教师培训的文章依然很少，这从一个侧面说明对教师的培训工作依然没有得到重视。为了一目了然，我们以年代顺序列表的形式呈现于下。

表 1　　　　　　　　　　　　　60—70 年代

年份	华文教育	华文教师教育	华文教师培训
1960	0	0	0
1961	1	0	0
1962—1972	0	0	0
1973	2	0	0
1974—1977	0	0	0
1978	1	0	0
1979	0	0	0

表 2　　　　　　　　　　　　　80 年代

年份	华文教育	华文教师教育	华文教师培训
1980	0	0	0
1981	1	0	0
1982	0	0	0
1983	0	0	0
1984	1	0	0
1985	1	0	0
1986	10	0	0
1987	7	0	0
1988	6	0	0
1989	15	0	0

表 3 90 年代

年份	华文教育	华文教师教育	华文教师培训
1990	13	0	0
1991	22	0	0
1992	28	0	0
1993	24	0	0
1994	32	0	0
1995	29	0	0
1996	60	0	0
1997	41	0	0
1998	40	0	0
1999	33	0	0

表 4 2000—2009 年

年份	华文教育	华文教师教育	华文教师培训
2000	80	0	0
2001	77	0	0
2002	92	0	0
2003	82	0	0
2004	80	0	0
2005	93	0	0
2006	90	0	0
2007	86	0	0
2008	99	0	0
2009	104	25	0

表 5 2010—2015 年

年份	华文教育	华文教师教育	华文教师培训
2010	96	26	0
2011	107	46	5
2012	126	42	1
2013	112	27	4
2014	123	21	3
2015	96	38	1

从以上所列文章数量来看，海外华文教育一直受到学者们的关注，而华文教师的教育直到 21 世纪才被关注，可是华文教师的培训并没有因华文教育的发展而引起应有的思考。这一现象值得我们深思。

对此，我国华文教育的高层机构已经意识到提升华文教师的整体水平是保证华文教育质量的先决条件。所以，国务院侨办从 2000 年开始在全国设立了 20 多个"华文教育基地"，基址大都设于高校或中等学校。这些学校承担了大部分华文师资培训的教学工作。国侨办每年还会定期地按照国别组织华文教师团来华进行短期进修，委托相关院校负责具体的培训工作。

二　改变惯有思维

21 世纪之前，没有全球一体化观念，也不可能有所谓的"全球语境"。由于语言是一种制度安排，是制度中的制度。因而每一个国家、政府历来都很看重"自我"的语言政策，强调民族文化、民族意识。对此无可厚非，而且这是国家主权意识的必然反映。语言政策确实关系到一个国家和民族当前的利益和长远的利益。可是我们也应该意识到语言政策是人类社会群体在言语交际过程中根据对某种或某些语言所采取的立场、观点而制定的相关法律、条例、规定、措施等。也就是说，根据国家需要，它是可以进行调整的。

生存于世界各地的华人，在 21 世纪之前是在艰难困苦的生活竞争中，努力争取传承母语、传承祖先文化的权利。因此，习惯上是关注华侨所在国的语言政策，研讨所在国对华文教育的态度等政治因素。进入 21 世纪后，世界语境已经不欢迎狭隘的民族主义语言观了，同时，今日的中国与 20 世纪及其以前的中国有了翻天覆地的变化，尤其是中国经济，对于世界任何一个国家来说不可小视了，这些国家政府是以积极主动的态度与中国接触，进行贸易、教育、旅游等往来。华文教育已然成为华人所在国不可忽视的一支教育力量，尤其是汉语教育的力量，华人成为当地与中国进行经济等方面交往的语言储备军。

华文华语，即汉语在中外经贸往来中具有很大的实际使用价值。有的语言学家甚至预言，到了 22 世纪，世界上将只使用四种语言，就是英语、西班牙语、汉语及阿拉伯语。经济领域的变动必然引发文化价值观的变化，正如萨丕尔所言："文明进程中每一个根本性变化，特别是经济基础上的变化，往往都会产生文化价值观的动荡和再调整。"而种种变化必然最初由词语显现，词语的产生与消亡最为活跃。因此，我们需要改变惯有思维，完全不必按照历史曾有的现象去设定培训的目的，不再需要将提升华语在华裔同胞所在国的政治地位为前提。我们要从强调教育的政治因素目的转变到促进经济发展的目标上。实实在在地把华裔子弟的语言能力与其将来收入的高低、通用语言与国际贸易关系、语言产业与国民经济发展的关系等联系起来，采用经济学理论和方法分析话语学习者的生存需求。根据需求，设计华文教师培训的内容，进而设计实用的语言内容和语言形式。因为今天世界各国经贸和文化交流的范围十分广泛，汉语将成为主要的贸易语言。

我们认为，无论何事，需求是一个人兴趣的出发点，有兴趣、有需求，才会努力接近目标。语言是人类文化的载体，母语、文字是记载祖先文化的符号，这是一个共识，没有问题。但是当今，全球经济一体化，多元文化已经深入人心。大数据、互联网将人与人的空间距离拉近了，也将不同文化的认知经过重新组合后快速地从一地传到另一地。所以，一个人的知识应该是多面的，看问题要有多元文化意识的自觉。华侨子弟或说华侨后裔生活在当地，不只是学习母语一件事，也面临择业的困扰，也有所受教育要符合经济规律要素的需求和生存等问题。故华文教师所教授的内容自然要符合学生们未来走向社会的种种要求，顺应学生的发展需要。再者，华文教育工作者的确需要换一种思维，不必担忧母语在海外的消失，更无须高调抛出推广中华文化的口号，以造成当地民众与政府不必要的误解、误读。

21 世纪的教育理念是开放、包容、多元文化，具有全球性教育特质。由"政治教育"向"经济教育"的转变已经成为有识之士的共识。因为，一个开明的政府对自己所有年轻人进行知识、技能和生存能力的教育是一个国家跟上世界发展步伐的基础性投资。所以，正确的教育理念才能使教育具有可持续性发展的性能。

只有把外国学生及各国大学中文系的汉语教学包括在华文教育之内，才能使海外的华文教育具有较为深刻的内涵和其延续性。华裔子弟在当地出生，在当地长大，从思想感情一直到语言习惯已经基本上当地化了，他们对祖籍地中国的感情已经淡化，他们学习汉语的目的、方法与外国学生没有太大的不同。这些客观现实，我们必须接受，认可。因此，华文教师在教授华语时，应该以学生的可持续教育为出发点，为他们继续学习中文打好基础。

三　改变培训方式

华文教师的传统培训模式受当时的世界格局、形势的影响，其内容突出汉语言基础理论知识和"传统文化"传授，强调政治因素与政治目的，是早期华人为争取受教育的平等权利意识的延续。而在当代全球经济一体化的开放型语境下，华文教师教育培训方式和内容应该有所改变。

我们以为，培训的主体思路应该以经济领域为主线，内容设计以经济与文化结合的方式呈现。就学习而言，无论是经济内容还是文化内容，都应立足于世界发展的舞台，以此选择词语范围与编选语料。比如就中国经济领域与世界主要国家贸易为讨论话题，学习相关词语，理解相关交际行为。在词语教学中，加大诸如引领、扮演的角色、经济走势、契机、数据、贸易区、经济体、结构调整、合作机制、联动、对冲、牛市、熊市等与经济生活相关的词语。这类词语虽然不是什么文化类词语，也与政治无直接联系，但它们是经济社会生活中频频出现的词语，是学生们希望了解和应该理解的词语，也是能够体现当今中国发展状况的词汇，尤其也许是与学生今后从事工作有关联的语汇。

海外华文教师的授课对象基本是儿童和少年。这些华裔学生的母语习得场所基本是家庭。而华侨家庭成员之间的言语交流更多的是某一种方言，如粤语、客家话、闽南话等。汉语言的通用语即普通话还主要是在学校学习。无论是我们的方言还是普通话，都不是华侨所在国的通用语言，也就是说不属于人们用于日常交流的主要交际性言语。青少年的情感特点是敏感、好胜，怕被群体孤立。据心理学专家研究，人们在使用语言进行交际时，会有莫名的害羞或恐惧，心理处在忐忑不安之中。所以，他们在学校与当地老师或同学沟通时，往往首选与同学言语交流一致的语言形式。这种心理特性也是在培训时应该给予考虑的。

华文教师是教师，是以将中国语言文字文化教授给华人和华裔青少年为职责的教师。因此，华文教师的知识结构必须健全，基础理论知识必须扎实，教学技巧手段一定要娴熟。例如，合格的华文教师要有普通语言学知识，要掌握现代汉语的语音、文字、词汇、语法等知识，要谙熟古代汉语知识并了解历史文化，也要正确理解当前中国的国情。又由于华侨的区域性特点，有些国家的华文教师不但要能使用流利的"国语"——普通话，还需要具备言说中国某个地区方言的能力，并具有中国方言的一些理论知识。

华文教师在具备扎实的基础理论知识外，重要的是能帮助华语学习者树立自信，使学习者所掌握的汉语言文化知识能转变为一种工作技能。在言语交际过程中，能够在当地通用语和汉语之间自如地进行语码转换。这就需要老师创设或开辟语言实习场所，带领学习者在社会实践中验证汉语言所具备的经济价值，是可以帮助自己生活的。比如华裔子弟能够在与中国相关事务中，担任汉语译员，能够针对中国顾客的餐饮、驾车、贸易等进行工作。大部分华裔子弟是将华语作为谋生的工具和谋生手段，期望借此得到较好的经济报酬，完全可以说，他们学习的动力源于此。因而，给华文教师培训时，除了语言文化基本知识的教学培训外，必须将实际工作技能的传授方式所需内容列入培训计划。

作为培训机构和培训教师，在对华文教师进行教育培训时，从内容、方式、要求、目标项目等都不能等同于华文学习者，更不能与非华裔的汉语教师的培训方式一致。

国际对话方式已经发生了重大变化，经济的蝴蝶效应越来越显著，解释其变化的语言理应跟着改变，培训内容、理念与方式自然要发生变化。

四　利益相关方参与培训

在经济全球一体化的当今，单纯的语言教学已不符合世界各国外语教学的潮流，越来越多的国家政府意识到语言具有经济价值。正如法国亚洲工业和经济战略发展公司总经理皮埃尔·旺达杜尔（Pierre Ventadour, 1991）先生为《法国中学汉语教学状况》写的序言："在今后几十年中，世界的繁荣和稳定取决于西方国家与远东中国文化圈，即日本、朝鲜、中国以及其经济受华侨左右的东南亚各国之间关系的和谐。"当今一些国家或地区越来越多地利用语言资源进行各类产业活动或者产生与之相关联的活动，譬如表现出的语言培训产业链、语言翻译联盟、语言文字出版行业、语言科技平台、语言艺术表演团体和语言中介服务业等。我们应该考虑到在这些国家或地区有培训汉语的市场需求，最好将华文教师教育的培训内容与这些市场需求进行无缝对接。

在实施培训前，若与华文教师所在国的教育主管部门或所管辖区域地方政府联合，吸引利益相关方全程积极参与，则不仅会扩大华文教育的政策影响力，也能够把华文教师教育的关键信息传递给对方，得到这些国家政府的理解和支持。

我们或许要做的工作是，将培训华文教师的成功案例提供给利益相关方，诸如语言翻译公司、地方主管部门等。用事例说明华文教育事业是该国教育组合中不可或缺的一部分，是与政府的教育政策相吻合的，华语受教育者是未来参加国家建设的一支有生力量。

在制定培训内容时，可与华文教师所在国政府、企业形成多个联合体。预设学生华文学习的延续价值是其所掌握的中国语言和文化能服务于政府和企业，使得我们的培训效益最大化，并能够对不同的需求者产生吸引力。其实，我们真正从所在国华裔学习者的实际需要出发，不仅能得到华裔同胞们的欢迎，也一定能获得当地国政府的认可。因为我们的培训一方面为他们的就业找到了契合点，另一方面也产生保护该国少数民族语言的效果。

比如，在某个国家，可以由大企业与我国侨办组成"某某国华文教育商业联合体"。相信在当地政府和有影响的大企业的深度参与下，华文教师的授课目标将更为明确，学生的学习动力将更加充足。生源方面也一定会出现由单一的华裔子弟扩充为有其他族裔学生加入的多元化状况。

五　华文教师教育的培训

华文教师教授学生汉语言文化，只是教学任务中最基本的一项。由于语言是一个民族文化、思维特点的载体，语言的文化和文化的语言是一互辨的关系，所以帮助华裔华侨掌握汉语言文字，了解民族文化是教学目标。这也是传统上华文教师们回到祖国接受培训的初衷，因而语言与文化是他们接受培训的重点科目。

华文教师教育培训不同于汉语作为二语教学，不可以采用对外汉语教学之方法和教学理念。因为给外国学生教授汉语言文字和中华文化，是对一种新语言的教授，对学生而言是对一门外语的学习，他们会全方位地和自己母语及母语文化进行比较。而华裔青少年在具有一点汉语文化认知的基础上进行学习，可能更多的是一种文化认同情感式学习，所以教师的授课理念和方式技巧应该有更强的针对性。那么，我们在对华文教师进行教育培训时，不能等同于华文学习者，更不能与非华裔汉语教师的培训内容一致。原因有三：1. 华文教师有着中华文化背景；2. 华文教师教育为成人教育；3. 华文教师具有中华文化归属感。

教学技能的培训是所有教师需要不断接受的一种在职教育。而华文教师，由于受教育背景的不同，比如有的老师是非文史哲专业的，有的老师是从小离开祖国定居他国的，有的老师是祖辈已经离开祖国的。他们非常需要弥补中国历史文化方面的教育，如汉字。写出一个个汉字，对他们来说，根本不是问题。但是汉字的初始意义，汉字形体结构所蕴含的中国早期文化历史信息、思想意识观念，则是他们希望了解的。否则，在教授他们的学生时，他们会心虚，会有无根之语的惶恐。

对华文教师的培训，应遵循中华文化发展脉络，多视角、多层次，有深度、有实质内容、有文化逻辑地进行培训，避免从语言要素到语言要素的原地转圈式的"补习"。华文教师的培训可视小可视大。但无论从哪个层次而言，对教师的专业培训都是需要做的工作，"道虽迩，不行不至；事虽小，不为不成"。

历史与现实交会。从中国政府来说，在 2004 年已经启动了华文教育工作。2004 年 4 月，由中央和国务院有关部委、全国人大、全国政协涉侨部门、致公党、中国侨联等组成的"国家海外华文教育工作联席会议"在北京正式成立，并制定了《2004—2007 年海外华文教育工作规划》。"中国华文教育基金会"也于同年注册成立，开始为海外华文教育的发展广募资金，之后一批华文教育基地成立，并每年接受来自各国的华文教师的培训工作。中国侨办每年举行的华文教师教育培训班，是及时帮助华裔教师了解中国最新成就和中国老师了解海外华文学习者需要和疑难的平台，是双方进行交流学术思想的良好机会。

华文教师教育培训应该结合微课、MOOC 等新式授课模式，以碎片化的内容借助课堂，又不局限于课堂，把培训重点放在经济发展与合作的需求上，放在增强中国文化知识有机融入当地文化的适应能力上，切实帮助华文教师掌握实用性教学技能。

我们应该从原来的以培训华文教师语言知识为主的模式转轨为以提高

教师的语言能力传授技能为目标，内容与世界经济现象相结合。教育理念由原来的从政治考虑出发转变到使受训者毕业或结业后有继续发展的可能上。

六　结语

我们一方面要发挥语言服务社会的功能，另一方面也应该兼顾语言创造经济的实用价值。这才是人们愿意花费时间与金钱努力掌握母语之外的其他语言的初衷。

在进行华文教师教育培训时，应该冲破狭隘的"民族归化"观，使用经济学理论和方法分析受训者的生存需求，设计培训内容，进而设计语言内容和语言现象的形式，坚持由感官层面提升到精神层面的授课原则。我们其实不必按照惯性思维去设定培训的目的，只要实实在在地把语言能力与个人收入、通用语言与国际贸易、语言产业与国民经济发展等联系起来，就能激发起学习者的学习兴趣。

参考文献

1.［瑞士］费尔迪南·德·索绪尔：《普通语言学教程》，岑麒祥等译，商务印书馆 1980 年版，第 12 页。

2. 蔡振翔：《关于海外华文教育的转型问题》，《八桂侨史》1994 年第 4 期。

3.［美］爱德华·萨丕尔：《萨丕尔论语言、文化与人格》，高一虹等译，商务印书馆 2011 年版，第 242 页。

4. 法国汉语教师协会编：《法国中学汉语教学状况》，北京语言学院出版社 1991 年版，序言。

5. 王先谦：《荀子集解》，中华书局 1954 年版，第 19 页。

邵英（1963—　　），女，陕西三原人。陕西师范大学国际汉学院副教授，历史学博士。主要研究方向为汉语史、对外汉语教学。

华文教师的跨文化交际意识

王晓音

【摘　要】在汉语国际推广的背景下，华文教师将面对更加复杂、广阔的跨文化交际环境。树立跨文化交际意识，成为一个"多文化"人，是华文教师应当具备的业务素养之一。对于文化差异采取正确的态度，表现出适当的文化依附，并且能够主动了解、理解与适应异文化，对于民族共性与个体特性能够作出客观理性的判断。跨文化交际意识的树立是跨文化交际能力的基础，因此值得重视。

【关键词】华文教师；跨文化交际；意识

一　自觉的文化差异意识

（一）文化态度的调整

跨文化交际能力的基础是文化差异意识，即能够意识到不同文化之间是有差异的，并且将这种意识贯穿到跨文化交际活动当中去。如果缺乏文化差异意识，跨文化交际就会出现障碍。造成这种障碍的原因，胡文仲（1999）认为有如下三种：

（1）认识上的误区。不同文化背景的人们在交际过程中最易犯的一个毛病是误以为对方与自己没有什么两样。一旦发现对方的行为与自己的预期相差很远，就会困惑、失望，造成跨文化交际的失败。

（2）刻板印象（stereotype）。尽管我们没有和某一种文化接触，但是，我们可能已经对它有一种先入为主的印象。例如，认为法国人浪漫、德国人严格、美国人随便、日本人工作努力等。这些就是刻板印象，也可以称作定型。

（3）民族中心主义（ethnocentrism）。就是按照本族文化的观念和标准去理解和衡量他族文化中的一切，包括人们的行为举止、交际方式、社会习俗、管理模式以及价值观念等。

贾玉新（1997）认为有以下两种：

（1）定式与偏见（stereotype and prejudices）。定式是过于一般化的，过于简单的，过于忽略细节差别的，过于夸大了与某种类别或某一群体的人相关的信念或态度。定式都是从过于一般化或极端化的事实中发展而来的，有些定式是真实的，或部分真实的，或者完全是错误的，或部分错误的。定式带有固定的信念和情感。偏见是一种以错误的或不可变通的概括为基础的反感心态。偏见基于错误的判断，或先入为主，否定别的群体或个人，对使其改正的证据总是固执地抵抗，僵化而不可逆转。在跨文化交际中，定式有积极意义也有消极作用，偏见则会严重影响不同文化中的人际交往。

（2）民族/群体中心主义（Ethnocentrism）。指某个民族把自己当作世界的中心，把本民族的文化当作对待其他民族的参照系；以自己的文化标准来衡量其他民族的行为，并把自己与其他文化相隔离开来。其积极作用是成为一个国家、民族强大的凝聚力；消极作用是造成大国沙文主义。可能导致跨文化交际中的文化冲突，相互不信任，交际失误，产生较大的交际距离。

毕继万（2009）指出，在跨文化交际中，人们难以摆脱母语文化的约束，在处理问题时习惯于自觉不自觉地从母语文化的角度去观察和对待其他文化，最突出的心理干扰因素是：

（1）文化中心论（ethnocentrism）（或称"文化优越感"）

（2）文化模式化（stereotype）（或称"定型论"）

（3）文化偏见（prejudice）

华文教学活动是一个典型、复杂、多元的跨文化交际活动，教师不仅要处理教学内容中的文化差异问题，还要在与学生的交往中处理直接的跨文化交际问题，要解决好这些问题，教师首先要避免上文提到的几种产生跨文化交际障碍的错误态度，在意识层面做好跨文化交际的准备。

1. 树立正确的认识

每一种文化都有自己的特点。他人的文化与你的不同，所以他人的行为方式与你不同，不能因此就认为那是错的或者不好的。在跨文化交际未开始时，就要将这样的意识清晰地摆在前提的位置，当交际中出现某些情况时，就不会因为与预期不同而感到交际困难。跨文化交际中很多障碍都是由于交际者按照自身文化的规则去衡量、预测对方交际行为，结果二者不能契合，而产生的。林大津（1992）举过一个例子，说他在即将离美回国时，曾到一家美国银行关闭户头。银行经理谈话中竟将穿着皮鞋的双脚跷到桌面上，他感到对方"盛气凌人"。回国后，对这件事他一直耿耿于怀。他跟学生谈到美国的种族歧视现象时，还提到此事。但是后来他读了詹逊（Jensen，1970）的《非语言跨文化交际》一文，才如梦方醒、惊讶不已。詹逊在文中谈道："When an American Puts his feet up on his desk, it signifies a relaxed, informal attitude, many times a sort of tribute to the person with whom he is conversing. But to some Latin Americans and Asians, this connotes rudeness and perhaps arrogance."在与来自异文化的人交际时，应以文化差异意识作为思想前提与心理准备，如果交际中出现难以理解的现象时，应有意识地克服"本能地用本文化交际规范去衡量、判断"的心理，而是通过直接的沟通或是间接的了解去探寻根源，并且将答案充实到自己的跨文化知识结构中去。

2. 克服民族中心主义与偏见

华文教师要保持中立的态度来看待本文化与异文化。既不以本文化为中心，也不以异文化为中心。既不厚此薄彼，也不厚彼薄此。陈荷荣（2010）提出了"平视"的概念，我们认为这是克服民族中心主义与偏见的一个有效途径。"平视"观点认为，作为中国的民间文化使者，国际汉语教师理应平视自己、平视赴任国和赴任国人民、平视教学对象和工作环境，这么做本身就是在实践中华文化的"和合"理念。国际汉语教师不可仰视欧美发达国家文化，以免在融入异质文化过程中消融"自我"，甚至有被异质文化同化的危险；也不可俯视亚非拉发展中国家文化，以免盲目自大、冷漠。无论上下，无论尊卑，以平等之心善待普天之下所有人，国际汉语教师才能真正突破各种认知和判断上的障碍。我们认为，无论是在国内还是在国外从事汉语教学，教师所秉持的态度应当是一致的。对于汉语文化，要有深入的了解与文化批判精神，客观公正看待本文化的优劣，在我们与学生谈论文化内容的过程中，不自大，不自贬，不在文化比较中迷失。对于异文化，要有意识地去了解，对于其中难以接受的内容，也要客观地看待，不贬低或鄙视。华文教师在跨文化交际中对两种文化都要有一种置身其外的"旁观精神"，冷静而理性地判断、分析，克服一切褊狭心理。

3. 合理依靠定式

定式有积极的一面，与客观事实相吻合的定式，是一种社会分类，具有科学性和准确性。在跨文化知识的学习中，我们要注意吸收这类内容，在交际中使用，比如，一般来说来自英语文化的人比较守时，韩国人和日本人礼节比较多，南美人热情，等等，这类基本信息在跨文化交际中会起到帮助作用。但是定式也有消极的一面，因为每一种文化都是动态的，在社会发展、国际文化交往中不断新变，而作为跨文化知识的定式没有得到及时的更新，就会跟不上文化实际的变化，因而会困扰跨文化交际的进行。并且定式也会因人们的个性差异而产生不准确因素。

（二）文化依附的调适

"所谓文化依附，是指人们言行所代表和体现的是哪一种文化。"文化依附是跨文化交际中个体选择文化立场的具体表现。华文教学活动中，教师教授汉语，学生学习汉语，所围绕的文化都是汉语文化，所以，原则上师生都应当依附目的语文化。

第二语言学习者对于目的语文化的依附倾向是必然的，他们在学习和使用目的语的时候，也会在文化层面作出一定的改变，表现出一定程度的文化依附。孟子敏（1997）分析道："依照他们在跨文化交际中的表现，我们把来华留学生区分为这样几类：一是完全摆脱自身母语文化的束缚，而去接受汉语文化。这是把汉语作为外语学习时所达到的最高境界，但在目前的现实中还极罕见，我们只能认为这是一种理论上的存在。二是保持母语文化，但与汉语文化群体接触时又完全接受汉语文化。这一类留学生在心理上已经建立起了文化转换（即母语文化与汉语文化之间的转换，这一说法是受了语码转换的启发）机制，他们在交际中的文化依附表现得得心应手，在学习上往往是成绩拔尖的学生。三是文化依附的选择摇摆不定，有时倾向汉语文化，有时又会基于母语文化对汉语文化作出某种评价。四是坚持母语文化，对汉语文化持抵制态度，在学习汉语的同时，不允许文化介入自身的行为。"据观察，第三种类型的学生是最常见的，可以称为"部分依附"型。我们认为这种文化依附形式是最具合理性的。俗话说，入乡随俗，这里所指的正是对于异文化显性因素的依附。学习汉语的外国人在汉语文化环境中，对于汉语文化显性部分的依附是比较容易做到的，比如打招呼、称谓语甚至谈话的话题等，都可以依附汉语文化的方式。但是隐性文化因素，如思维方式、价值观、伦理观、审美观等，就很难依附了。教师也不可能要求他们在文化的各个层面都必须依附汉语文化，只要能够理解汉语文化隐性因素的特点及其表现方法，在跨文化交际中不再感到是障碍，就可以了。

"对外汉语教师的文化依附当然是中国文化，其责任是为学生提供中国文化的范例。但同时，教师在与外国学生的交往中，又需要了解他们的母语文化，以便教学工作能有成效地进行。"我们在前文也谈到过，华文教师在跨文化交际中应当具有"平视"的心态，既不能因依附汉语文化而毫无变通，也不能为了迎合学生而依附学生的母语文化。然而，"在对外汉语教学的现实中，有这样两种倾向应引起我们的注意：一是本民族文化优越论，特别是当想到汉语文化的悠久历史时，更是对其他文化不屑一顾，进而在教学中处处表现出强烈的文化优越感；二是文化自卑，对本民族文化抱有虚无态度，教学中一味地去依附留学生的母语文化，对本民族文化的消极评价甚至超过来自异文化的成员，这同样也不会得到学生的肯定和信任"。无论教师在国内还是国外任教，文化依附都要以中国文化为主，但是又要根据学生的母语文化或者所任教国家的主流文化适当调整交际行为方式，可以说是一种"以中国文化隐性因素为基础的，具有开放性、包容性"的文化依附方式。

二　成为一个"多文化"人

（一）了解、理解与适应异文化

周健（2004）提出了"双文化"的概念，"对外汉语教学本身就要求教师具备双文化的意识和自觉。所谓'双文化的意识和自觉'，指的是对外汉语教师不仅对汉语文化有深刻的自知之明，同时对于学生的母语文化也有相当深入的了解，对于两种文化的异同及其在语言中的反映非常敏感，能自觉地将文化比较运用于对外汉语教学"。我们认为随着汉语国际教育的发展，教师应当成为"多文化"人，而不仅仅是"双文化"人。"多文化"人的特点在于：对异文化了解、理解并能适应，具备跨文化认同思维模式。

　　主动了解异文化，这不仅是一个态度问题，也是一个方法问题。"多文化"人首先要对异文化有强烈的兴趣，无论这兴趣是主动的还是被动的，都是必须具备的。要进行跨文化交际，首先就是要了解对方的文化特点，"包括文化是'什么'的表层信息和文化'为什么'的深层文化价值结构"，以及与自己母语文化的差异，由此打下跨文化交际的知识基础，调整自身的行为举止。国内从业教师需要了解的异文化种类较多，主要根据自己所授课班级的学生来源而定，一般来说国别比较多，所要了解的异文化内容比较复杂，但是不能因为复杂就不做。在国外任教的教师，主要了解所在国的文化，以及该文化与汉语文化的差异。在了解的基础上，加上尊重的态度，才能进一步做到理解。教师每天都要跟学生打交道，与多种异文化进行跨文化交际；生活在异文化环境中的教师，则不仅要与学生交往，还要在生活的时时处处接触异文化。在接触与运用中，要以"平视"的态度去理解该文化中与自己母语文化相异的表现，以达到适应的目标。从"了解"到"理解"，再到"适应"，是一个层层递进的过程。通俗地说，适应就是"见怪不怪"。我们必须适应学生或环境的异文化，否则无法进行教学活动和正常生活。"教师的跨文化适应该是双维度的，既要保持中国文化传统，又能够和主流社会成员建立并保持良好的关系，进而和所在国的人们产生互动性影响，这就是一种文化融合的态度。"这里所说的"文化融合态度"，我们认为不如说是"跨文化认同思维方式"，在异文化面前，自觉采取一种"认同"的思维方式，这个"认同"并不是"认为对方正确、可接受"，而是"认为对方的存在具有合理性，接受其存在这一事实"。这是一种客观、理性的态度，有助于避免跨文化交际中的各种不良文化态度产生。

（二）在民族共性基础上重视个体特性

　　每一种文化当中的人，都具有一定的共性，这是"民族性格"。民族性格以价值观为基础，"是了解一个民族文化和行为的重要方面，它同价值观一起构成底层文化结构，对交际行为起着支配作用。……就跨文化交际研究来讲，了解不同国家的民族文化取向，可以帮助我们在跨文化交际中，预测和解释不同文化的人的行为，从而达到避免用自己的文化为标准来解释别人的行为"。同时，我们不能忽略，每个人还有自己的个性。如果我们轻易断言：某种文化的人都是什么什么样的，那就陷入了错误的定式之中了。"文化认同是植根于历史传统的，并且受制于具体的社会环境，它允许其成员有一定的变异，但同时要求他们具备相当程度的同一性。"可见，每一个人都是民族文化性格与独立个性的综合体，在跨文化交际中，教师不仅要注意学生的母语文化共性，还要特别重视学生个体的个性特征，唯有如此，才能在跨文化交际中减少冲突。以笔者多年来的教学实践中的体会而言，在日常教学活动的交际中，学生的个性比民族共性对交际成败的影响更大。举个例子，一般来说人们认为美国人普遍守时重约，有强烈的时间意识，而且重承诺，但是笔者遇到过完全与此特点相反的美国人，并且不止一个。贾玉新（1997）谈到美国人有着"物质主义"的民族性格，但是在笔者所认识的美国学生中，有许多人在中国过着极其简朴的物质生活。倒是他们对金钱的观念，与中国人确实完全不同，他们不是无目的地积蓄，而是尽着能力将金钱花费在认为必要的事情上，然后再重新开始为了另一个花销积攒一些钱。笔者所大量接触的还有其他一些国家的学生，如韩国、日本、土耳其、哈萨克斯坦、越南、俄罗斯等，每个国家的学生都表现出一定的民族性格，比如韩日学生彬彬有礼，土耳其学生诚实守信，哈萨克斯坦学生热情自由，等等。同为穆斯林，土耳其与哈萨克斯坦的学生遵守宗教禁忌的严格程度并不相同，很明显的一点是，人们都是在民族性格的基础上形成自我的认知与表现特点，基本上无法仅根据民族性格的定式去判断如何与之交际。因此教师需要在对民族共性有所认识的基础上，深入了解学生的个体特性，从而对每一个学生采取适应性跨文化交际策略。

参考文献

1. 胡文仲：《跨文化交际学概论》，外语教学与研究出版社。

2. 贾玉新：《跨文化交际学》，上海外语教育出版社。

3. 毕继万：《跨文化交际与第二语言教学》，北京语言大学出版社。

4. 林大津：《跨文化交际学与外语教学》，《福建外语》1992 年第 1—2 期（合刊）。

5. 陈荷荣：《国际汉语教师跨文化交际中的平视心态》，《广州大学学报》（社会科学版）2010 年第 9 卷第 10 期。

6. 刘珣：《对外汉语教育学引论》，北京语言大学出版社。

7. 孟子敏：《文化依附与对外汉语教学》，《语言教学与研究》1997年第 2 期。

8. 周健：《论汉语教学中的文化教学及教师的双文化意识》，《语言与翻译（汉文）》2004 年第 1 期。

9. 肖世琼：《跨文化视域下的外语教学》，暨南大学出版社 2010年版。

10. 吕俞辉、汝淑媛：《对外汉语教师海外工作跨文化适应研究》，《云南师范大学学报》（对外汉语教学与研究版）2012 年第 10 卷第 1 期。

作者：王晓音，文学博士，陕西师范大学国际汉学院讲师。研究方向主要有，汉语国际教育、跨文化交际学、文艺学。

浅析海外华文教育教师素质的培养

张欲晓

【摘　要】随着时代的进步和科技的发展，海外华文教育越来越受到关注，海外华文教育的发展也需要大量高质量、高层次的创新型人才。为了更好地适应新时代和新形势的要求，海外华文教师应该从以下几个方面提高自己：一是提高思想道德素质，二是加强文化知识的学习和摄入，三是提高专业能力。

【关键词】思想道德；知识；专业能力

近年来，随着中国经济的快速增长，中国在世界经济、文化、语言、体育、电影等方面的影响力在逐步扩大，海外华人的民族自豪感和自信心也得到了快速提升。随着中国经济持续稳定增长，华侨华人为祖国的繁荣富强感到骄傲和自豪，华侨华人的子女学习华文的人数也在逐年增长，海外华人教育的学校在逐年增加，教育水平也在逐年提高，华文教育的形式也越来越多样化，同时，华文教育也得到了华人所在国的教育部门的认可和支持，华文教师队伍在逐步壮大，华文教师师资力量的培训也在不断深化，我们欣喜地看到越来越多的人在关注和支持华文教育事业。

我们看到中国政府大力支持华文教育事业的发展，并取得了很大的成就，我们感到欣喜。在喜悦的同时，我们也注意到华文教育和海外华文教师队伍存在一些问题，由于历史性、地域性、所在国的教育政策的变动性等原因，世界华文教育发展非常不平衡，华文教师的来源非常复杂，教师之间的业务水平存在很大差异，男女教师的性别比例和年龄结构不均衡，华文教师的学历层次整体偏低，从教接受正规师范教育和接受专门培训的比例比较低。为数不少的华文学校依靠华人社团的资金维持，因此学校没有足够的资金让在业的所有华文教师都接受正规的教育培训。这种教育培训有助于海外华文教师掌握新的教育理论和教学方法，提高自身的教学能力。

如上所述，面临华文教育界存在的问题，国内外关注海外华文教育事业的部门和人士都在尽力解决。国家侨务办公室每年不定期地组织海外华文教师回国在国内高校参加教育培训就是一个有力的说明。海外华人社团也在不断摸索途径，努力解决师资问题，比如通过社团资助提高华文教师待遇，期盼师资队伍的扩大，教育水平的提高。因此，要提高海外华人教师师资队伍的整体教学水平，非一己之力能完成的，这需要国家、所在国政府的教育支持，华人社团和海外华文教师个人等各方面的共同努力。

华文教师队伍的建设的道路还很长，但是华文教师自己也要加入提高教师质量的队伍中来，发挥自身的主观能动性，为华文教师队伍的建设贡献自己的力量。华文教师从自身做起，以高标准、高水平严格要求自己，全方面提高自己的综合素养，不断完善自己的专业能力，不断在自己的教学实践中提升自己的理论水平，推动海外华文教育事业的发展。

一 提高思想道德素质，做好中华文化传承者

纵观海外华文教育的历史和现实，我们发现，海外关注华文教育事业的人士和社团一直是十分重视华文教师队伍的建设的。有一大批华文教师骨干，勤勤恳恳，兢兢业业，为海外华文教育事业奉献自己的精力和青春。正是因为有这样无悔付出的教师队伍，海外华文教育事业才走到了繁荣发展的今天。在世界经济全球化和一体化的今天，中国这个经济实体正在崛起，不容小觑。世界很多国家已经注意到为了发展本国的经济必须加大和中国合作的力度，因此很多国家或地区根据本国经济发展的需要，意识到开展华文教育对扩大和增加和中国的商务合作有着不可低估的作用，所以采取了一些有利于华文教育的宽松政策。这对海外华文教育来说是一个很好的机遇。因此海外华文教师队伍要把握华文教育事业即将到来的蓬勃发展的机会，推进华文教育事业的改革和发展。

众所周知，海外华文教育是一种特殊的教育工作，加上海外华文教育受到海外不同国家政策和教育形势的影响，因此这就对海外华文教师提出了更高的要求和水准。语言是文化的载体，海外华文教师肩负着向世界推广汉语和中国文化的使命。虽然我们认为海外华文教育的工作是非常重要的，它关系到海外华人对祖国文化的依恋和归属，也关系到中华文化在世

界各国的传播。但世界各国的海外华文教育形势不容乐观，几乎各国海外华人教师都存在着这样或那样的问题，比如海外华人教师数量不足、工作强度大、教师队伍质量参差不齐、教师待遇不高等，不一而足。面临这些问题，为了壮大海外华文教育事业，作为一名合格的海外华文教师，要有在海外传播中华文化的使命感和奉献精神，爱岗敬业，为在海外增强中华民族的凝聚力而贡献出自己的一份光和热。因此，作为一名海外华文教师，要怀着一颗对祖国的赤子之心，要始终认为站在三尺讲台上讲述汉字、汉语和中华文化是一种无上的光荣和自豪。为了推进海外华文事业的发展，海外华文教师要有奉献精神，要怀着传播和弘扬中华文化的宏大胸怀和志向，为华文教育事业奉献自己的力量。

二　加强知识的学习和摄入，做知识型教师

华文教育本身是一门具有很强针对性、目的非常明确的学科，就是指海外的华侨华人为了在居住国生存发展，也是为了增强名族凝聚力和向心力而进行的汉语言文化教育。因此这门新兴学科的特殊性就对海外华文教师在汉语言文字文学、中国文化、教育学、心理学、语言学习理论、语言教学法等学科知识、专业机构等方面提出了更高水准的要求。

吕必松先生曾经说过，对外汉语教师必须具备特定的智能结构：他们不但需要精通汉语的理论、知识和技能，而且需要一两种外语的理论、知识和技能，还要掌握对比语言学的理论和方法；不但需要具备语言学、心理学、教育学、语言教学法等方面的专业知识，而且需要具有高度的文化修养，熟悉中国和外国的有关文化知识。吕必松先生说的是对外汉语教师的基本素质，同样也适用于海外华文教师。无论在国内的对外汉语教师还是在世界各国教授汉语的海外华人教师，他们教授的都是汉语言文字、文学和文化，这几个方面构成了汉语教师知识结构的主体。

首先，海外华文教师要有一定的汉语言文字和文学功底。汉字是记录汉语言的符号，是一种表音兼表意的符号体系。汉字已经有几千年的历史，海外华文教师掌握了汉字的产生、形体的演变以及构造方式，对其在汉语课堂上教授笔画、笔顺、偏旁、部首等有巨大的好处，也会使汉字教学既显得生动有趣，又能挖掘出汉字背后的文化内涵。同时，文学作品是折射社会的一面镜子，从远古的《诗经》到唐诗宋词，从曹雪芹《红楼

梦》到现当代文学巨匠莫言的《红高粱》，这些作品无一不是社会现实的真实反映，从这些作品中我们读到了民俗风情、时代特征、衣食住行、思维方式等。因此海外华文教师阅读并了解一些文学作品，对帮助学生了解中国不同历史时期不同年代的社会习俗、文化现象等是非常有帮助的。

其次，海外华文教师要具备一定的中华文化知识。语言是文化的载体，从三皇五帝到改革开放中国经济实现腾飞的今天，中华民族创造了不计其数的物质文明和精神文明。作为一名海外华文教师，了解中华文化的基本历史和概况是非常必要的。一方面，要了解中华民族的发展历史和地理概况、气候特点等；另一方面，要了解中华民族日常生活中的风俗习惯，比如饮食文化、茶文化、酒文化、节日文化、婚丧嫁娶、文化等。还有一点，海外华文教师还要了解一些精神领域的文化知识，比如中国的宗教信仰、审美观、思维方式、民族心理、价值观等，要让学生在教师的讲述中感受中国文化的自强不息、和合共生的自立和谐的民族精神。

总之，随着科学技术的迅速发展和社会的进步，学生需要教师能够具有广博的学问、合理的知识结构，教师不仅要熟悉本学科的知识特点，而且必须具有广阔的知识视野，只有这样才能更好地、更有效地完成传播中华文化的历史使命。因此随着时代的高速发展，海外汉语教师要适应新时代的要求，不断更新知识结构和储备。首先，要在教学实践中不断丰富自己所教学科的知识，因为具有丰富的学科知识是教师从事教学活动的前提和必需。比如要了解一些国内新出现的流行语的意思和用法，时刻关注国内语言的新动态和新现象。其次，海外华文教师也必须掌握一定的教育学和心理学知识，这样有利于教师展开其教育工作，他知道在什么时候，以哪种合适的教学方式将汉语知识通过易理解的方式表达、传授给学生，并能通过有效的教学方法和手段鼓励学生不断进步。教师具有与教学活动相关的教育学和心理学知识是教师顺利进行教学和提高教学质量的重要保障。再次，教师还要积极总结、积累和学习他人的教学经验。任何一个海外华文教师的教学都具有明显的互动性和变化性，学生是不断变化的，学生学习汉语的动机和态度以及每个学生的学习策略都存在差异，因此教师面临的新问题是不断出现的，如何解决教学活动中出现的问题，就需要教师掌握相关的经验知识。教师只有利用自己的经验知识，针对学生的特点和具体情况，做出恰当的安排和处理，才能取得富有成效的教学成果。而这种知识的获得，主要来源于个人的教学实践，具有很强的经验性，因此这就要求教师在平时的教学实践中不断总结，也要不断学习其他优秀教师的经验。最后，教师还要丰富自己的科学文化知识，例如现代科技的常识、法律的知识、民主的思想等。因为教师具有丰富的科学文化知识，不仅能拓展学生的知识视野，也能扩展他们的精神世界，同时还能激发学生的求知欲，进而提高学生学习汉语的兴趣。

三　提高专业能力，做专业型教师

提高教师专业能力的重点就是要提高教学能力。教学能力具体来说，不管海外华文教师使用的是哪一套汉语教材，都要求教师要在理解教材、把握教材和分析汉语教材的基础上，明确教学目的和教学重点，通过自身备课进行加工并加以系统化，使用恰当的教学手段，合理地组织课堂进行知识传授。教师要有效地进行课堂教学，首先要对教材有整体把握的能力，要对教材内容有所分析并作出取舍，突出教学重点，抓住教学关键点。其次，教师为了教学活动的顺利进行，教学目标的实现，还要积极营造一个轻松愉快的课堂环境，充分发挥学生的主体作用，激发学生们学习汉语的兴趣。最后，教师还要提高自己的语言表达能力。华文教师要根据学生的具体汉语水平来决定自己的语速的快慢以及所使用的汉语词汇。

海外华文教育是一项特殊的事业，因此它对海外华文教师提出了更高的要求。因此提高教学能力不仅意味着提高教师的课堂教学能力，同时意味着海外华文教师也要提高语言教学理论水平。华文教学大多数情况下是以汉语作为第二语言的形式出现的，因此这就要求海外华文教师要掌握第二语言教学的理论以及在相应理论指导下各种不同教学法。比如，海外华文教师掌握了一些二语习得的理论，有利于最大限度地减少学生在学习过程中第一语言对第二语言学习产生的负面作用；再比如，海外华文教师掌握一些偏误理论就可以有针对性地进行教学和操练，让学生学习汉语的过程中不犯错误或少犯错误。

吕必松先生说过，我们对外国人的汉语教学既是一种第二语言教学，又是一种外语教学。作为一种第二语言教学，它有别于汉语作为本族语教学，而跟其他第二语言教学有一些共同的特点和共同的规律。但是我们所教的毕竟是汉语，汉语本身的特点又决定了汉语作为外语教学的实际情况有别于其他外语的教学。因此，我们既要研究第二语言和外语教学的一般规律，又要研究汉语作为外语教学的特殊规律。这就对从事汉语作为外语教学的教师提出了许多特殊的要求。汉语本身的特殊性不仅要求华文教师懂得汉语作为第二语言教学和外语教学的规律，同时也要求华文教师掌握语言学习理论，就是了解学生学习语言的过程和规律，从而可以在教学过程中有的放矢，提高汉语教学的效率，真正地做到以学生为中心。

同时，海外华文教师还要具备一定的中文信息处理能力。教师的这种中文信息处理能力是教师为了完成教学目标，在备课时对信息的收集、选择、处理等能力。教师还必须掌握较高的现代教学技能。科学技术的发展促进了教育的全面发展，教育手段灵活而便利，学生学习方式也出现多样化，教师是学生的指导者，他要给学生构筑一个比较宽松的、比较轻松愉快的、教学相长的学习环境。现代科学技术的发展就要求大学教师充分利用现代化教学手段，比如，网络，多媒体，幻灯片，投影、课件的制作等，这样不仅有利于知识的传授，也有利于学生的接受。时代的发展和技术的不断进步也就给教师提出了新的技术要求。因此这是一个动态的连续的过程，其中包括很多种能力，比如分析和处理教材的能力、获得与教材相关知识的信息能力、组织课堂教学的能力、教师语言表达能力以及教学工具的使用能力等。课堂上华文教师要通过自己的具体的引导和讲解，通过视频、听力、表达等手段的综合运用，启发学生开口表达，运用新词，从而实现提高汉语表达能力的教学目的。

综上所述，课堂教学是教学实践的中心环节，因此要想取得有限的教学效果，提高教学质量，必须提高课堂上的教学能力。

总之，海外华文教育有其特殊性和针对性，这就要求海外华文教师在思想道德修养、知识水平、专业能力等方面不断地提高自己完善自己，也决定了海外华文教师必须具备全面的基本素质。在国家经济快速发展的有力保障中和国家政策的有力推动下，世界各国的海外华文教育事业也迎来迅速发展的机会，因此世界各国的华文教育机构急需华文教师，但是这种情况也带来一些问题，就是相当一部分华文教师仓促上阵，教师的知识结构和教学能力等方面都存在一些不足。因此，国家要正视华文教师队伍存在的不足，积极采取有效措施，努力提高海外华文教师的整体素质和水平。同时，海外华文教师自身也要在新世纪华文教育的改革和发展中提高自己，在思想道德、知识结构、专业教学能力等方面进一步完善自己，努力使自己成为一名知识结构优化、素质良好、专业教学能力过硬的华文教师。

参考文献

1. 吕必松:《谈谈对外汉语教学的性质和特点》,载《对外汉语教学论集》,北京语言学院出版社 1985 年版。

2. 刘珣:《探索对外汉语教学法体系》,载《中国对外汉语教学学会成立十周年纪念论文选》,北京语言学院出版社 1996 年版。

3. 颜长城:《菲律宾华校华语师资问题》,载《第二届东南亚华文教学研讨会论文集》,马来西亚董教总教育中心有限公司 1997 年版。

4. 刘珣:《对外汉语教育学引论》,北京语言大学出版社 2000 年版。

5. 陈荣岚、唐微文:《扩充　稳定　提高——谈华文教师队伍的建设》,《海外华文教育》2000 年第 2 期。

6. 李嘉郁:《海外华文教师培训问题研究》,《世界汉语教学》2008 年第 2 期。

张晓欲,女,陕西师范大学文学院语言学与应用语言学博士研究生,陕西师范大学国际汉学院讲师。主要研究方向为语言学及汉语国际教育。

关于在华留学生教育的几点思考

王羽红

【摘 要】21 世纪初，中国的对外汉语教育事业的重心由"引进来"转向了"走出去"，以致国内的留学生教育某种程度上受到了"冷落"。虽然整体上看，国内的留学生教育呈不断发展之势，但由于国家投入不足、社会关注不够等因素的影响，国内留学生教育表现出一系列的问题。如理论基础薄弱，对留学生的管理过于"特殊照顾"，兼职教师大量引入所带来的教学质量难以保证，等等。笔者结合现有理论和教学经验，对我国目前留学生教育进行了分析与思考，并给出了一些改善现状的建议，希望能为国内的留学生教育以及国家的汉语国际推广事业的发展献一份微薄之力。

【关键词】留学生教育；重要性；问题；对策

一 在华留学生教育的重要性

在华留学生教育是我国汉语国际教育的重要组成部分，对我国的汉语国际推广具有非常重要的推动作用。其重要性主要表现在留学生教育的地位和价值上。

(一) 在华留学生教育是汉语国际推广的重要组成部分

在华留学生教育是我国对外汉语教育的开端，在 2002 年以前，一直是我国对外汉语教育的重中之重，是核心部分。1950 年 7 月，清华大学成立了"东欧交换生中国语文专修班"，共招收了 33 名留学生。这标志着我国近代对外汉语教育事业的正式开展。到了 1965 年，我国的对外汉语教育初见成效，全国留学生的数量已达到 3312 人。可是，在 60 年代后期，受到"文化大革命"的影响，中国对外汉语教育事业受到重挫，一度停滞。1973 年，北京语言学院接收了来自 42 个国家的近 400 名留学生。这代表我国的对外汉语教育再度兴起。到了 80 年代初，为了进一步完善中国的对外汉语教育事业，国内开始尝试设立与对外汉语教学相关的专业，在部分高校开展专科、本科、硕士和博士等学历教育，以促进对外汉语教育事业的规模化、规范化、系统化发展。1987 年，国家教委组建了对外汉语教学的工作领导小组，专门负责全国的对外汉语教学工作。2002 年该小组成立了办公室，并将对外汉语教育工作由"引进来"转向"走出去"。2003 年国家汉办分别向泰国、菲律宾派遣了 40 余名志愿者。志愿者表现出色，受到海外学员的认可。于是，2004 年经国家教育部批准，中国正式实施了"国际汉语教师中国志愿者计划"，并在同年 11 月，在韩国首尔成立了第一所孔子学院。至此，中国的对外汉语教育事业分为了海外的汉语教育和国内的留学生教育两大部分，随后，其重心逐步向海外偏移，海外对外汉语教育发展得如火如荼，到了 2015 年年底，中国已经在 134 个国家和地区建立了 500 所孔子学院，1000 个中小学孔子课堂，学员总数达到 190 万人。但是，无论海外的汉语教育如何迅猛发展，国内的留学生教育始终是我国对外汉语教育的重要组成部分，从未退出历史舞台，并在 2010 年，"留学中国计划"实施之后，国内留学生人数呈现出迅速增长之势，截至 2014 年，在华留学生总数已经达到 377054 名。

（二）在华留学生教育具有文化和经济的双重价值

在华留学生教育事业不仅是中国与世界交流的纽带，推动了语言和文化的对外传播，也是促进经济发展的重要手段之一。一方面，外国留学生的到来，成为中华文化传播的途径和桥梁。通过留学生，我们将真实的中国传统文化和现代文化传播出去，让世界从第三者的口中了解到中国。这种文化传播更具有客观性、真实性和说服力。另一方面，在华留学生多是自费生。以 2014 年为例，全国共有 377054 名留学生，其中 36943 名学生为政府奖学金生，占总人数的 9.8%，自费生 340111 人，占总人数的 90.20%。留学生在华期间的学费、生活费、交通费、旅游以及家人探亲等产生的经济费用，都是我国经济收入的一部分，所以，留学生教育的发展能拉动国家经济的发展。这一点，已在美国得到证实。根据有关资料显示，因为接受外国留学生，高等学校已经成为美国海外获取利益的第五产业。在美国的 45 万外国留学生中有 30 万左右的留学生从美国以外带入大量的资金，每年消费 70 亿美元，其中 30 亿美元是学费。2011—2012 学年，美国高校就读的国际学生达 764795 人，比上一学年增长 6%，为美国经济创收 227 亿美元。可见，留学生所带来的经济效益是潜力无限的，我们应该好好地开发利用。

因而，无论从对外汉语教育事业的发展历史来看，还是从留学生为国家带来的文化与经济价值来看，国内的留学生教育都是整个汉语国际推广中的重要组成部分，是不容忽视的。

二　在华留学生教育中被忽略的几个问题

（一）相关理论研究不足

随着汉语热的掀起和汉语国际教育学科的建立，以及汉语教师志愿者的大量派出，人们对汉语国际教育的了解越来越多，关于对外汉语教育的研究文献也层出不穷。但大多数都将目光集中在海外的对外汉语发展上，忽略了国内的留学生教育。通过中国知网（CNKI）进行检索，可以查到与汉语国际教育或者海外汉语教学相关的文献 3000 多篇，而与国内留学生教育相关的文献仅有 200 多篇，其中，与教学相关的有 130 多篇，与跨文化差异相关的有 40 多篇，与现状和管理相关的 50 多篇。仅从数量上的对比，就能看出，关于国内留学生教育的研究文献很少，而且内容分散，不够微观细致。相关理论的缺乏必然会导致教学实践因缺少指导理论而发展缓慢，所以，国内的留学生教育要想发展，就必须加大力度将相关理论研究丰富起来。

（二）兼职教师大量引入，教学质量难保证

目前，全国共计 800 多所高校招收来华留学生，而有 83% 的高校均需要招聘兼职教师以满足教学需求。造成这种现状的主要原因是来华留学生的增长速度过快。特别是近几年，伴随中国政府《留学中国计划》的实施与推广，大批来自全球各地的留学生涌入国内。2014 年，共有来自 203 个国家和地区的 377054 名各类外国留学人员在 31 个省、自治区、直辖市的 775 所高等学校、科研院所和其他教学机构中学习。而国内各高校原有的师

资配备无法满足教学需求，所以不得不开始招聘大量的兼职教师。

然而，兼职教师在缓解留学生突增所带来的教学压力的同时，也带来了一些问题。兼职教师的"质量"难以保证，且流动性大，从而导致教学质量不稳，进而给学校带来教学质量不过关等负面评价及影响。笔者认为造成这些问题的原因主要有三个：第一，兼职教师的招聘具有突发性和随机性。在很多院校，兼职教师的招聘都是非计划性的，是随着生源的增减而不断变化的。所以，有时在短时间内无法找到称心如意的优秀兼职教师。第二，很多院校为了避免招聘兼职教师的烦琐程序，很多时候不对外公布兼职信息，主要面向本校自己培养的对外汉语专业或相关专业的在校本科生和研究生。虽然这些学生有较高的素养和相应的专业知识，但是绝大部分学生都没有教学经验。所以，在留学生课堂上往往会表现出知识讲解不清、教学方法不当等问题。也有些兼职教师大班教学掌控能力不强，有时无法应对课堂上出现的突发状况。第三，兼职教师的待遇不高，没有保障，导致很多优秀兼职教师流失。经调查，在北京和上海，对外汉语兼职教师的课时费是 60—100 元/小时，在西安和成都等城市，是 30—60 元/每小时。在很多高校，兼职教师只负责教学，按时获得报酬，没有其他的福利和社会保障。因此，很多兼职教师不愿长期从事该项工作，很多高校也很难组建一支稳定的、高质量的兼职教师队伍。

（三）对留学生的"特殊照顾"过多，管理不严

我国的留学生管理从政策制定到具体事务实施都具有"特殊照顾"倾向。这主要是因为在我国留学生不仅是教育对象，同样是中国与世界其他国家关联的纽带。留学生的教育与管理，往小了说，是留学生本身与所在院校的关系；往大了说，就是国际事务关系。基于留学生的这种"特殊性"，并考虑到留学生在中国所遇到的跨文化交际障碍，某种程度上，我同意对留学生"特殊照顾"。但是，现有的"特殊照顾"已远远超过了心理文化适应和生活关怀的范畴，给留学生教学带来了负面影响。目前，在国内很多高校都频频出现留学生迟到、早退、缺课、随意进出等违反校规校纪的不良行为。但是，受"特殊照顾"倾向的影响，很多管理人员和教师都选择宽容地接受，不予严惩，甚至视这些不良行为为一种常态。这样的"特殊照顾"不仅严重影响了留学生课堂秩序，也给我国的留学生教育扣上了"管理不严"的帽子，从而带来了一些负面影响。

三　建议与对策

（一）加强理论建设

国内的留学生教育与汉语国际教育相比，理论发展过于薄弱。众所周知，丰富的理论研究对实践具有积极的指导意义，能有效地提升实践的价值。所以，要想让国内的留学生汉语教育与国外的汉语教育一样快速发展就必须加强关于在华留学生教育的相关理论研究。首先，应加强现有的对外汉语学科建设，加大对专业人才的培养，为将来的理论丰富提供厚重的人才储备。其次，要减轻高校现有对外汉语专职教师的任务量，为其理论研究与创新提供时间保障。

（二）加强对兼职教师的培养与管理

由于来华留学生数量的增多和国内高校编制缩减，教师入职门槛越来越高，引入兼职教师已经成为国内留学生教育的一种趋势。所以，要想保证留学生教学的质量和长远发展，就必须重视并加强对兼职教师的培养与管理。

首先，可以引入"聘任制"，将优秀的兼职教师转为专职的"外聘教师"。这种相对稳定的优质师资不仅满足了留学生教育对教师的大量需求，也降低了兼职教师的流动性和不稳定性，从而保障了留学生的教学质量。其实，在我国，已经陆续有高校开始引入"聘任制"，以此来提高自己的师资队伍。比如中央民族大学、北京航空航天学院、厦门大学、陕西交通大学、陕西师范大学等。

其次，加强兼职教师入职的培训与考核。第一，在兼职教师入职前和入职后都要对其进行专业培训，可以请有经验的教师介绍本校留学生的情况与特点，传授留学生课堂教学和管理技巧，让兼职教师迅速了解并融入留学生教学工作。第二，要定期对兼职教师进行考核。合格者留，不合格者走，通过引入竞争机制来提高兼职教师对留学生教学的重视与投入，进而提高教学质量。

最后，要加强对兼职教师的监督与培养。一方面，要对兼职教师的工作进行监督。可以采用随机检查教案、听课的形式对兼职教师的工作进行检查，并及时纠正兼职教师存在的问题。另一方面，引入奖励制度。对优秀兼职教师给予适当的精神及物质鼓励，让兼职教师在工作中获得认可，从而激发兼职教师的工作热情和动力。另外，要为外聘教师和兼职教师提供一些关于教学技巧和文化交际等内容的培训，以使其迅速适应留学生的课堂教学。

（三）加强对留学生的管理

鉴于目前对留学生过于"特殊照顾"所带来的问题，笔者觉得对留学生的管理应该将"柔化"管理和"钢化"管理相结合。

所谓"柔化"管理，就是充分考虑到留学生的特殊性，特别是他们在异国他乡必然会遇到的跨文化障碍，对留学生进行人性化管理，不用中国的条条框框约束他们。而"钢化"管理，则指严格按照国家和学校的管理制度对留学生进行中国式的管理。

"柔化"管理主要体现在留学生在华的日常生活和课堂教学中。即在日常生活上，给予留学生更多的关怀和照顾，以此来缓解留学生身处他乡的孤独之情。也可为留学生设立专门的心理咨询室，让留学生在心理出现问题时，可以找到合适的疏导口。在教学中，主要是教师要细心周到。在课堂上，教师除了让留学生迅速掌握汉语知识以外，还要让留学生在学习语言的同时，了解生活中无处不在的文化现象，进而增强留学生对中国文化的认同感，减少文化差异所带来的各种问题与不适。

"钢化"管理则主要体现在课堂管理上。用校规校纪来规范而不是约束学生的课堂行为。在执行"钢化"管理时，教师需要一定的技巧，不能硬性地传达和命令。首先，教师应在第一次课上，就明确告知学生学校的校规校纪和违反校规校纪的相应后果，并指明校规校纪也是中国文化的一部分，留学生应该入乡随俗；其次，在接下来的一段时间里，要有效地执行"钢化"管理，但要有一定的弹性。对于偶尔出现迟到、旷课、玩手机等现象的学生，可以进行温柔的批评。而对那些"惯犯"应采用课下谈话、温柔式批评，甚至严厉批评的形式对其不良行为进行纠正。但需要注意，在批评中不能带有侮辱性、侵犯性词语，应该强调课堂中人人平等的原则。留学生的课堂不是中国文化与一种外国文化的碰撞，而是中国文化和多种外国文化，以及多种外国文化之间的碰撞。所以，我们在保持本国文化的同时，更应尊重他国文化。如何避免留学生之间文化差异所造成的矛盾？笔者认为最好的方法就是让留学生融入中国文化，这也是学好汉语的重要因素之一。此外，"钢化"管理需要教师的"始终如一"，不能有头无尾，否则，就会在学生中失去威信，学生也会因此淡化遵守规矩的意识。

为了证实这一想法的可行性，笔者特意在自己的两个教学班进行了为期一个月的实验。在 A 班从第一周到第四周完全按照上述方法来管理，在 B 班第一周"钢化"管理，后来逐渐放松。笔者发现，A 班迟到、早退、旷课和玩手机的现象明显少于 B 班，而且 A 班学生的学习积极性也因课堂秩序转好而有所提升。可见，留学生的行为也是可以规范的。

小结

毋庸置疑，在华留学生教育是我国汉语国际推广的重要组成部分，对国家发展具有经济和文化双重价值。因此，在华留学生教育存在的问题不容忽视。无论是国家相关部门，高校相关管理人员，还是奋战在一线的教师都应立足自身针对现有问题做出调整和更正。笔者坚信只要我们及时发现问题，解决问题，我国在华留学生教育必将日增月盛，为国家做出更大的贡献。

参考文献

1. 朱有明：《来华留学生教育的发展现状及对策》，《牡丹江教育学院学报》2015 年第 12 期。

2. 徐玫：《来华留学生管理工作探析——以 JN 大学为例》，硕士学位论文，华东师范大学，2007 年。

3. 庄丽君：《透过〈门户开放 2012〉看美国留学生教育最新趋势》，《世界教育信息》2012 年第 311 期。

4. 史娟娟、张婧：《来华留学生的管理与经济贡献》（上），《经济师》2016 年第 1 期。

5. 张铮：《试论留学生管理的"特殊照顾"与"同一管理"——中美高校留学生管理之比较》，《经济与社会发展》2010 年第 3 期。

作者简介：王羽红（1984—　　），女，吉林四平人，陕西师范大学国际汉学院教师，汉语国际教育硕士。主要研究方向为汉语国际教育。

论中华舞蹈文化在华文教育中的作用

韩晓勇

【摘　要】 中华舞蹈文化博大精深，在华文教育中起着十分重要的作用，也是华文教育中一个不可或缺的重要组成部分。中华舞蹈文化中承载着华夏大地各地域各民族的悠久历史、文化背景、社会生活、精神符号等，通过多样化的舞蹈内容、舞蹈形式以及多元化的服装道具、造型风格，能直观地展示中华民族上下5000年的社会生活文化形态样貌，生动活泼地阐述中华文明的悠久历史，特别是在华文教育中，中华舞蹈文化起着十分重要的作用。本文全面解析、透彻分析了中华舞蹈文化在华文教育中的特点、作用及意义等。

【关键词】 舞蹈文化；华文教育

一　中华舞蹈文化在华文教育中的意义

（一）中华舞蹈文化是中华文化的重要组成部分

在上下5000年的中华文化中，中华舞蹈文化是世代相传的文化财富中的一个重要组成部分。老一辈的优秀舞蹈艺术家们通过不懈的努力与耕耘，为华夏儿女留下了浩如星瀚的中华舞蹈文化瑰宝。

（二）享有不可替代的历史地位和作用意义

中华舞蹈文化的历史与华夏民族的历史一样悠久，多民族舞蹈的不同形态都具有其自身独特的动态审美、表演程序、功能意义及价值走向。中华舞蹈文化中民族舞蹈通过肢体的体态动作表达出各民族不同的性格气质、文化生活，它反映了特定民族在特定历史阶段的政治、经济、宗教、社会生活和自然环境对人们精神意识的影响。中华舞蹈文化真正具备了鲜活的民族精神、鲜明的生活生产活态文明。中华舞蹈文化作为博大精深的中华文化的重要组成部分，享有不可替代的历史地位和作用意义。

二　中华舞蹈文化在华文教育中的特点

（一）中华舞蹈文化在华文教育中的特点

中华舞蹈文化教学是指在华文教育中对海外华侨华人开展的中华民族舞蹈的教学活动，是华文教育的组成部分。其特点分别在教学内容、教学方法、教学过程中有所体现。

首先是教学内容方面。中华舞蹈文化在华文教育中具有多民族性、文化传承性、传播性及实用性等特点。中国是一个多民族国家，各族人民在特定的环境、特有的生产劳动与生活方式中，创造出了数目众多、风格迥异的民族舞蹈，丰富多彩的民族舞蹈所蕴含的舞蹈文化更是包罗万象，而且都不同程度地透视着该民族的风俗习惯及审美心理等文化现象，并对该民族的历史、经济、生活等各个方面有所体现。中华舞蹈文化在传播的同时，无形中也是对当地民族文化的一种丰富。开展中华舞蹈文化教学不仅是对受教者一种技能的培养，更是一种文化的深层熏陶，有利于促进华裔华侨对华文教育的理解和认同，消除隔阂感。

其次，在教学方法上，由于舞蹈教育的特殊性，所以"口传身授教学法"是一直沿用的最有效、最直接的教授模式，其中包括教师口头讲解和动作示范两方面。总之，作为一名华文舞蹈教师，不但要具有专业的技术技能、深厚的文化底蕴，而且还要通晓生理、心理、教育、华侨社会历史学等各类相关学科知识。最重要的是要真正把中华舞蹈文化教学与华文教育连在一起，根据教育目的以及华文学生特点，制订合理的教学计划。

（二）在教学过程上，具有很强的实践性、形象直观性、一定约束性、群体性等特点

华文教育中中华舞蹈文化的教学不一定要按照学习舞蹈专业学生的教学方式去要求，因材施教、寓教于乐、兴趣教学、文化渗透才是较为合适

的方法。目的是让孩子们了解中华舞蹈文化，热爱中华舞蹈文华，当然在舞蹈教学过程中的动作规范性也是必不可少的。教与学是相互依存、相互促进的关系，这是靠情感交流来维系的。师生之间是否融洽，是否交流顺畅，直接影响着教学活动的质量与效率。

（三）中华舞蹈文化是华文教育中不可或缺的重要一环

文化认同指个体对于所属文化的归属感及内心的承诺，从而获得、保持与创新自身文化属性的社会心理过程。

华人华侨的文化认同意味着华人作为一个族群最显著的特征是其独特的中华文化，族群中成员的身份特征也主要是文化性的。文化生活是精神生活的重要组成部分，舞蹈则是文化生活的重要手段之一。

（四）中华舞蹈文化是表达与交流情感的需要

《乐记》曰："说之故言之，言之不足故长言之，长言之不足故嗟叹之，嗟叹之不足，故不知手之舞之，足之蹈之也。"舞蹈可谓是情感表达的最高境界。在同样的文化背景下，人们互为理解，在异国他乡，心灵上的孤独和保护得以释放，心与心之间有了强烈的共鸣，起到了交流感情的积极作用。在海外华人社会生活中，华人同胞在风土人情、风俗习惯等方面至今还保存着许多民族传统，诸如各种传统习俗、节日庆典等活动的歌舞表演、舞龙舞狮、秧歌腰鼓等。人们彼此用肢体动作传情达意，直抒胸臆，表达中华民族传统文化特有的情感及美好寓意。

（五）中华舞蹈文化是加强团结、振奋精神的需要

艺术对于民族生活的最有效和最有益的影响，还在于能加强和扩大社会的团结。而中华舞蹈文化在华文教育中正是实现这种最有益影响的手段之一。尤其是群体、集体舞蹈，阵势浩大，人数众多，在快节奏的振奋的音乐鼓点下，舞者们用中华传统舞蹈表达中华文化的豪迈与激昂、深远与厚重。中华舞蹈文化的这种功能，在中华民族崛起屹立在世界民族之林的今天，是需要特别重视与发扬继承的。

三　中华舞蹈文化是推进华文教育发展的有效手段

了解中华文化，继承发扬中华文化，加强中华文化的熏陶，增强热爱

祖国的情感，是华文教育的教学精髓。加强中华文化学习，开展丰富多彩的中华舞蹈文化艺术活动，是搞好华文教育的重要一环。它不但有助于在教学实践中了解学生心理，不断摸索探讨教学工作中的特殊性和规律性，还能有效提高对华人华侨学生整体的艺术教学水准。其作用有以下几个方面。

（一）了解中华文化，增强爱国情怀

华人华侨学生的文化背景和政治背景具有特殊性，一如往常生硬无趣的文字教学内容不会受到孩子们的喜爱与追捧，但每每开展内容丰富、教学气氛活跃的中华舞蹈文化艺术课程及活动，孩子们往往受孩童天性好奇心驱使对于中华舞蹈文化的关注就会大大增加。身体力行地教授孩子们别样的中华文化，不但有助于他们接触真实多样的中华文化，更能通过喜爱中华舞蹈文化，转为喜爱更深层次的中华传统文化，增加民族国家自豪感，提升爱国情怀。

（二）丰富艺术文化素养，提升精神情操

根据华人华侨学生的自身特殊性和其对中华文化理解的普遍心理，加强中华舞蹈文化相关课程的学习，不仅可以让学生亲身示范，在欢乐的学习氛围里了解中华文化的奥妙与淳朴的民风民俗，丰富学生的精神世界。而且还可以让学生多方面地接触到中国文化，并在其中循序渐进地接受中华民族优秀的传统，提高华裔学生的心理素质，丰富其文化艺术素养与精神情操。

（三）便于沟通、利于管理、拉近距离

华裔学生有着不同的文化背景和观念，作为从事教育和参与管理的老师，首先要与他们进行沟通。沟通信息、情感、文化等，但是由于语言、文化的差异，沟通常会产生阻碍。加强艺术教育，开展丰富的中华舞蹈文化艺术交流教学活动，在较少使用词汇语言，较多使用肢体语言的情况下沟通，不但可以更快地掌握学生信息、性格爱好，便于及时为他们排忧解难、提升自我，还可以克服语言障碍对沟通的限制，使孩子尽快消除隔阂，消除学习中华文化的心理距离。

（四）合作交流、增强团体凝聚力

内容多样的中华舞蹈文化活动是华裔学生非常感兴趣并乐于参与的。在活动中加强彼此了解交流，不仅可以打破华裔学生之间的隔阂，减弱心理负担，增强师生同学感情，更能使整个学习群体，成为一个其乐融融的大家庭，产生强大的集体凝聚力，团结一心，为各自的班级、学校争得荣誉。

（五）促进学习、提升理解力

华裔学生缺少对中华文化的真实感知与理解，生硬的书本知识很难带给孩子们身临其境的艺术文化氛围，这使得学生们难免会感到学习传统文化带来的枯燥乏味，且不利于中华文化的传承传播。但是开展中华舞蹈文化教育，可以让学生有组织、有目的地学习体验丰富的中华舞蹈文化艺术，形象真实地感知中华语言和传统文化，不但可以激发学生的聪明才智，大大增强他们对于中华文化的理解力，还可以激发学习兴趣，促进中华文化的学习与传承。

四　中华舞蹈文化在华文教育中承担着自身发展的重要使命

中华舞蹈文化，伴随着中华文明的发展，历经几千年的演变，已经发展成为一项种类繁多的文艺文化事业。自 1949 年新中国成立以来，培养出来的舞蹈家中有不少佼佼者或移居海外，或应邀出国交流学习，或成为国外舞团的首席，不仅将中华民族优秀的舞蹈文化带到了异国他乡，并使其发扬光大，也将域外舞蹈中先进的创作理念和训练方法传到国内，加以普及，成为中华舞蹈文化的促进者。与此同时，还有一批优秀的舞蹈家，他们出生于港澳台地区，或者是华人聚集的东南亚等国的华侨之家。他们身为炎黄子孙，对中华文化的情感血浓于水，他们身体力行积极促成中外舞蹈文化的交流，为中华舞蹈文化事业的发展做出了积极贡献。与此同时，他们也将中华民族的聪颖智慧、吃苦耐劳的精神，在其艺术作品创作的同时一道传扬到世界各地，为促进中华舞蹈文化的发展奠定了坚实的基础。

（一） 为中华舞蹈文化的发展提供了人才储备

华人移居海外已有1000多年的历史。目前，约有3000万华侨华人分布在全世界100多个国家和地区。凡是有华侨华人居住的地方，就会有不同形式的中华舞蹈文化艺术活动，其在国外发展也日渐规模。这些活动大大地利于培养和造就优秀的中华舞蹈文化新生力量，他们在继承传播的基础上，加以自己的理解，进行二次、三次创作，又使中华舞蹈文化本身不断发展与提高，进步与鲜活，也为中华舞蹈文化事业在华文教育中的发展提供了丰富的艺术基础。

（二） 为中华舞蹈文化的繁荣创造了优良的艺术氛围

广大华人华侨舞蹈爱好者们为推动中华舞蹈文化发展做出了不可磨灭的贡献。为加深与世界各国人民的友好情谊，为中华舞蹈文化发展提供了丰富的人才资源和艺术基础，创造了良好的艺术氛围。加强多元化的文化交流，对艺术本身来说，也是学习与促进，重生与创新。

五　结语

综上所述，中华舞蹈文化是中华文化特别重要的一个组成部分，在华文教育中无论是精神领域还是情感认同方面，无论是教学管理还是文化促进方面，无论是增强合作还是合作共赢方面，都占有不可取代的地位。两者互为因果，相辅相成，相互依存，相互促进。通过中华舞蹈艺术的教学，进一步向世界推广华文教育，力求让海外华裔通过对中华舞蹈文化的学习，更深入地了解博大精深的中华民族传统文化，从而为提高海外华裔的传统文化水平，培养华文教育辅导人才，为促进中外文化交流做出应有的贡献。

韩晓勇，男，陕西师范大学音乐学院教师。